Theodor Herr

Patient Kirche – Was ist mit der Kirche los?

Theodor Herr

Patient Kirche – Was ist mit der Kirche los?

Eine sozialwissenschaftliche Untersuchung

BONIFATIUS

Imprimatur. Paderbornae, d. 24. m. Januaris 2001
Nr. A 58-21.00.2/599. Vicarius Generalis i. V. Dr. Schmitz

Die Deutsche Bibliothek – CIP-Einheitsaufnahme

Herr, Theodor:
Patient Kirche – was ist mit der Kirche los? : eine sozialwissenschaftliche Untersuchung / Theodor Herr. – Paderborn : Bonifatius, 2001
ISBN 3-89710-162-9

Umschlaggrafik:
Christian Knaak, Dortmund

ISBN 3-89710-162-9

Gesamtherstellung:
Bonifatius GmbH Druck · Buch · Verlag Paderborn

Inhalt

I. Teil

Patient Kirche

I. Was ist mit der Kirche los? Patient Kirche 12

II. Kirchenamtlicher Optimismus 17

III. Kirche in der Welt von heute 19
1. Säkularisierte Gesellschaft 20
2. Mobile, machbare und manipulierbare Welt 21
3. Individualisierung und Subjektivierung 21
4. Selbstverwirklichungsrecht und Lustprinzip 23
5. Erlebnisgesellschaft 25
6. Auseinanderfallen von gesellschaftlichem Ethos und kirchlicher Moral 28
a) Ethischer Minimalismus 28
b) Ohnmacht der Erziehungsinstanzen 29
7. Disparität zwischen christlicher und säkularer Kultur 29
8. Verlust der ethischen Kompetenz 30
9. Pluralistische Gesellschaft 31

IV. Frage nach der gemeinsamen Wertebasis unserer Gesellschaft 34

V. Die strukturelle Krise der Kirche aus soziologischer Sicht 37
1. Konziliare Erneuerung 39
2. Weitergabe des Glaubens 40
3. Das sakramentale Leben 40
4. Pluralisierung des Glaubensverständnisses 41
5. Auseinanderdriften von Morallehre und Praxis . 42
6. Führungskrise 43
a) Aufstand gegen die Amtskirche 43
b) Loyalitätskrise im Klerus 43
c) Priestermangel 44

d) Distanz zwischen Amtskirche und Kirchenvolk ... 44
e) Resignation vieler Priester ... 45
7. Hierarchische Struktur der Kirche ... 45
8. Das Subsidiaritätsprinzip ... 46

II. Teil

Kirche am Scheideweg
Ist das Salz schal geworden?

I. Salz, das schal geworden ist ... 48
1. Salz der Erde, Licht der Welt ... 48
2. Der sozioökonomische Umbruch ... 50
3. Gemeinsames Schicksal von Kirche und Welt ... 54
4. Testfall kirchliche Schwangerenkonfliktberatung 56
5. Wort der Kirchen zur wirtschaftlichen und sozialen Lage ... 59
6. Widerstand statt Anpassung ... 63
7. Ein vorläufiges Fazit ... 64
8. Ist das Salz schal geworden? ... 66

II. Die politische und geistige Wende. Ende der Nachkriegsära ... 67
1. Die politische Wende des Jahres 1989 ... 67
2. Die geistig-ideologische Wende des Jahres 1968 . 68
3. Kann das Ruder wieder herumgeworfen werden? 69
a) Erneuerung der CDU? ... 70
b) Brauchen wir eine neue kirchliche Strategie? . 72

III. „So wahr mir Gott helfe". Überlegungen zum Verzicht auf die religiöse Eidesformel im Bundestag ... 73

IV. Der Rechtspositivismus auf dem Vormarsch (Grundwertediskussion) ... 76
1. Die Rolle des Staates ... 77
2. Eine kritische Würdigung ... 79
3. Die Renaissance des Rechtspositivismus in unseren Tagen ... 81
4. Der Rechtspositivismus und seine Folgen ... 86

III. Teil

Umbruch und Aufbruch

I. Frage nach der Kirchenzugehörigkeit. Die Gemeinde von morgen 92
1. Kirchenbesuch und Kirchlichkeit 92
2. Volkskirche und Traditionschristentum 94
3. Religion und Postmoderne 97
4. Moralische Autorität der Kirche 98

II. Die Verantwortung der Laien 100
1. Das Weltamt der Laien 100
2. Mit welcher Legitimation sprechen die Bischöfe in Wirtschaftsfragen? 103

III. Die öffentliche Meinung in der Kirche 107
1. Diskrepanz zwischen Bischöfen und Kirchenvolk? 107
2. Kirchenkritik von links und von rechts 108
3. Laien erinnern die Bischöfe an ihre Pflicht 110
4. Gibt es eine öffentliche Meinung in der Kirche? . 111
5. Hierarchie – Pluralismus – öffentliche Meinung . 114
6. Versöhnung innerhalb der Kirche (Paul VI.) 116

IV. Teil

Kirche der Zukunft

I. Das wirtschaftlich-karitative Engagement der Kirche 124

II. Demokratisierung und Pluralisierung 131
1. Diskrepanz zwischen demokratischer und hierarchischer Verfassung 131
2. Amtsautorität als brüderlicher Dienst 133
3. Strukturelle Neuerungen 134
a) Papst und Bischofskollegium 135
b) Bischofssynoden 138
c) Bischofskonferenzen 139
d) Priesterrat und Diözesan-Pastoralrat 140
e) Pfarrpastoralrat und Vermögensverwaltungsrat 141

III. Gleichstellung der Geschlechter 142
1. Kampf um die Gleichstellung der Frau 143
2. Die Stellung der Frau in der Kirche 144
3. Exodus der Frauen aus der Kirche? 148

IV. Priesterlose Gemeinden – Verwaltung des Mangels? 154
1. Priesterlose Gemeinden 154
2. Kirchen ohne Gemeinden in Frankreich 156
3. Verwaltung des Mangels oder Aufbruch zu neuen Ufern? 158
4. Perspektiven 162
a) Pflichtzölibat der Priester 163
b) Alternativen 165
5. Resümee 170
6. Prognosen und Perspektiven 172

V. Basisgemeinden auf den Philippinen 174
1. Die koloniale Geschichte der Philippinen 174
2. Die Kirche erwacht in ihren Gliedern 175
3. Die Struktur der kirchlichen Basisgemeinschaften 177
4. Das Modell der „Fußstapfen Gottes" 180
5. Gemeinsame Bibellektüre 181
6. Wie geht es weiter? 182

V. Teil

Konturen einer Kirche von morgen

I. Von einer geschlossenen zu einer offenen Gemeinde 191
1. Öffnung durch das Zweite Vatikanische Konzil . 191
2. Bruch der Dämme? 194
3. Das Dilemma der Sexualmoral 196

II. Ende der Kirchensteuer – Konzentration auf das Wesentliche 200
1. Verkündigung der Botschaft Jesu 201
2. Eucharistie und Sakramente 203
3. Diakonie 206

III. Frage nach der Einheit der Kirche 209
1. Pluralisierung des Glaubens 210

2. Hierarchische kontra demokratische Struktur . . . 213
3. Petrusamt und Ökumene 219

IV. Eine missionarische Kirche 221

I. Teil

Patient Kirche

I.
Was ist mit der Kirche los?
Patient Kirche

Was ist mit der Kirche los? So fragen sich heute viele Christen. Wo soll das alles noch hinführen, was wir zur Zeit in der Kirche erleben? Nicht wenige ältere Menschen machen sich ernsthaft Gedanken, ob das noch dieselbe Kirche ist, die sie als Kinder erlebt haben, für die sie sich als junge Menschen begeistert haben, für die sie in schweren Zeiten gekämpft und gelitten haben. Das sind bedrängende Fragen, die viele engagierte Christen umtreiben und nicht zur Ruhe kommen lassen.

Im Matthäusevangelium lesen wir: „Nach dem Lobgesang gingen sie zum Ölberg hinaus. Da sagte Jesus zu ihnen: Ihr alle werdet in dieser Nacht an mir Anstoß nehmen und zu Fall kommen; denn in der Schrift steht: Ich werde den Hirten erschlagen, dann werden sich die Schafe der Herde zerstreuen. Aber nach meiner Auferstehung werde ich euch nach Galiläa vorausgehen" (Mt 26,30-32). Jesus bezieht sich hier auf ein Wort des Propheten Sacharja. Dieser lebte und wirkte in der sehr kritischen Zeit des Wiederaufbaus von Jerusalem nach der Babylonischen Gefangenschaft. Er richtete sein Wort an ein Volk, das von schweren Schicksalsschlägen und harten Prüfungen gezeichnet war. „Schwert", sagt der Prophet, „erheb dich gegen meinen Hirten, gegen den Mann meines Vertrauens – Spruch des Herrn der Heere. Schlag den Hirten, dann werden sich die Schafe zerstreuen. Ich richte meine Hand gegen die Kleinen. Im ganzen Land – Spruch des Herrn – werden zwei Drittel vernichtet, sie werden umkommen, nur der dritte Teil wird übrigbleiben. Dieses Drittel will ich ins Feuer werfen, um es zu läutern, wie man Silber läutert, um es zu prüfen, wie man Gold prüft. Sie werden meinen Namen anrufen, und ich werde sie erhören. Ja, ich werde sagen: Es ist mein Volk. Und das Volk wird sagen: Jahwe ist mein Gott" (Sach 13,7-9).

Das Wort der Schrift bedarf keiner weiteren Erläuterung; es spricht für sich selbst. Man könnte höchstens darauf hinweisen, daß es die Kirche nicht in Hoffnungslosigkeit versinken läßt, denn der geläuterte Rest wird ja dem Herrn gehören und die neue Gemeinde des Herrn bilden. Jahwe, der Herr, wird sich zu diesem Rest-Volk bekennen, wie dieses in Treue zu Jahwe stehen wird.

Angesichts der krisenhaften Erscheinungen, die wir zur Zeit in der Kirche erleben, möchte man meinen, daß sich dieses Wort Jesu beziehungsweise des Propheten in unseren Tagen in fataler Weise erfüllt. Der heilige Rest, das Drittel, von dem die Rede ist, dürfte in etwa dem Prozentsatz der heute noch irgendwie aktiven Kirchenmitglieder entsprechen. Hirt und Herde, Kirchenleitung und Kirchenvolk, die gesamte Kirche ist innerhalb kurzer Zeit in eine tiefe Krise gestürzt. Wie war das möglich? Die ältere Generation erinnert sich noch lebhaft an die Jahre nach dem Krieg, als die Kirchen brechend voll waren, und das nicht nur an den Hochfesten des Kirchenjahres. Die jüngere Generation hört ungläubig und unverständig, wie vor den großen Festen, Weihnachten, Ostern und Allerheiligen, die Gläubigen in Scharen zum Beichten gekommen sind.

Eigentlich müßten wir bei unserem heutigen Priestermangel froh sein, daß die frühere Beichtpraxis nicht mehr existiert, denn mit der zusammengeschrumpften derzeitigen Zahl von Priestern könnte man einen solchen Ansturm von Beichtenden nicht mehr bewältigen. In den großen Stadtgemeinden haben etwa vor Weihnachten mehrere Priester gleichzeitig Tag für Tag im Beichtstuhl gesessen, oft morgens, nachmittags und abends. Wie sollte das heutzutage bewerkstelligt werden? Was für ein Verlust an Substanz, an gläubiger Substanz offenbart sich da! Es stellt sich die Frage: Was ist da geschehen? Wie konnte dieser Einbruch erfolgen? Wo ist die große gläubige Substanz von ehedem geblieben? Es war ja nicht, wie immer wieder behauptet wird, daß das sogenannte Traditionschristen waren, die in die Kirchen geströmt sind, sondern es waren überwiegend gläubige Christen, es waren gläubige Familien, die einen lebendigen Glauben von Generation zu Generation weitergegeben haben.

Natürlich gibt es bei gesellschaftlichen Gruppen immer und

überall das Problem der Mitläufer und der Randgruppen, der Kerngruppe und der Ränder. Je weiter man sich vom Zentrum entfernt, um so mehr zerfransen die Ränder. Das gibt es in jedem normalen Fußballverein. Da ist ein Kern, der immer da ist, der immer mitmacht, der praktisch den Karren zieht. Und dann sind da noch die vielen Mitläufer bis hin zu denen, die sich nur noch am Fernseher für ihren Fußballclub begeistern können.
Wenn wir also meinen sollten, wir könnten Ballast abwerfen und die sogenannten Traditionschristen in Frieden ihre Wege ziehen lassen, um dann mit der engagierten Kerngemeinde das Evangelium ungekürzt und kompromißlos zu leben, so geht diese Rechnung nicht auf. Es bleibt nicht der „heilige Rest" übrig. Die Kerngemeinde ohne die Randchristen schmilzt nämlich auch wieder zusammen, und es bilden sich von neuem ein Kern und eine Randgemeinde. Das ist ein Gesetz der Soziologie und in allen Gruppen und Gesellschaften zu beobachten. Für unsere Überlegungen heißt das, daß wir nicht einfach sagen können: Gut, wir beschäftigen uns in Zukunft nur noch mit dem Kern. Da wissen wir, was wir haben, und die anderen sollen ihre eigenen Wege gehen. Ein solcher „Schlußstrich" mit der Chance eines Neubeginns könnte in der gegenwärtigen Situation als verheißungsvoller Ausweg aus der Misere erscheinen, würde aber nicht zu einer wirklichen Lösung der anstehenden Probleme führen, denn auch die sogenannte Kerngemeinde ist von der Krise betroffen und nicht frei von Irritationen.
Was ist mit der Kirche los? Wohin steuert die Kirche eigentlich? Die Kirche ist von Christus in die Welt gesandt worden, das Evangelium zu verkünden und die Kranken zu heilen (Lk 9,6), wie auch der Meister selbst durch die Städte und Dörfer gezogen ist, er „verkündete das Evangelium vom Reich und heilte alle Krankheiten und Leiden" (Mt 9,35). Es scheint, als habe die Kirche keine Kraft mehr, als sei das Salz schal geworden. Die Kirche kränkelt dahin. Der Arzt, der zum Heilen bestellt wurde, ist selbst zum Patienten geworden. Und die berufenen Fachexperten wissen sich keinen Rat, denn die bislang verordnete Medizin schlägt nicht richtig an, die für

den Patienten Kirche entworfenen Programme bringen nicht den erwarteten Erfolg.
Die gegenwärtige Krise kommt für die einen völlig unerwartet, wie der Blitz aus heiterem Himmel. Ihr Lebensgefühl ist noch überwiegend geprägt von der euphorischen Aufbruchstimmung nach 1945 und dem kirchlichen Höhenflug in den fünfziger und sechziger Jahren. Für die anderen ist die religiöse und kirchliche Krise ein Ereignis, auf das man sich spätestens seit der Kulturrevolution von 1968 hätte vorbereiten müssen. Dazwischen liegt zeitlich und ideell das Zweite Vatikanische Konzil. Bereits Papst Johannes XXIII. hatte, als er 1959 das Zweite Vatikanische Konzil ankündigte und 1961 einberief, die Notwendigkeit gesehen, angesichts der sich anbahnenden gesamtgesellschaftlichen Veränderungen die Position der Kirche in der Welt von heute kritisch zu überprüfen und neu zu definieren.
Seither macht das Wort des Papstes vom Aggiornamento die Runde. Es ging dem Papst darum, das alte Schiff der Kirche für die Fahrt auf der rauhen See von heute wieder flottzumachen. Die Ankündigung eines allgemeinen, ökumenischen Konzils fand breite Zustimmung, weil die Überzeugung vorherrschte, daß es an der Zeit sei, die Glaubensverkündigung und das christliche Leben an die Gegebenheiten der „modernen Welt“ anzupassen. 20 Jahre nach dem Konzil urteilt die Außerordentliche Bischofssynode von 1985 über die rechte Interpretation des Aggiornamentos: „Ausgeschlossen ist eine leichtfertige Angleichung, die zur Säkularisierung der Kirche führen könnte. Ebenso bleibt ausgeschlossen eine starre Verkapselung der Gemeinschaft der Gläubigen in sich selbst. Bejaht wird die missionarische Öffnung zum Heil der Welt in seiner Fülle.“[1]
Der Weg und die Methode des kirchlichen Erneuerungsprozesses werden in der Pastoralkonstitution *Gaudium et spes* vom Konzil mit Blick auf Mt 16,3 geradezu klassisch formu-

[1] Schlußdokument der Außerordentlichen Bischofssynode 1985 und Botschaft an die Christen in der Welt, D.3 (= Verlautbarungen des Apostolischen Stuhls 68).

liert: Aufgabe der Kirche ist es, „nach den Zeichen der Zeit zu forschen und sie im Licht des Evangeliums zu deuten ... Es gilt also, die Welt, in der wir leben, ihre Erwartungen, Bestrebungen und ihren oft dramatischen Charakter zu erfassen und zu verstehen" (GS 4, vgl. 11). Im Anschluß daran analysiert das Konzil die Zeichen der Konzilszeit. Es stellt fest, daß sich die Menschheit in einer neuen Epoche ihrer Geschichte befindet, die weltweit von einem tiefgehenden Wandel und raschen Veränderungen gekennzeichnet ist, und daß der sich vollziehende soziale und kulturelle Umbruch auch Auswirkungen auf das religiöse Leben hat.

Betroffen sind alle Bereiche des individuellen und gesellschaftlichen Lebens: Wissenschaft und Technik, das Familienleben, Industrialisierung und Verstädterung, die sozialen Kommunikationsmittel, Mobilität der Bevölkerung, verändertes Wertebewußtsein, Wandel im Bildungs- und Erziehungssektor, vielfache Störung des Gleichgewichts im menschlichen und gesellschaftlichen Leben, Gleichstellung der Geschlechter und der armen mit den reichen Völkern. Es werden in diesem Zusammenhang die sich aus dem rasanten Wandel ergebenden sozialen Spannungen und Aporien deutlich. Der Fortschritt ist ambivalent, so etwa wachsender Reichtum, neues Freiheitsbewußtsein und sich ausweitender Informationsaustausch auf der einen Seite und wachsende Armut, gesellschaftliche wie psychische Unterdrückung und steigender Einfluß der Ideologien auf der anderen Seite.

Das Konzil kommt zu der generellen Einschätzung, daß sich die geschichtliche Entwicklung in einer Weise beschleunigt, daß es dem einzelnen kaum noch möglich ist, ihr zu folgen. Es befindet sich die Menschheit im Übergang von einem mehr statischen Verständnis der Wirklichkeit zu einem mehr dynamischen und evolutiven, was die anstehenden Probleme verkompliziert und nach neuen Analysen verlangt.

Wer die entsprechenden Passagen der Pastoralkonstitution liest, kommt zwangsläufig zu dem Ergebnis, daß die Zeitanalyse des Konzils auch heute noch ihre Gültigkeit besitzt. Der wesentliche Unterschied besteht darin, daß das Tempo und die Reichweite der Veränderungen noch um ein Vielfaches zugenommen haben. Die Kirche hätte also gewarnt sein müssen, denn die verschiedenen gesellschaftlichen Veränderungen haben, wie das Konzil ausdrücklich feststellt, tiefgreifende Einflüsse auf das religiöse Leben: Glaubensschwund breiter Volksmassen, Leugnung Gottes, Einfluß des wissenschaftlichen Fortschritts und des neuen Humanismus auf die Glaubenshaltung, auf Literatur, Kunst und bürgerliches Recht.[2]

Wer heute diese Konzilstexte liest, dem drängen sich einige Fragen auf. Warum hat man sich in den verantwortlichen Gremien der Kirche nicht besser auf die heutige Misere, die sich schon seit längerem abzeichnete, vorbereitet? Warum scheut man sich noch immer, die Karten offen auf den Tisch zu legen und mit allen engagierten Gläubigen nach neuen Wegen zu suchen? Wann wird man Schluß damit machen, existentielle Fragen der Gläubigen von oben, par ordre du mufti, zu entscheiden? Wann werden die positiven Erfahrungen, die man mit dem Konsultationsprozeß für das gemeinsame Sozialwort der Kirchen gesammelt hat, fruchtbar gemacht für den generellen Dialog zwischen Hierarchie und kirchlicher Basis? Muß man so lange warten, bis das Gespräch zwischen Kirchenvolk und Hierarchie durch Aktionen wie das „Kirchenvolksbegehren" erzwungen wird?

II.
Kirchenamtlicher Optimismus

Die Kirchenleitungen, die Bischöfe und ihre administrativen Organe, verbreiten strategischen Optimismus nach dem Motto: Es ist ja alles gar nicht so schlimm! Publiziert werden die Berichte über erfolgreiche kirchliche Veranstaltungen und Unternehmungen. Eine kritische Auseinandersetzung ist in der Kirchenpresse nicht erwünscht und findet nur gelegent-

---

[2] Vgl. Zweites Vatikanisches Konzil, Pastoralkonstitution über die Kirche in der Welt von heute *Gaudium et spes*, 7.

lich statt. Um den propagierten Optimismus zu rechtfertigen, werden die ein- und ausgehenden Informationen unterschwellig oder auch bewußt einer sorgfältigen Selektion unterzogen: Schlechte Nachrichten werden aussortiert, unterdrückt, nicht weitergegeben und gute Nachrichten, Berichte, Informationen betont herausgestrichen. Beispiel: Sämtliche Informationen über Priester, die ihr Amt niederlegen oder verlassen, werden offiziell nicht weitergegeben, ihre Zahl ist Verschlußsache.

Über kirchliche Veranstaltungen wird berichtet, wie gut sie besucht waren, selten oder überhaupt nicht, daß die Teilnahme schlecht gewesen ist. Anläßlich des Papstbesuchs in Paderborn wurde herausgestrichen, daß 80 000 am Gottesdienst in der Senne teilgenommen haben. Kein Wort davon, daß man mindestens 100 000 Besucher erwartet hatte, daß bei einer Katholikenzahl von 1,8 Millionen 80 000 nicht viel sind und daß manche Pfarreien nicht einmal einen einzigen Bus zusammenbekommen haben.

So verständlich die Taktik des Selektierens von Informationen und des Verdrängens von negativen Fakten ist, sie hilft nicht weiter. Helfen kann nur eine offene und ehrliche Diskussion mit allen Beteiligten und Interessierten. Der Versuch, negative Fakten längere Zeit zu ignorieren oder gar zu leugnen, hat noch nie einer Institution oder einem Unternehmen Nutzen gebracht. Durchhalteparolen sind nur dann gerechtfertigt, wenn gleichzeitig an der Lösung bestehender Probleme ernsthaft und zügig gearbeitet wird.

Damit kein falscher Eindruck entsteht, es soll auf keinen Fall einem unproduktiven Defätismus, der den Menschen die Glaubensfreude vergällt und die innovativen Kräfte lähmt, Schützenhilfe geleistet werden. Damit ist niemandem geholfen. Ebensowenig macht die zur Zeit so beliebte Kirchenschelte das Kirchenschiff wieder flott. Es ist verständlich und auch richtig, daß die Kirchenleitungen darum bemüht sind, Mut zu machen, und auf die hoffnungsvollen Beispiele lebendiger Aktivität in vielen Gemeinden und die ermutigenden Aufbrüche in den Kirchen Europas und der übrigen Welt hinweisen. Das kann und darf aber nicht dazu führen, daß wir die Augen vor den ungelösten Problemen und den krisenhaften Entwicklungen verschließen. Unter diesem Aspekt kann zum Beispiel die Entscheidung des Papstes, daß die Diskussion über die Priesterweihe von Frauen definitiv beendet sei, im Grunde niemanden befriedigen. Hier haben wir ein Problem, nämlich die Gleichstellung der Frau in Kirche und Gesellschaft, und das kann nicht durch eine autoritäre Entscheidung von höchster Stelle, par ordre du mufti, aus der Welt geschafft werden. Darüber muß man reden und gemeinsam nach Lösungen suchen.

III.
Kirche in der Welt von heute

Die Tatsache, daß das kirchliche Leben in hohem Maße von der jeweiligen gesellschaftlichen Verfassung abhängig ist, bedarf keiner besonderen Begründung. Das Schicksal der Kirche ist aufs engste, im Guten wie im Bösen, mit den kollektiven Lebensbedingungen der jeweiligen Gesellschaft verbunden. Das Zweite Vatikanische Konzil hat das folgendermaßen beschrieben: „So geht denn diese Kirche, zugleich ‚sichtbare Versammlung und geistliche Gemeinschaft', den Weg mit der ganzen Menschheit gemeinsam und erfährt das gleiche irdische Geschick mit der Welt und ist gewissermaßen der Sauerteig und die Seele der in Christus zu erneuernden und in die Familie Gottes umzugestaltenden menschlichen Gesellschaft" (GS 40).
Wenn wir also nach Gründen und Ursachen für die gegenwärtige prekäre Lage der Kirche suchen, müssen wir uns über das gesellschaftliche Umfeld der heutigen Kirche Klarheit verschaffen. Wir müssen uns zunächst um eine ehrliche Analyse der gegenwärtigen gesellschaftlichen Verhältnisse bemühen, um kompetente Antworten auf die vielen und komplexen Fragen, vor denen wir stehen, geben zu können. Um mit den Worten des Konzils zu sprechen, wir müssen zunächst die „Zeichen der Zeit" erforschen. Erst dann können

wir im Licht des Evangeliums nach Antworten auf die Zeitfragen und nach Strategien für einen Weg aus der Misere suchen.

1. Säkularisierte Gesellschaft

Die Kirche, das ist eindeutig, lebt zunehmend in einer säkularisierten und nicht mehr in einer christlichen Gesellschaft. Es gibt vieles, was christlich aussieht, in Wirklichkeit aber nicht mehr so ist. Man könnte sagen: Die Fassade ist noch christlich, dahinter sieht es aber ganz anders aus. Wir können nicht so tun, als ob wir noch in einer christlichen Gesellschaft leben würden. Sonst laufen wir einer Chimäre nach, die es gar nicht mehr gibt.

Wissenschaft und Technik haben die Welt entmythologisiert und entzaubert, das heißt die Geheimnisse der Natur und der menschlichen Existenz wissenschaftlich erklärt. Wo der Mensch früher das Wirken von Göttern und Dämonen zur Interpretation benötigte, verläßt er sich heute auf die Gesetze der Wissenschaft und der Technik.

Die heutige profane Wissenschaft erklärt die Entstehung der Welt und die Existenz des Menschen nicht mit Hilfe sogenannter Schöpfungsmythologien oder – wie der biblische Mensch – als Schöpfung Gottes, sondern als Schöpfung des Menschen und als naturgesetzliche Entwicklung im Sinne der Evolutionstheorie von Charles Darwin. Das Weltbild der Bibel ist dem heutigen säkularisierten und wissenschaftsgläubigen Menschen nur noch schwer oder überhaupt nicht mehr zu vermitteln. Aus diesem Grund stehen heutzutage viele Menschen der Kirche verständnislos gegenüber oder drehen ihr den Rücken zu. Sie gilt ihnen als eine Institution, die hinter dem wissenschaftlichen Fortschritt zurückgeblieben ist und den modernen naturwissenschaftlichen Anforderungen nicht gewachsen ist.

2. Mobile, machbare und manipulierbare Welt

Der Mensch früherer Zeiten erlebte seine Welt als eine statische Größe, in der große Veränderungen von ihm praktisch nicht wahrgenommen wurden. Die kulturelle und zivilisatorische Entwicklung vollzog sich nur sehr langsam, selbst größere Entwicklungsschübe erstreckten sich über mehrere Generationen. Bei einer durchschnittlichen Lebenserwartung von 30 Jahren veränderte sich für den einzelnen Menschen seine Welt praktisch nicht. Es ist deshalb nicht verwunderlich, daß das Weltbild dieser Menschen statisch war, in dem alles seinen festen, unveränderlichen und von der Tradition geprägten Platz hatte. Heute lebt der Mensch jedoch in einer mobilen Welt. Das gesellschaftliche, wirtschaftliche und kulturelle Leben ist einem raschen und ständigen Wandel unterworfen. Und der Mensch selbst greift lenkend, korrigierend, ja schöpferisch in die Entwicklung ein.
Fazit: Da Religionen dem Ewigen, Zeitlosen und Bleibenden zugewandt sind, stößt die religiöse Interpretation der Welt und des Menschen, stoßen die religiösen Bilder und Wahrheiten, stößt eine überzeitliche Moral mit unveränderlichen sittlichen Normen bei den heutigen Menschen auf unsichtbare Barrieren und gefühlsmäßige Blockaden. Warum sollen sich zum Beispiel sittliche Normen nicht ändern können, wenn doch alles andere in der Welt einem ständigen, raschen Wandel unterworfen ist?

3. Individualisierung und Subjektivierung

Signifikant und folgenreich für unsere heutige Gesellschaft ist der Trend zur Individualisierung und Subjektivierung. Der gesellschaftliche Bezug des Lebens ist mehr und mehr zurückgenommen worden, und im gleichen Maß ist der einzelne, sein subjektives Wollen und sein subjektives Recht, in den Vordergrund getreten. Das hat sicherlich auch zeitgeschichtliche Hintergründe. Nachdem im Nationalsozialismus das Kollektiv, die Partei, das Volk und der Staat alles gewesen sind, war die Individualisierung auch eine Reaktion auf die

Ideologisierung von Blut und Boden, von Volksgemeinschaft und Führerprinzip. Aber die eigentlichen, die tieferen Ursachen liegen viel weiter zurück, und zwar in einer Entwicklung, die spätestens mit der Aufklärung eingesetzt hat und in unseren Tagen voll zur Entfaltung gekommen ist. Wenn wir die jungen Menschen von heute betrachten, fällt auf, wie viele sich auf dem sogenannten Egotrip befinden. Der einzelne, das Individuum, ist alles. Das Schlagwort von der Selbstverwirklichung durchzieht wie ein roter Faden die Diskussion der letzten Jahre.

Ein weiteres Signum unserer Zeit ist: Wir leben in einer Gesellschaft von Singles, in einer Single-Gesellschaft. Die Zahl derjenigen, die – aus den unterschiedlichsten Gründen – bewußt darauf verzichten, eine Familie zu gründen, nimmt ständig zu. Und sie tun es nicht mit einem schlechten Gewissen, sondern in der Überzeugung, daß sie „den besseren Teil" gewählt hätten, daß sie die im eigentlichen Sinn bewußt lebenden Menschen sind.

Dazu kommt die große Zahl der Menschen, die keine feste Bindung eingehen, obwohl sie mit einem Partner zusammenleben. Es ist nichts Außergewöhnliches, daß jemand seinen Partner nicht als „mein Mann" oder „meine Frau" vorstellt, sondern als „mein Lebensgefährte". Es könnte auch heißen: mein derzeitiger Lebensgefährte. Daneben – das gehört in dieselbe Sparte – erleben wir immer wieder neue alternative Lebensformen. Menschen, meist junge, „steigen aus", nämlich aus der Gesellschaft, schließen sich in Gruppen zusammen und exerzieren alternative Lebensformen. Daneben gibt es die vielen spontanen Aktionsgruppen, die sich überall bilden.

Der Mensch, den Jesus im Evangelium anspricht, ist aber kein Single. Es ist ein Mensch, der in Gemeinschaften lebt, in einer Familie, in einer Nachbarschaft, in einer Dorfgemeinschaft. Das Evangelium spricht insofern eine ganz andere Sprache als wir heute. Das hat weitreichende Folgen. Die Menschen, an die sich das Evangelium damals richtete, konnten sich zum Beispiel Ehe überhaupt nicht ohne Familie vorstellen. Für sie waren Ehe und Familie identisch. Deshalb konnte im Alten

Testament eine Ehe, die kinderlos blieb, ohne weiteres geschieden werden, so sehr hat man Ehe als Familie verstanden. Da zeigt sich der starke Gemeinschaftsbezug, der heute immer mehr abhanden kommt. Wir dürfen uns also nicht wundern, wenn das Evangelium bei vielen Zeitgenossen nicht mehr so ankommt wie in früheren, meist agrarisch geprägten Zeiten.

4. Selbstverwirklichungsrecht und Lustprinzip

Wir leben in einer Gesellschaft, die als einen der obersten Werte die Selbstverwirklichung propagiert, das Recht jedes einzelnen, sich selbst zu verwirklichen (wenn es sein muß, auch auf Kosten anderer und der Allgemeinheit). Nun wäre das ja nicht so tragisch, wenn in unserem Fall Selbstverwirklichung echte Werte voraussetzen würde, die der einzelne in sich verwirklichen will. Das wäre im Grunde nichts Neues. Es ist ein hohes Ziel jeder Pädagogik und Menschenführung, den Menschen zu befähigen, die in ihm liegenden positiven Fähigkeiten zu entfalten, wobei die Fähigkeiten sich an einem konkreten Wertespiegel orientieren. Aber woran orientiert sich die heute so viel berufene Selbstverwirklichung, nach welchen Werten richtet sie sich aus? Sie wird weithin nur noch gemessen am Lustprinzip. Das, was Lust verschafft, was mir gefällt, was mein Lustgefühl steigert, das ist mir erlaubt, ohne Rücksicht auf andere, wenn ich nicht brutal gegen bestehende Gesetze verstoße.

Das endet dann zum Beispiel in der Pansexualisierung unserer Öffentlichkeit. Da wird das Lustprinzip praktisch absolut gesetzt. Es gibt heute im gesellschaftlichen Leben praktisch nichts mehr, was nicht von diesem Phänomen tangiert wird. Es ist uns inzwischen völlig das Gefühl dafür verlorengegangen, daß das sexuelle Leben, wobei das Recht auf Sexualität unbestritten bleibt, von seiner Natur her keine öffentliche Sache ist, sondern eine zutiefst persönliche und individuelle, eine private und intime. Wir machen heute das Intimste, was der Mensch besitzt, zu einem öffentlichen Spektakel. Das ist, man entschuldige den Ausdruck, auch eine Form von Prohibition. Während es früher nicht nur verpönt, sondern auch fast verboten war, Zärtlichkeiten, die ein gewisses Maß übersteigen, in der Öffentlichkeit auszutauschen, ist es heute fast umgekehrt. Es gibt in gewissen Kreisen ein nahezu krankhaftes Bedürfnis, alle Welt an den intimsten Gefühlen teilnehmen zu lassen. In diesen Kontext gehört auch die Fernsehserie Big Brother des Senders RTL. Diese Erscheinung wird begleitet von einer ständigen Aushöhlung der Ehemoral und von der weitgehenden gesetzlichen Freigabe dcr Pornographie.

Auf der anderen Seite werden sittliche Werte, die für das gesellschaftliche Leben von unverzichtbarer Bedeutung sind, kaum noch genannt, geschweige denn vermittelt. Das geht bis in die Familien hinein. Zu nennen sind in diesem Kontext Opferbereitschaft (Wer redet noch davon?), Treue, Stehen zu einer Sache, auch wenn es schwerfällt. Die neue Devise lautet: Wenn es dir keinen Spaß mehr macht, dann gib es auf. Die Kinder werden allzu häufig direkt dazu erzogen, nur das zu tun, wozu sie Lust haben. Wie wollen diese Menschen später zu einer Sache stehen, die ihnen etwas abverlangt? Zufriedenheit, Bescheidenheit etc., das sind Werte, die uns mehr und mehr abhanden kommen.

Die Diskussion um die Grundwerte unseres gesellschaftlichen Lebens ist noch nicht abgeschlossen. Noch ist die Frage nicht endgültig entschieden, nach welchen sittlichen Werten sich das Leben in unserer heutigen Gesellschaft ausrichtet, auf welchem sittlichen Wertetableau sich die soziale Ordnung von morgen aufbauen soll. Und noch streitet man darüber, ob es sich um einen Werteverlust oder „nur" um einen Wertewandel handelt, was wir heute allenthalben erleben. Eines dürfte jedoch feststehen: In dem modernen Wertekatalog fehlen Werte, die für das Evangelium und damit für das christliche Leben von grundlegender und deshalb von unverzichtbarer Bedeutung sind.

Das Lustprinzip, das weithin sittliche Werte wie Verzicht und Entsagung ersetzt hat, ist mit dem biblischen Ethos unvereinbar. Aus biblischer Sicht ist das, was wir im Bereich der Ethik und Moral erleben, nur als ethische Revolution zu bezeichnen. Und genau das haben die Protagonisten der Studentenrevolte von 1968 gemeint, als sie die sexuelle Revolution propagierten. Es ging und geht nicht nur um eine sogenannte sexuelle Befreiung, wie es häufig in den Medien dargestellt wird, sondern um eine echte Revolution in den grundlegenden sittlichen Wertüberzeugungen. Erschreckend ist, daß selbst christliche Theologen und Vertreter der Kirchen nicht den tiefen Widerspruch zum Geist des Evangeliums wahrhaben wollen. Offensichtlich glauben nicht wenige von ihnen mit dem Hinweis darauf, daß das Evangelium eine Froh-Botschaft und keine Droh-Botschaft ist, dem Geist der Zeit die Schleppe nachtragen zu können, indem sie moralisch zu rechtfertigen suchen, was der biblischen Ethik, wie zum Beispiel Homosexualität, ganz eindeutig widerspricht.

5. Erlebnisgesellschaft

Dank des technisch-wissenschaftlichen Fortschritts der letzten 200 Jahre genießen die Menschen in den westlichen Industrieländern einen hohen Wohlstand und verfügen über immer mehr Freizeit. Während in früheren Zeiten der Mensch von morgens früh bis abends spät arbeiten mußte, um für sich und seine Familie den Lebensunterhalt zu sichern, nimmt heute in den Industrieländern die reine Existenzsicherung nur noch einen Bruchteil der Arbeitszeit in Anspruch. Nicht umsonst spricht man von einer Wohlstands- und Freizeitgesellschaft. Die Technik hat Einzug in alle Lebensbereiche des modernen Menschen gehalten und das Leben erleichtert: am Arbeitsplatz, zu Hause, in der Freizeit, im Krankenhaus. Schwere körperliche Arbeit ist durch Technik ersetzt worden. Die Arbeit ist nicht mehr mit dem Odium des Fluches (Gen 3,16-19) behaftet: Im Schweiße deines Angesichts sollst du dein Brot essen; unter Schmerzen sollst du Kinder gebären! Arbeit mit den heutigen technischen Geräten kann zum Vergnügen werden, kann Spaß machen. Der Computer zieht mit seinen unüberschaubaren Möglichkeiten schon heute Millionen Menschen in seinen Bann. Das Fernsehen bietet Unterhaltung Tag und Nacht. Die Freizeitindustrie sorgt dafür, daß der moderne Mensch in seiner arbeitsfreien Zeit keine Langeweile haben muß. So hat sich nach und nach das Lebensgefühl der Menschen gewandelt. Viele Menschen erleben heute das Leben nicht nur als „Mühsal und Last", sondern immer mehr als sprudelnde Quelle von Lust, Freude und Spaß, bis eines Tages vielleicht das Vergnügen zur Arbeit wird. Dafür ist der Begriff der Erlebnis- und Spaßgesellschaft geprägt worden (G. Schulze)

Wenn nun hinzukommt, daß dieser Wohlstandsgesellschaft der Glaube an Gott und an die Ewigkeit verlorengeht, muß zwangsläufig die Verwirklichung des menschlichen Glücks innerhalb des irdischen Lebensraumes gesucht werden. Ohne den Glauben an die heilende und erlösende Kraft des Kreuzes (Christi) macht ein Leben in Krankheit, unter Behinderung, unter Verzicht und Opfer keinen Sinn, weshalb der Mensch sein Heil in der Selbstverwirklichung und im Egotrip sucht. Für große Teile der jungen Generation, die in der heutigen Wohlstands- und Konsumgesellschaft aufgewachsen ist, besteht der Lebenssinn aus „Fun" und „Events", Spaß und Erlebnissen. Die neue Lebensmaxime lautet: Ich tue, was mir gefällt, worauf ich Lust habe, was Spaß macht. Auch wenn es sich um hirnerweichenden Schwachsinn handelt, Hauptsache ist, daß es Spaß macht.

Die Unterhaltungs- und Freizeitindustrie hat sich schnell auf den neuen Trend eingestellt und bietet der Spaßgesellschaft ein reichhaltiges und abwechslungsreiches Programm: Openair-Events mit bekannten Musikbands, Love-Parade, Rock- und Pop-Festivals, Folklore-Großveranstaltungen mit Heimatklängen und Volksmusik, Erlebnis-Reisen, Erlebnis-Badelandschaften mit Palmenstrand und Wellengang, Erlebnis-Freizeitparks, Erlebnis-Einkaufscenter, Sportgroßveranstaltungen. In der neuen Eventgesellschaft wird auch der Sport als Spektakel und Event inszeniert. Autorennen, Fußballspiele, Weltmeisterschaften, Olympische Spiele sind Gelegenheiten, um den herbeiströmenden Massen Unterhaltung und Spaß zu bieten, Emotionen freizusetzen, Gemeinschaft zu erleben, kurzum, ein fröhliches Spektakel zu veranstalten. Die Qualität der Veranstaltung mißt sich nicht ausschließlich an der sportlichen Leistung, sondern vor allem auch am Erlebniswert. Und wie der Sport Event-Spiele inszeniert, so produzieren die Medien, insbesondere das Fernsehen, ihre Großereignisse mit Comedy-Shows und Big-Brother-Serien, und die Kultur veranstaltet ihre Festivals.

Die neue Erlebniskultur und das veränderte Lebensgefühl haben inzwischen ihren Niederschlag im Bereich der Religion gefunden. Den heutigen Menschen interessieren dogmatische Fragen, lehrmäßige Unterscheidungen und Interpretationen der Heiligen Schrift wenig oder gar nicht. Er sucht in der Religion nicht nach der Wahrheit über Gott und die Welt, sondern nach unmittelbarer Erfahrung Gottes, nach Berührung mit dem religiösen Faszinosum, nach Eintauchen in das Mystische. Sicher ist auch für den heutigen Menschen die Religion wichtig für die Sinngebung seines Daseins, viele Menschen suchen aber auch nach religiöser Erfahrung, nach transzendentalen Erlebnissen, nach dem Ausstieg aus der Alltagserfahrung durch und in der religiösen Ekstase. Hier liegt eine der Ursachen für die Hochkonjunktur der Esoterik und des Esoterikmarktes.

Man darf sich also nicht wundern, wenn von heutigen Menschen, vor allem von jüngeren, auch die Teilnahme am sonntäglichen Gottesdienst, an der Spendung der Sakramente (Taufe, Firmung, Erstkommunion), an religiösen Feiern unter dem Blickwinkel des Erlebniswertes beurteilt wird. Man will auch im Gottesdienst etwas erleben, es muß Spaß machen, man will sich selbst verwirklichen. Der Möglichkeiten und Ausdrucksformen gibt es viele: phonstarke Bands, szenische Darstellungen, religiös-liturgische Tänze, liturgische Nächte, Deklamation von programmatischen Texten, Artikulation von sozialem Protest, thematisch gestaltete Gottesdienste.

Sicher werden sich nicht alle Kirchenbesucher angesprochen fühlen, wenn der Gottesdienst wie ein öffentliches Spektakel inszeniert wird, der Priester sich während der Meßfeier die Gitarre umhängt und wie ein Popstar auftritt, die Vorträge einzelner und die Beiträge auftretender Gruppen mit Händeklatschen und Zurufen applaudiert werden. Die entscheidende Frage, die hier zu stellen ist, muß lauten: Wird irgendein Spektakel inszeniert, oder wird hier das Geheimnis von Tod und Auferstehung Christi gefeiert? Ist der Mensch hier einer, der aus der Hand Gottes Segen und Heil erbittet und es gläubig annimmt, oder ist es der Mensch, der hier selbst sein Heil in der religiösen Selbsterfahrung inszeniert?

6. Auseinanderfallen von gesellschaftlichem Ethos und kirchlicher Moral

Wir erleben ein Auseinanderfallen von gesellschaftlichem Ethos und kirchlicher Moral, und das in einem solchen Ausmaß, daß wir heute sagen müssen: Beides ist nicht mehr in Konkordanz zueinander zu bringen. Zwischen beiden wird der Graben immer tiefer. Religion wird mehr und mehr zur Privatsache, wird abgeschoben in gesellschaftliche Randpositionen und wird damit als Privatsache auch unverbindlich und, wenn man will, auswechselbar. Bezeichnend für die heutige gesellschaftliche Gemengelage ist gerade diese Auswechselbarkeit und Beliebigkeit von Religion und Moral. Heute so, morgen so. Jeder soll nach seiner Fasson selig werden.

a) Ethischer Minimalismus

Wir haben es mit einer Gesellschaft zu tun, die sich an einem wie auch immer gearteten ethischen Minimum orientiert. In der Grundwertediskussion der siebziger Jahre hat der FDP-Vorsitzende Hans-Dietrich Genscher damals gesagt: Unser demokratischer Staat gründet sich auf dem kleinsten gemeinsamen ethischen Nenner, also auf dem ethischen Minimum. Und in der Tat, wir sind auf dem besten Wege dorthin. Da dürfen wir uns nicht wundern, wenn permanent in unserer Gesellschaft und ihren Institutionen sittliche Überzeugungen per Gesetz abgebaut werden. Man muß das Geschehen um den Paragraphen 218 auch einmal unter diesem Gesichtspunkt sehen. Da wird ein Grundrecht beziehungsweise ein Grundwert, nämlich das Recht auf Leben, permanent per Gesetz attackiert, ohne daß die Vertreter des Staates dabei unter allzu schweren Gewissensbissen leiden würden, ganz zu schweigen von dem Großteil der veröffentlichten Meinung. *Fazit:* Das Evangelium propagiert nicht den ethischen Minimalismus, sondern genau das Gegenteil. Wir dürfen uns also nicht wundern, wenn das Evangelium bei vielen Menschen, besonders jungen, nicht mehr ankommt. Unsere Verkündigung wird weithin abgetan mit dem Schlagwort der Moralisierung. Gesellschaftlich bewegen wir uns immer mehr auf das ethische Minimum zu, aber das Evangelium fordert uns auf, unser sittliches Handeln an ethischen Hochwerten zu orientieren.

b) Ohnmacht der Erziehungsinstanzen

Kein Wunder, daß Erziehungsinstanzen wie Familie, Schule und Kirche nur noch bedingt funktionsfähig sind. Auch diejenigen Familien, die noch ein klares christliches Profil haben und dieses an ihre Kinder weitergeben wollen, sind nur bedingt erziehungsfähig, weil die Zahl der gesellschaftlichen Miterzieher so groß und einflußreich ist, daß das Elternhaus oftmals nicht dagegen ankommt. Der Auszug aus dem Elternhaus ist oft – nicht immer – der Schlußpunkt. Das heißt, daß wir heute nicht mehr wie in früheren Zeiten unsere Zuflucht bei der katholischen Familie suchen können. Die Familie kann heute – auch bei bestem Willen – ihren Erziehungsauftrag nur bedingt erfüllen. Darunter leiden viele Eltern, wie allgemein bekannt ist.

7. Disparität zwischen christlicher und säkularer Kultur

Was ist nun die Antwort der Kirche auf die soeben beschriebene Situation? Was kann und soll die Kirche angesichts der gesellschaftlichen Misere tun? Wir sprechen heute in der Kirche viel von der Inkulturation. Damit ist gemeint, daß der Glaube in unsere Kultur hineingeboren werden muß. Er muß ein Teil unserer Kultur werden. Das ist sicherlich richtig und notwendig. Aber wir müssen uns heute fragen, ob die gesellschaftlich bestimmende säkulare Kultur noch aufnahmefähig für das ist, was das Evangelium lehrt. Wieweit ist die heutige entchristlichte Kultur ein aufnahmefähiger Boden, um den Samen des Evangeliums hineinzusäen? Das Gegenteil ist weithin der Fall. Wir haben es immer häufiger mit einer dem christlich-biblischen Geist diametral entgegengesetzten, ja feindlichen Kultur zu tun.

Johannes XXIII., der das Zweite Vatikanische Konzil einberufen hat, hat ihm als Ziel das Aggiornamento gesetzt, das Anpassen an unsere heutige Welt. Heute, 30 bis 40 Jahre danach, wird kontrovers diskutiert, was daraus geworden ist. Zweifellos gibt es auch eine falsche Anpassung, die wir heute in einem großen Maße erleben, eine Kapitulation vieler in der Kirche, auch unter Theologen und Priestern, vor dem Druck der Öffentlichkeit und dem Zeitgeist. Dies ist mit Sicherheit ein Weg, der uns nicht weiterbringt. Wenn wir als Kirche dieser Gesellschaft begegnen wollen und wenn wir einen Beitrag zum Aufbau des gesellschaftlichen Lebens leisten wollen, dann kann das nur eine missionarische Kirche sein, die sich nicht anpaßt, sondern aktiv und „aggressiv" auf die Gesellschaft zugeht.

8. Verlust der ethischen Kompetenz

Ein weiteres Signum unserer Zeit ist die Unfähigkeit unserer Gesellschaft und ihrer Institutionen – einschließlich Elternhaus, Schule und immer mehr auch Kirche –, den einzelnen und den Gemeinschaften, in denen die Menschen leben, gemeinsame, übergreifende und verbindliche Verhaltensregeln und soziale Leitbilder, sogenannte „ethics", zu vermitteln. Unsere Gesellschaft ist nur noch beschränkt in der Lage, einen gemeinsamen Verhaltenskodex für das Zusammenleben zu formulieren und durchzusetzen. Das aber, sagt der Soziologe, ist notwendig. Eine Gesellschaft, die nicht mehr gemeinsame Ziel- und Leitbilder vermittelt, ist im Anfangsstadium der Auflösung, wie uns Gruppentheorie und Gruppenforschung, aber auch die Erfahrungen des Alltags lehren. Ein Fußballverein, der seine Mitglieder nicht mehr auf eine gemeinsame Vereinsstrategie und seine Spieler auf eine für alle

verbindliche Spielregel verpflichten kann, hat keine Fortüne. Es fragt sich also: Leben wir heute in einer Gesellschaft, die sich im Anfangsstadium eines solchen Auflösungsprozesses befindet?
Soziologisch gesehen wäre hier eine bedeutsame Marktlücke für Religion und Kirche als sogenannte Sinngebungsinstanzen. Es zählt zu ihren ureigensten Aufgaben, Lebenssinn, moralisches Bewußtsein und ethische Verhaltensweisen zu vermitteln. Trotzdem sind, wie wir wissen, die Erfolgschancen der Kirche in diesem Bereich sehr gering. Das hat unter anderem seinen Grund darin, daß der heutige Mensch eine kirchlich-religiös begründete und gesellschaftlich sanktionierte Moral als Fremdbestimmung ablehnt und für sich das Recht in Anspruch nimmt, nach eigener Überzeugung zu leben und sich selbst zu verwirklichen.

9. Pluralistische Gesellschaft

Wir sprechen von der pluralistischen Gesellschaft als dem beherrschenden Wertmaßstab und politischen Leitbild unserer Zeit. Dabei wird häufig übersehen, daß die sogenannte pluralistische Gesellschaft zunächst eine politische Kategorie ist. Pluralistische Gesellschaft meint, daß in einem Staatswesen mehrere Glaubensüberzeugungen, politische Überzeugungen, Weltanschauungen und kulturelle Traditionen in Toleranz und gegenseitiger Achtung friedlich miteinander leben.
Der weltanschauliche Pluralismus ist durch unsere Verfassung geschützt. Begriff und Wirklichkeit setzen voraus, daß der Staat sich gegenüber den unterschiedlichen weltanschaulichen und religiösen Überzeugungen neutral verhält. Es ist ein allseits anerkanntes Faktum, daß wir heute in einer weltanschaulich pluralistischen Gesellschaft mit unterschiedlichen Lebenshaltungen, mit konkurrierenden weltanschaulichen und religiösen Überzeugungen, mit einem weitverbreiteten ethischen Liberalismus oder auch Nihilismus leben.
Viele Zeitgenossen sehen in diesem gesellschaftlichen Pluralismus einen allerhöchsten sittlichen Wert und die Verwirkli-

chung einer freiheitlichen Gesellschaft. Und in der Tat, der freiheitliche pluralistische Staat garantiert seinen Bürgern, daß jeder nach seinem eigenen Gewissen und nach seiner persönlichen Überzeugung leben kann. Für viele ist der Pluralismus zu einer Art demokratischem Glaubensbekenntnis geworden. Dabei wird im allgemeinen übersehen, daß der Pluralismus zunächst ein mehr oder weniger formaler Begriff ist, der aus sich heraus noch keine positiven Werte setzt und vor allem keine integrierende Kraft besitzt, welche die Menschen und gesellschaftlichen Gruppen verbinden könnte. Im Gegenteil, je ausgeprägter der Pluralismus ist, um so mehr treiben die gesellschaftlichen Kräfte auseinander.

Der Pluralismus allein reicht als Grundlage der staatlichen Ordnung nicht aus, auch nicht in der Demokratie. Das friedliche Zusammenleben der Menschen ruht auf zwei Säulen: 1. auf der gegenseitigen Toleranz gegenüber der Überzeugung und Lebensweise des anderen und 2. auf gemeinsamen Wertüberzeugungen und Traditionen, welche die Menschen miteinander verbinden. Wenn eine pluralistische Gesellschaft nicht durch gemeinsame Wertvorstellungen getragen wird, bricht sie über kurz oder lang auseinander. Das, was die Menschen miteinander verbindet, kann man auch als die Kultur eines Volkes oder einer Gesellschaft bezeichnen.

Eine bestimmte Kultur ist die einheitliche Lebensweise eines bestimmten Volkes oder einer bestimmten Volksgruppe und ist das Ergebnis der gemeinsamen Weltanschauung, was nicht mit Religion gleichgesetzt werden muß, bestimmter Werttraditionen und geschichtlich gewachsener Überlieferungen. Die einzelnen Kulturen sind geprägt durch ihre je eigene Lebensweise, Philosophie, Kunst, Gesetzgebung, Wirtschaftsweise, durch ihre Sitten und Gebräuche. Eine Gesellschaft (Volk) muß, wenn sie sich als Einheit versteht, eine gemeinsame Kultur haben. Die Kultur ist Ausdruck der Eigenart, der Weltanschauung und der Lebensweise einer bestimmten Gesellschaft. Deshalb ist die Frage, ob es so etwas wie eine „Leitkultur“ in der Bundesrepublik gibt, mit einem klaren Ja zu beantworten. Es ist nichts anderes als die Werteordnung, die Rechtsüberzeugungen und die kulturellen Traditionen, auf

denen das Grundgesetz der Bundesrepublik errichtet worden ist und die ihrerseits von diesem geschützt werden.
Der Pluralismus allein, so haben wir gesagt, reicht als Grundlage des gesellschaftlichen Zusammenlebens nicht aus. Es ist eben nicht so, daß aus dem Miteinander der verschiedenen weltanschaulichen Überzeugungen per se etwas Neues, etwas Höheres und etwas Besseres entsteht. Die Folge ist heute vielfach die Nivellierung, die beständige Einebnung von Wertmaßstäben und Überzeugungen, von sogenannten ethischen Standards. Man könnte sich fragen, ob das nicht von denjenigen, die heute so viel von der „pluriformen" Kultur reden, direkt gewollt ist. Man hat den Eindruck, daß sie etwas anderes sagen, als sie denken. Vielfach geht es doch letztlich um den Abbau bestimmter (christlicher) Werte. Und dafür ist ihnen das Schlagwort von der pluriformen Kultur ein dankbares Vehikel.
Abschließend müssen wir konstatieren, daß die Bundesrepublik Deutschland, wie sie sich heute de facto präsentiert, nicht mehr als christlicher Staat bezeichnet werden kann. Damit soll nicht in Abrede gestellt werden, daß dieses Staatswesen, das nach 1945 auf den Trümmern, die der Nationalsozialismus hinterlassen hatte, errichtet wurde, unter anderem auf dem Fundament der christlichen Tradition aufgebaut worden ist. Heute jedoch leben wir in einer pluralistischen Gesellschaft, in der die christliche Religion nicht mehr allein dominant im gesellschaftlichen Leben ist. Sie steht in Konkurrenz zu unterschiedlichen Weltanschauungen, Gesellschaftsentwürfen und ideologischen Überzeugungen. Es spricht einiges dafür, daß in nicht allzu ferner Zeit die gesellschaftliche Ideologie von einem säkularen Humanismus und einem religiösen Indifferentismus geprägt sein könnte.

IV.
Frage nach der gemeinsamen Wertebasis unserer Gesellschaft

Wir erleben in unseren Tagen das Zusammenwachsen unseres Kontinents zu einem gemeinsamen europäischen Haus. Die Einheit Europas ist das große wirtschaftliche, politische und – wie viele hoffen – auch kulturelle Ziel unserer Zeit. In diesem Prozeß stehen wir heute mittendrin. Die große Frage ist: Wer oder was soll diese Gemeinschaft geistig tragen? Jede Gemeinschaft muß ein Fundament haben. Man spricht in diesem Zusammenhang gern vom christlichen Abendland als Grund und Basis für das neue Haus Europa. Aber wir müssen uns fragen: Gibt es noch die gemeinsamen christlichen Grundwerte, auf die wir Europa aufbauen können? Vielleicht leben diejenigen, die zur Zeit die Politik bestimmen, noch aus dem lebendigen Bewußtsein der geistigen Grundlagen des Abendlandes, vielleicht wissen sie noch, wovon sie reden. Aber die heutige Jugend hat nur noch verschwommene Vorstellungen davon. Und das ist die Jugend, die dieses Europa vollenden und tragen muß. Es gibt immer noch eine große Zahl von christlich geprägten Verantwortungsträgern in unserer Gesellschaft, die wie selbstverständlich davon ausgehen, daß es dieses gemeinsame Fundament noch gibt. Für viele andere ist dieses Fundament aber brüchig geworden oder schon längst nicht mehr vorhanden.

Nun haben die deutschen Bischöfe dankenswerterweise mit ihrem Diskussionsbeitrag „Gesellschaftliche Grundwerte und menschliches Glück“[3] vom 7. Mai 1976 eine große gesellschaftliche Diskussion über die Grundwerteorientierung unserer Gesellschaft angeregt, auf die wir hier kurz eingehen werden. Wir werden uns mit dieser Thematik in einem ande-

[3] Gesellschaftliche Grundwerte und menschliches Glück, hrsg. vom Sekretariat der Deutschen Bischofskonferenz, Bonn 1976 (= Die Deutschen Bischöfe 9).

ren Zusammenhang noch eingehender befassen.[4] Damals, in der Mitte der siebziger Jahre, ist heftig und auch kontrovers über die Grundwerte diskutiert worden. Der Grundtenor war: Es ist doch eigentlich gar nicht so schlimm, wie die Bischöfe es hingestellt haben. Wir haben doch über alle Parteien hinweg gemeinsame Überzeugungen. Und man hat den Bischöfen – bisweilen versteckt – den Vorwurf gemacht, es ginge ihnen im letzten gar nicht um die Grundwerte als solche, sondern um bestimmte katholische Moralvorstellungen, die sie in unserer Gesellschaft durchsetzen wollten, und das möglichst mit den Mitteln der Politik.

Wie recht die Bischöfe damals gehabt haben, wissen wir heute. Manche reagieren ausweichend und meinen, es handele sich nicht um einen wirklichen Werteverlust, sondern nur um einen Wertewandel. Das ist Augenwischerei. Wir erleben heute ganz zweifelsohne einen enormen Werteverlust. Neuere Umfragen der Meinungsforschungsinstitute zeigen in erschreckender Deutlichkeit, wie wenig an christlichen Werten heute noch der Jugend vermittelt wird.

Auf das Wort der Bischöfe hat seinerzeit der amtierende Bundeskanzler Helmut Schmidt in einem Vortrag in der Katholischen Akademie Hamburg geantwortet. Helmut Schmidt hat damals gesagt: Eine Gesellschaft braucht gemeinsame Werte, sonst zerbricht sie, sonst ist sie nicht funktionsfähig. Aber der Staat ist nicht verantwortlich für die Grundwerte. Der Staat muß in einer pluralistischen Gesellschaft neutral sein. Das heißt, der Gesetzgeber muß sich nach der sogenannten öffentlichen Moral beziehungsweise nach der öffentlichen Meinung richten. Etwas anderes kann er nicht zum Maßstab der öffentlichen Gesetze machen. Sonst würde er ja Moralvorstellungen einzelner Glaubensgemeinschaften zum Maßstab für alle machen. Das aber geht nicht. Der Staat, sagt Schmidt, hat keine eigene Kompetenz in Fragen der sittlichen Normen und der Grundwerte. Die Verantwortung für die sittlichen Grundhaltungen und damit auch für die gesellschaftliche Mo-

---

[4] Vgl. II. Teil, IV. Kapitel, Abschn. 1 und 2, S. 76ff.

ral liegt bei der Gesellschaft, das heißt bei den gesellschaftlichen Gruppen, namentlich bei den gesellschaftlich dominanten Gruppen, das sind die Kirchen. Schmidt hat dann ausdrücklich gesagt, daß hier die Kirchen für uns eine sehr große Bedeutung haben.

Man kann und muß durchaus dem damaligen Bundeskanzler Helmut Schmidt danken für das klare Wort, das er hinsichtlich der öffentlichen Präsenz und der gesellschaftlichen Funktion der Kirchen gesagt hat. Aber die Frage, die wir uns stellen müssen, lautet: Können denn die Kirchen das, was ihnen hier zugesprochen wird, überhaupt leisten? Sind die Kirchen dazu in der Lage? Darauf ist mit einem klaren und unmißverständlichen Nein zu antworten. Diese Aufgabe können die Kirchen heute nicht mehr in dem gewünschten Maße wahrnehmen. Sie können höchstens versuchen, einen Beitrag zur Vermittlung sittlicher Werte und gesellschaftlicher Normen, das heißt zum Aufbau einer gesellschaftlichen Moral, zu leisten.

1. Die Kirchen erfassen – wie wir alle wissen – nur einen Bruchteil ihrer nominellen Mitglieder wirklich. Wir sprechen hier von der partiellen Identifikation mit der Kirche oder dem Auswahlchristentum. Jeder macht sich seinen Glauben selbst zurecht und sucht sich das heraus, was ihm paßt und wo er die Kirche braucht.

2. Propagiert wird heute das Recht des einzelnen, allein nach seiner sittlichen Überzeugung zu leben. Das geschieht nicht nur von liberaler Seite, sondern auch von manchen katholischen Theologen und nicht selten auch von „guten" Pfarrern und Vikaren. Unbestritten ist das Recht auf Gewissensfreiheit und ebenso die Autorität des Gewissens als letzter sittlicher Instanz. Worum es in der öffentlichen Diskussion geht, ist aber etwas ganz anderes. Unsere säkularisierte Öffentlichkeit bestreitet der Kirche grundsätzlich das Recht, über die Moral der einzelnen Menschen urteilen zu können. Dazu erleben wir heute in der Öffentlichkeit, besonders in den Medien, einen ganz massiven Kampf gegen die Kirche und die kirchliche Moralverkündigung.

In diesem Zusammenhang ist auch der Streit um die Kreuze

in den bayerischen Schulen zu sehen. Das ist eine sehr ernste Sache. Wie soll man christliche Wertüberzeugungen vermitteln und überzeugend darstellen, ohne das Kreuz in den Mittelpunkt zu stellen? Im Kreuz wurzeln alle christlichen Werte. Wenn ich also aus der christlichen Verkündigung das Kreuz herausnehme, dann bleibt nichts anderes übrig als allgemeine, profane Sittlichkeit. Aber das, was wir eigentlich vermitteln wollen, wozu wir vom Evangelium gesandt sind, ist nicht ohne das Kreuz vermittelbar. Unsere heutige säkularisierte und nivellierte Gesellschaft hat gewiß auch Werte, aber es handelt sich da mehr oder weniger um ein Konglomerat von Auswahlwerten, woraus man sich das aussucht, was man gerade brauchen kann, was gerade in das Konzept der Selbstverwirklichung hineinpaßt. Wichtige Werte, die wir gesellschaftlich brauchen, bleiben weithin ausgeklammert.
Resümee: Die Menschheit befindet sich in einem globalen Prozeß gesellschaftlicher Veränderungen und krisenhafter Umbrüche, die sämtliche Bereiche des privaten und öffentlichen Lebens erfaßt haben. Das Ausmaß dieser Metamorphosen können wir höchstens erahnen, das Ende ist nicht abzusehen. Die Kirche, die ein Teil dieser Gesellschaft ist, darf sich nicht wundern, daß auch sie in den Prozeß involviert ist und ihre fundamentalen Glaubensaussagen in Frage gestellt sieht. Wahrscheinlich steht uns das eigentliche Aggiornamento noch bevor.

V.
Die strukturelle Krise der Kirche aus soziologischer Sicht

Im folgenden soll das gegenwärtige Erscheinungsbild der Kirche aus der Sicht der profanen Soziologie und mit den üblichen soziologischen Kriterien analysiert werden. Dabei geht es nicht um Kirchenkritik im heute üblichen Sinn, schon gar nicht um die heute so beliebte Papst- oder Bischofsschelte. Wir fragen uns: Wie ist das Erscheinungsbild der Kirche zu beurteilen, wenn es nach den streng wissenschaftlichen Methoden der Soziologie analysiert wird?

Wir betrachten also im folgenden die Kirche nicht als eine übernatürliche, göttliche Stiftung, sondern als eine weltliche Einrichtung. Für den Soziologen ist sie zunächst, ja ausschließlich eine gesellschaftliche Gruppe, Organisation und Institution, deren Organisationsstrukturen er untersucht und aufgrund ihrer Funktionstüchtigkeit kritisch beurteilt. Wenn also jemand mit dem, was bei den folgenden Erörterungen herauskommt, nicht einverstanden ist, kann er einfach entgegenhalten, daß man die Kirche als eine übernatürliche Einrichtung nur mit theologischen und nicht mit soziologischen Kategorien zutreffend erfassen kann. Allerdings muß auch er sich sagen lassen, daß die Kirche nicht ausschließlich übernatürlicher Natur ist. Da die Botschaft Jesu sich an Menschen richtet, die in der Welt leben, und das Evangelium in konkreten gesellschaftlichen und kulturellen Strukturen gelebt und bezeugt werden muß, ist die Kirche zwangsläufig in gesellschaftliche und als solche auch soziologisch zu betrachtende Strukturen eingebunden.

Im Rahmen unserer Themenstellung werden wir keine komplette soziologische Analyse vorlegen können; wir müssen uns vielmehr auf einige Anmerkungen zum Thema „Erscheinungsbild der Kirche“ konzentrieren. Die Auswahl der Themen unterliegt keiner strengen Systematik und könnte jederzeit um etliche ergänzt werden.

Noch einmal: Im folgenden geht es nicht um letztgültige theologische Aussagen über die Kirche, ihre Lehre und das Leben aus dem Glauben. Gegenstand unserer Betrachtung sind die soziologische Struktur und das gesellschaftliche Erscheinungsbild. Wir fragen nach der Funktionsweise von Kirche im gesellschaftlichen Interaktionsnetz. Uns interessiert das Zusammenwirken der Mitglieder der Institution Kirche untereinander sowie das Miteinander und Gegeneinander von Kirche und Gesellschaft unter dem Aspekt ihrer unterschiedlichen sozialen Strukturen.

Es werden viele Problemkreise angesprochen werden, ohne daß sie im einzelnen einer eingehenden Erörterung unterzogen werden könnten. Nicht wenige der angerissenen Themen wären es wert, zum Gegenstand einer separaten Untersuchung gemacht zu werden.

1. Konziliare Erneuerung

Das Zweite Vatikanische Konzil markiert zweifelsohne einen epochalen religiösen Aufbruch der Kirche. Doch stellt sich heute, vier Jahrzehnte danach, die Frage: Was hat das Konzil eigentlich langfristig bewirkt? Die Diskussion hierüber ist in vollem Gange. Die einen sagen: Die konziliare Erneuerung ist verpufft; weder ist das Glaubensbewußtsein nachhaltig vertieft, noch ist die religiöse Praxis intensiviert worden. Das Gegenteil ist der Fall. Die Kirchen sind leerer und leerer geworden. Für die anderen, sicherlich die Mehrheit, hat das Konzil das Tor in eine neue Zukunft der Kirche aufgestoßen und hat in richtunggebender Weise für jedweden kirchlichen Aufbruch die Weichen gestellt.

Nun ist zu fragen: Ist das Konzil verantwortlich für den gegenwärtig zu beobachtenden kirchlichen Niedergang, oder ist dieser Einbruch trotz des Konzils erfolgt, sozusagen wie ein Naturereignis über uns hereingebrochen? Oder wäre ohne das Konzil das Desaster noch viel größer? Darüber kann man verschiedener Meinung sein. Niemand kann darauf eine stringente Antwort geben, die er unwiderlegbar beweisen könnte. Da mag sich jeder seine eigene Meinung bilden.

Soziologisch gesehen hat die konziliare Erneuerung der Kirche ihr Ziel nicht erreicht. Der höchstmögliche Einsatz von Mitteln, nämlich die Einberufung eines Konzils, ist verpufft. Trotz enormer spiritueller und humaner Investitionen ist das Unternehmen Kirche nicht aus den roten Zahlen heraus. Der gelegentlich zu vernehmende Ruf nach einem neuen Konzil ist deshalb eher unrealistisch und unproduktiv. Um einen Ausweg aus der derzeitigen Sackgasse zu finden, muß geklärt werden, warum die guten Ansätze des Konzils heute nicht mehr greifen.

2. Weitergabe des Glaubens

Die Weitergabe des Glaubens durch Predigt, Katechese, Familie, Schule, kirchliche und gesellschaftliche Institutionen gelingt nicht mehr in befriedigender Weise. Das ist sicherlich in den einzelnen Landesteilen, in Stadt- oder Landregionen unterschiedlich. Vielfach aber gelingt es praktisch gar nicht mehr. Da die Verkündigung des Glaubens und die damit verbundene Bekehrung zu Christus die Mission der Kirche ausmachen, ist die gegenwärtige Misere existenzbedrohend. Die Kirche befindet sich in der Situation eines Vereins, der keine neuen Mitglieder mehr für sich interessieren kann, beziehungsweise in der Lage eines Unternehmens, das unverkäufliche Ware produziert und anbietet. Da man nicht durch Geburt, sondern durch Taufe und Glauben an Christus zum Glied der Kirche wird, ist, soziologisch und demographisch gesehen, die Kirche nicht mehr in ausreichendem Maße regenerationsfähig.

3. Das sakramentale Leben

Das sakramentale Leben ist geschrumpft, verflacht, lückenhaft, vielfach ausgetrocknet. Über die Beichte zu diskutieren, können wir uns demnächst sparen, da sie praktisch totdiskutiert worden ist. Die Krankensalbung ist keine Selbstverständlichkeit mehr. Viele Gläubige sterben ohne den Trost der Kirche und den Beistand eines Priesters. Dieser wird heute nur noch selten zu einem Sterbenden gerufen. Für viele Priester ist das bereits eine Ausnahme geworden, während sie sich früher Tag und Nacht dazu bereithalten mußten. Die Gleichgültigkeit gegenüber der Krankensalbung ist signifikant für den Verlust an Gläubigkeit, an Leben aus dem Glauben, an gläubiger Bindung an Christus und seine Botschaft. Das gilt natürlich auch für die übrigen Sakramente. Für viele ist die kirchliche Trauung ein rein gesellschaftlicher Akt ohne jede Verbindlichkeit, wie die große Zahl der Ehescheidungen auch unter Katholiken demonstriert und bei den Ehenichtigkeitsprozessen deutlich an den Tag tritt. Viele Katholiken haben am Tag ihrer feierlichen Erstkommunion zum letztenmal die Kirche betreten.

Die Sakramente sind „Gnadenmittel“, in denen das Geheimnis der Erlösung durch Jesus Christus den Menschen zuteil wird. Durch die Sakramente empfängt der Gläubige göttliches Leben, er wird Glied am Leibe Christi. Die Gleichgültigkeit gegenüber den Sakramenten offenbart eine tiefe Krise des Glaubens und einen bedrohlichen Substanzverlust. Aus soziologischer Perspektive sind die „Instrumente“ der Kirche stumpf geworden. Eine Glaubensgemeinschaft, in der die Feier der Mysterien nicht mehr stattfindet, gleicht einem Fußballverein, der nicht mehr Fußball spielt.

4. Pluralisierung des Glaubensverständnisses

Wir erleben eine fortschreitende Pluralisierung des Glaubensverständnisses, der Schriftauslegung und der Dogmeninterpretation. Es ist zu konstatieren, daß die pluralistische Gesellschaft sich mitten in der Kirche etabliert hat. Pluralisierung des Glaubensverständnisses heißt, wir sind uns nicht mehr einig, was wir in der Kirche glauben. Und wir haben kein gemeinsames Verständnis der Schrift mehr. Der eine legt die Schrift so, der andere so aus, nicht selten ganz konträr, jeder möglichst, wie es ihm in seine Philosophie hineinpaßt. Eine verbindliche, gemeinsame Schriftauslegung ist nur noch schwer auszumachen. Gleiches gilt für die Interpretation der Dogmen, das Verständnis grundlegender Glaubenswahrheiten. In der Verkündigung (Predigt) vieler Priester und in den Veröffentlichungen vieler Theologen ist der tradierte Glaube nur noch schwer wiederzuerkennen. Es wäre an der Zeit, so manchem Theologen zu sagen: Es wäre ehrlicher, wenn du offen und klar sagen würdest, daß du nicht mehr an eine Auferstehung Christi glaubst. Das wäre ehrlicher und der sachlichen Auseinandersetzung dienlich.

Fazit: Die Kirche hat keine einheitliche, klar definierte Unternehmensphilosophie mehr. Sie gleicht einem „Unternehmen“, das nicht in der Lage ist, Unternehmensziel und Pro-

duktionsmittel überzeugend und für jedermann verständlich darzustellen.
Es stellt sich die Frage: Welche Funktion haben unsere theologischen Lehrstühle? Es zählt zweifellos zur Aufgabe der Lehrstühle, den Glauben unter der Lupe der Kritik zu sezieren – das gehört selbstverständlich auch zu den Obliegenheiten der wissenschaftlichen Forschung. Der Theologe muß aber die Glaubensaussagen dann auch wieder zusammenfügen. Er muß den Menschen sagen, was sie der Glaube lehrt und wie sie damit umgehen können. Das findet weithin nicht mehr statt. Es wird zuviel problematisiert und zuwenig gezeigt, wie der Glaube zu einem erfüllten Leben hinführt.

5. Auseinanderdriften von Morallehre und Praxis

Es driften die kirchliche Verkündigung der sittlichen Normen und die heutige sittliche Praxis vieler Gläubigen weit auseinander. Da kann der Pfarrer in der Kirche reden, was er will, da können die Bischöfe ihre Hirtenworte schreiben, viele denken sich: Über meine Lebensführung entscheide ich selbst. Was ich zu tun und zu lassen habe, das mache ich allein mit meinem Gewissen und mit dem lieben Gott aus. Das gilt für den weiten Bereich der Ehe- und Sexualmoral, zum Beispiel den vorehelichen Verkehr, die Ehen ohne Trauschein und die eheähnlichen Partnerschaften, die Ehescheidungen (es besteht kein großer Unterschied mehr zwischen Katholiken und Protestanten), die Familienplanung, die Empfängnisverhütung und die Abtreibung.
Die Kirche bestimmt nur noch sehr eingeschränkt die De-facto-Lebenshaltung der Gläubigen. Und umgekehrt, das Leben der Gläubigen richtet sich nur noch von Fall zu Fall nach den Regeln und Normen der Kirche. Der Glaube prägt nicht mehr das praktische Leben der Gläubigen, vergleiche etwa Angelusgebet, Hutziehen an einem Kreuz oder einer Kirche, Freitagsfasten, Fasten- und Adventszeit. Die Kirche ist eine Religionsgemeinschaft, die eine wesentliche Funktion einer Religion nicht mehr erfüllt, nämlich das Leben zu prägen.

6. Führungskrise

Aus der Sicht der Soziologie befindet sich die Kirche in einer tiefen Führungskrise, die in verschiedener Weise zutage tritt und weite Bereiche des kirchlichen Lebens involviert.

a) Aufstand gegen die Amtskirche

Wir erleben zur Zeit einen offenen, keinesfalls latenten (verborgenen) Aufstand gegen die sogenannte Amtskirche. Stichworte: Kirche von unten, Volksbegehren. In diesem Zusammenhang scheint auch Publik-Forum eine nicht unbedeutende Rolle zu spielen. Vielen Solidaritätsgruppen, die ganz offen gegen die Bischöfe und gegen das Lehramt mobil machen, dient dieses Organ als Sprachrohr. Frage eines Familienvaters: Was soll ich meinen Kindern sagen, wenn der Vikar beinahe in jeder Bibel- oder Gruppenstunde sich offen gegen den Bischof und die kirchliche Lehre stellt? Er erzieht die Jugendlichen offen zum Ungehorsam gegen die Kirche.

b) Loyalitätskrise im Klerus

Führungskrise heißt auch, daß die Loyalität der Priester gegenüber dem Bischof und der Priester untereinander abnimmt. Zu allen Zeiten hat es im Klerus Spannungen und Differenzen mit dem Bischof und zwischen den Priestern untereinander gegeben. Doch fühlten sich alle vereint in der gemeinsamen Kirche, vertraten in den wesentlichen Fragen ein und dieselbe Auffassung und bildeten so etwas wie eine verschworene Gemeinschaft. So etwas kann man heute nicht mehr in gleichem Maße feststellen. Es sei nur an die verschiedenen Protestgruppen in der Kirche und speziell auch unter den Priestern erinnert. Das bedeutet aber auch, daß die Kirche nicht mehr mit einer Zunge redet, daß soziologisch gesehen das Management unterschiedliche beziehungsweise gegensätzliche Ziele verfolgt. Und jede Gruppe, jede Institution, die es nicht mehr schafft, eine einheitliche Ideologie nach außen zu vertreten, wird Schaden nehmen, fällt auseinander, unter Umständen verschwindet sie sogar von der Bildfläche. Das erleben wir Tag für Tag in der Politik, in Vereinen und gesellschaftlichen Organisationen.

c) Priestermangel

Führungskrise heißt auch, daß das Management permanent unterbesetzt ist, weil zu wenige der Mitglieder (Mitarbeiter) bereit sind, Führungsaufgaben zu übernehmen. Der permanente Priestermangel und das immer noch anhaltende Ausscheiden aus dem Amt von jüngeren, aber auch älteren Priestern signalisieren eine schwere Führungskrise. Jede gesellschaftliche Gruppe, in der einer nach dem anderen die Führungsposten niederlegt, umgangssprachlich: die Klamotten hinschmeißt, befindet sich in einer bedrohlichen Situation.

d) Distanz zwischen Amtskirche und Kirchenvolk

Leider erleben wir zu alledem eine zunehmende Distanz zwischen dem Kirchenvolk und der Amtskirche. Die Amtskirche stößt in vielen Bereichen auf Unverständnis, das jedoch von den treuen Kirchenmitgliedern nicht immer öffentlich geäußert wird.
Allerdings trägt sie zu einem guten Teil selbst die Schuld daran, daß weite Teile des Volkes der Kirche entfremdet sind. Viele Gläubige fühlen sich von der Kirche nicht verstanden. Die Art und Weise, wie zum Beispiel die kirchliche Ehemoral über die Köpfe der Gläubigen hinweg durch das Lehramt dekretiert wird, stößt viele gutwillige Gläubige vor den Kopf. Ein Musterbeispiel hierfür war die Enzyklika *Humanae vitae,* welche die Kirche viel Kredit und Glaubwürdigkeit auch bei den katholischen Gläubigen gekostet hat.[5]

---

[5] Vgl. Franz-Xaver Kaufmann, Römisch-katholisches Christentum und Familie, Vortrag vor der Deutschen Bischofskonferenz am 19. 2. 1997.

e) Resignation vieler Priester

Und als letztes ist zu nennen – so schwer es auch fällt – eine stille Resignation vieler Priester. Sie machen zwar weiter, haben aber im Grunde resigniert, haben keine Perspektive mehr. Das mag unterschiedlich sein zwischen den Altersgruppen und den verschiedenen Diözesen, ist aber ein latent vorhandenes Phänomen.

7. Hierarchische Struktur der Kirche

a) Ein spezielles Problem ist die hierarchische Struktur der Kirche, die als quasi feudalistisches System in unserer demokratisch verfaßten Gesellschaft immer häufiger auf Unverständnis stößt. Es ist bis heute nicht gelungen, die spezifische Leitungsstruktur der Kirche (absolute Gewalt der Bischöfe) mit der demokratischen Lebensweise in unserer heutigen Gesellschaft in Einklang zu bringen.
b) Daraus ergeben sich laufend Konflikte und Diskrepanzen zwischen der Amtskirche auf der einen Seite und den Laien auf der anderen.
c) Die Frauen sind nur unzureichend integriert, da sie vom Weihesakrament und damit von der eigentlichen Leitungsfunktion ausgeschlossen sind.
d) Es fehlt jede institutionelle Kontrolle der Leitungsfunktion (Bischöfe und Generalvikare). Das Prinzip von Balance of power (Ausgleich der Macht, Ausgewogenheit der Machtverhältnisse) greift in der Kirche nicht. Bischöfe und Pfarrer können normalerweise nicht abgesetzt werden. Es gibt kein Mißtrauensvotum, keine parlamentarische Kontrolle und keine Gewaltenteilung. Eine Entlassung wegen Unfähigkeit ist nicht vorgesehen.
e) Besetzung der Leitungsfunktionen: Die kirchlichen Leitungsfunktionen werden nach einem endogenen Auswahlverfahren besetzt und „von oben" übertragen. Eine Mitwirkung des Kirchenvolkes und der Gemeinden ist nicht vorgesehen; es gibt also keine exogene, von außen kommende Einflußmöglichkeit. Veränderungen beziehungsweise Reformen

sind in diesem Bereich nur sehr langsam und allmählich möglich.

Fazit: 1. Negativer Aspekt: Das innovative, kreative und kritische Potential in der Kirche kommt nur schwer zum Zuge. Kritische Theologen bekommen kein nihil obstat, querdenkende Priester werden nicht Bischof.

2. Positiver Aspekt: Die Einheit der Kirche in Lehre und Praxis ist in hohem Maße durch das zentralistische und hierarchische System gesichert.

8. Das Subsidiaritätsprinzip

Das in der kirchlichen Sozialverkündigung hochgepriesene Subsidiaritätsprinzip besitzt innerkirchlich wenig Ansehen, die Kirche ist zentralistisch organisiert und hierarchisch verfaßt. Aus der Unternehmenssoziologie wissen wir, daß Zentralisierungstendenzen Innovation und Kreativität behindern, auf die Motivation der Mitarbeiter lähmend wirken und die Verwaltung aufblähen (Generalvikariate). Begriffe, die im wirtschaftlichen und politischen Leben heute hoch im Kurs stehen, spielen kirchlicherseits keine besondere Rolle, sind kirchliche Fremdwörter: Deregulierung, Flexibilisierung, Mobilität, Dezentralisation, Delegation von Verantwortung.

Wie in der Industrie seit langem gang und gäbe, bemüht sich heute auch die Kirche um eine Managementschulung für die Mitarbeiter in den kirchlichen und karitativen Einrichtungen. Eine für die Industrie selbstverständliche ähnliche Schulung der Führungskräfte in der kirchlichen Administration einschließlich der Priester ist nicht vorgesehen.

II. Teil

Kirche am Scheideweg

Ist das Salz schal geworden?

I.
Salz, das schal geworden ist

1. Salz der Erde, Licht der Welt

Wesensbestimmung der Kirche ist es, Salz der Erde und Licht der Welt zu sein. Jesus hat den Lebensauftrag und die Sendung seiner Jünger unmißverständlich und unwiderruflich definiert: „Ihr seid das Salz der Erde. Wenn das Salz seinen Geschmack verliert [schal wird], womit kann man es wieder salzig machen? Es taugt zu nichts mehr; es wird weggeworfen und von den Leuten zertreten“ (Mt 5,13). Das heißt: Wenn die Kirche diesem Auftrag nicht mehr gerecht wird, verliert sie ihre biblische Legitimation und damit ihre Existenzberechtigung. Wir müssen uns heute ernsthaft fragen, ob dies nicht schon längst geschehen ist. Inwieweit wird die Kirche von heute noch ihrem Auftrag gerecht?

Es ist nicht Aufgabe der Kirche, sich der öffentlichen Meinung anzupassen und den gesellschaftlichen Trends hinterherzulaufen, sondern den Menschen das Licht des Evangeliums vorauszutragen: „Ihr seid das Licht der Welt. Eine Stadt, die auf einem Berge liegt, kann nicht verborgen bleiben. Man zündet auch nicht ein Licht an und stülpt ein Gefäß darüber, sondern man stellt es auf den Leuchter; dann leuchtet es allen im Haus. So soll euer Licht vor den Menschen leuchten, damit sie eure guten Werke sehen und euren Vater im Himmel preisen“ (Mt 5,14-16). Das Leben der Christen, der Jünger Jesu, soll demnach exemplarische Bedeutung haben. Das setzt jedoch voraus, daß sich die Kirche in ihrer gesellschaftlichen Verkündigung und konkreten Lebensweise, wo es nötig ist, deutlich von nivellierenden Tendenzen der gesellschaftlichen Entwicklung absetzt und ein klares Kontrastprogramm dagegensetzt. Eine aufgeweichte christliche Moral wird dem Anspruch, Salz der Erde und Licht der Welt zu sein, keinesfalls gerecht. Wer wagt es zu behaupten, daß vom derzeitigen Erscheinungsbild der Kirche eine werbende oder zeichenhafte Wirkung ausgehen würde?

Die volle Bedeutung der Worte Jesu wird klar, wenn man sie

in ihrem Kontext betrachtet. Das Wort vom Salz der Erde und vom Licht der Welt bildet neben den Seligpreisungen die Einleitung zur Bergpredigt. „Selig seid ihr, wenn ihr um meinetwillen beschimpft und verfolgt und auf alle mögliche Weise verleumdet werdet“ (Mt 5,11). Jesus versteht das Ethos des Reiches Gottes, das er in der Bergpredigt verkündet, als eine Herausforderung und Infragestellung der zeitgenössischen Welt. Widerspruch und Anfeindung von seiten der säkularen Welt sind vorprogrammiert. Was wir zur Zeit fast täglich in der bundesrepublikanischen Öffentlichkeit erleben können: die offene Anfeindung der Kirche, die Verhöhnung christlicher Glaubensinhalte und -symbole, die hämische Freude, mit der kirchliches Versagen kommentiert wird, die öffentlichen Attacken auf die christliche Morallehre, das alles sind keine Einzelfälle, sondern ist der von Jesus vorausgesagte Regelfall.

Was der Evangelist Matthäus der Bergpredigt sozusagen als Interpretationsschlüssel vorausschickt, unterstreichen die Schlußverse (Mt 7,13-14) nochmals mit kräftigen Strichen. Der Christ muß sich, heute wie zu allen Zeiten, entscheiden, welchen Weg er gehen will, den schmalen Weg des Evangeliums, der durch das enge Tor zum Reiche Gottes hinführt, oder den breiten und bequemen Weg der Anpassung an die säkulare Welt, der nach den Worten Jesu durch das breite Tor ins Verderben führt. Verführerisch weit steht dieses Tor heute offen für alle, welche die Konfrontation mit den öffentlichen Meinungsführern scheuen. Die Auseinandersetzung mit den Zeittrends und der Widerstand gegen eine nivellierende Pluralisierung des gesellschaftlichen Ethos engen die kirchlichen Spielräume ein, können sich gewiß nicht des Applauses der breiten Massen erfreuen. Das Evangelium stellt uns unausweichlich vor die Alternative: Anpassung oder Widerstand. Das gegenwärtige Szenario sieht jedoch anders aus. Statt die konstruktive Auseinandersetzung mit dem Zeitgeist zu suchen, gefallen sich viele Katholiken in der Konfrontation mit Papst und Kirche.

Und noch etwas sollten wir in diesem Zusammenhang nicht übersehen. Die resümierenden Verse am Ende der Bergpredigt bei Matthäus warnen nicht von ungefähr vor den falschen Propheten (Mt 7,15-23), die man bekanntlich nur an ihren Früchten erkennen kann. Vieles, was wir in der Kirche vor kurzem noch als wegweisend in die Zukunft begrüßt haben, hat sich inzwischen schon als Irrweg beziehungsweise als Umweg erwiesen. Nicht alles, was in der öffentlichen Meinung innerhalb und außerhalb der Kirche hell glänzt, ist wirklich erhellend und wegweisend. Es ist nicht immer leicht, das Licht des Evangeliums von den Irrlichtern der Zeit zu unterscheiden. „Was nützt es einem Menschen, wenn er die ganze Welt gewinnt, dabei aber sein Leben einbüßt? ..." (Mt 16,26). Was nützt es uns, wenn wir die Kirche in den Schaltzentren unserer Gesellschaft hoffähig erhalten, dabei das Salz des Evangeliums aber seine Kraft verliert? Wer hilft uns, die falschen Propheten auf den Lehrstühlen der Universitäten, in den Redaktionen der Kommunikationsmittel, in den politischen Parteien und auf den Kanzeln der Kirche zu erkennen? Das ist gewiß keine leichte Aufgabe.

2. Der sozioökonomische Umbruch

Es fehlt gegenwärtig nicht an gut fundierten, einsichtigen und nachvollziehbaren Zeit- und Gesellschaftsanalysen. Und trotzdem herrscht allgemein ein Gefühl der Rat- und Hilflosigkeit vor: Was ist eigentlich mit unserer Gesellschaft los? Warum greifen die bewährten ökonomischen und sozialen Konzepte nicht mehr? Trotz einer rasanten technischen Entwicklung, trotz hoher Produktivität, trotz weltweit offener Märkte werden selbst hochentwickelte Industrieländer nicht mit dem Problem der Arbeitslosigkeit fertig. Unser in aller Welt bewundertes und als vorbildlich bezeichnetes Sozial- und Sicherheitssystem zeigt Risse und Löcher, es ist trotz hohen Lebensstandards nicht mehr bezahlbar. Der Sozialpakt zwischen Wirtschaft und Arbeit, das Fundament des sogenannten deutschen Wirtschaftswunders, hat offensichtlich seine vital produktive und sozial ausgleichende Kraft eingebüßt. Auch neuerliche Versuche, mittels eines sogenannten

„Bündnisses für Arbeit" die Situation auf dem Arbeitsmarkt in den Griff zu bekommen, werden längerfristig die tiefer liegende Problematik nicht auflösen können. Die moderne Gentechnik, die Gefährdung der Umwelt, die Veränderung der Atmosphäre (Ozonloch), die Erschöpfung bestimmter Ressourcen und anderes mehr stellen uns vor schier unlösliche Probleme.

An der Schwelle zum dritten Jahrtausend befindet sich die Menschheitsgeschichte in einer Epoche rasanter Veränderungen und tiefgehender Umbrüche. Der technische Fortschritt hat sich in den letzten Jahrzehnten in geradezu atemberaubender Weise beschleunigt. Durch die neuen Informations-, Kommunikations- und Verkehrstechnologien ist eine Entwicklung eingeleitet worden, deren Konsequenzen wir heute vielleicht erahnen können, die aber im einzelnen noch nicht abzusehen ist. Zur kurzen Charakterisierung der gegenwärtig ablaufenden gesellschaftlichen Veränderungen mögen drei Schlagworte dienen: *Globalisierung, Urbanisierung, Individualisierung.*

1. *Globalisierung* ist zu einem der in der gesellschaftlichen Diskussion am häufigsten gebrauchten Modeworte geworden. Fast täglich erfahren wir es aufs neue, daß die Welt enger zusammenrückt: Die internationalen Verflechtungen nehmen zu, die Märkte weiten sich über den ganzen Globus aus, der Austausch von Gütern, Kapital und Dienstleistungen nimmt zunehmend globale Dimensionen an. Hinzu kommen internationale Wanderungsbewegungen und eine ständig engere Vernetzung der wissenschaftlichen Forschung. Angesichts der Globalisierung der Wirtschaft, der gesellschaftlichen Prozesse und kulturellen Lebensformen erweisen sich die bisher gültigen politischen, sozialen und ethischen Strukturen als unzureichend, teilweise sogar als kontraproduktiv.

2. Unübersehbar und für die gegenwärtige Entwicklungsphase charakteristisch ist sodann der weltweite Trend zur *Urbanisierung.* Mehr als 50 Prozent der Weltbevölkerung leben bereits in Städten und urbanen Zentren; das gilt auch für die Länder der Dritten Welt, für Afrika, Lateinamerika und Asien. Dieser Prozeß ist zur Zeit unaufhaltsam. In vielen Ent-

wicklungsländern geht er mit der kulturellen Entwurzelung der Landflüchtigen und mit einer massenhaften Verelendung der in den städtischen Subkulturen neu angesiedelten Bevölkerung einher. Als Folge der Urbanisierung hat sich, fast unbemerkt von der breiten Öffentlichkeit und der kurzsichtigen Taktik der Tagespolitik, das Bevölkerungswachstum verlangsamt. Schon heute läßt sich der Zeitpunkt absehen, wann weltweit die Wachstumskurve umkippt und die Weltbevölkerung wieder abnimmt. In den städtischen Siedlungsräumen nimmt auch in den Entwicklungsländern nach kurzer Zeit die Kinderzahl ab und pendelt sich auf das Zwei-Kinder-System ein. Das Phänomen der Urbanisierung signalisiert das endgültige Auslaufen einer jahrtausendealten, von ländlichen und bäuerlichen Strukturen geprägten Kulturepoche, das Ende auch einer Gesellschaft, die in Europa und der westlichen Welt auf der christlichen Werteordnung und auf der Familienstruktur als unverrückbaren Fundamenten aufbaute. Es gibt gute Gründe, dem Phänomen der Urbanisierung die gleiche Bedeutung in der gesellschaftlichen Entwicklung wie dem Übergang zum Ackerbau beizumessen. Und noch bevor sich die Konturen einer neuen städtisch-industriellen Kultur vollständig ausformieren konnten, zeichnet sich bereits umrißhaft das Gebilde einer sogenannten postmodernen Gesellschaft ab, ohne daß wir wissen, was sich hinter dieser Chiffre konkret verbirgt.

3. Um einen weiteren dominanten Trend unserer gegenwärtigen Kulturentwicklung zu charakterisieren, spricht man gern von der *Individualisierung* der Lebensstile und der sozialen Verhaltensweisen. Das bedeutet für das Verstehen unserer derzeitigen gesellschaftlichen Verfassung, daß die normgebende Kraft allgemeingültiger Verhaltensmuster ständig schwindet und an die Stelle allgemeinverbindlicher sittlicher Normen eigene, autonome Lebensentwürfe treten. Mit anderen Worten: Das individuelle Gewissen richtet sich nicht mehr an der allgemeingültigen Norm aus; es beansprucht vielmehr, erste und autonome Richtschnur für jedes soziale Verhalten des einzelnen zu sein. Zwangsläufige Folge einer solchen Lebensphilosophie sind das gleichzeitige Abnehmen sozialer

Bindungen und das Schwinden der stabilisierenden Kraft sozialer Institutionen wie der Familie und der Kirche.
Eine fehlgeleitete Institutionenkritik hat gänzlich übersehen, daß das Wohlbefinden der Menschen nicht zuletzt von dem bergenden Schutz gesellschaftlicher Institutionen abhängt. Der Mensch in seiner individuellen Vereinzelung kann nicht einfach auf die Funktion gesellschaftlicher Institutionen, die ihm soziale Sicherheit und emotionale Wärme vermitteln, verzichten. Was deren Verlust im Leben der Menschen bewirken kann, ist zum Beispiel am individuellen Schicksal vieler Scheidungswaisen abzulesen.
Das Phänomen der Individualisierung ist nichts anderes als die Kehrseite der zur Zeit hochgelobten Pluralisierung des gesellschaftlichen Lebens und der Lebensstile. Wird die Pluralisierung beziehungsweise die Individualisierung absolut gesetzt, bedeutet es das Ende einer gemeinsamen Werteordnung, einer originären Kultur und einer verbindlichen Moral.
Die hier nur kurz skizzierten Veränderungen und Umbrüche im gegenwärtigen gesellschaftlichen Leben wirken sich – mit unterschiedlicher Intensität – auf alle Lebensbereiche aus. Der Wandel ist so tiefgreifend, daß es keine Sektoren gibt, die nicht in der einen oder anderen Weise betroffen wären. Es hat gute Gründe, daß man seit Jahren in der Öffentlichkeit nur noch sporadisch von den Prognosen der Futurologen etwas Spektakuläres zu hören bekommt. Die Geschwindigkeit, mit der sich zur Zeit die gesellschaftlichen Eckdaten verändern, macht es nämlich nahezu unmöglich, sichere Voraussagen für eine längerfristige Entwicklung zu machen. Das einzige, was gegenwärtig konstant zu bleiben scheint, ist die sich stetig beschleunigende Veränderung.
Die tiefgreifenden Veränderungen, welche die Menschheit zur Zeit erlebt, können durchaus mit den revolutionären Umbrüchen verglichen werden, welche das heraufziehende Industriezeitalter begleitet haben. Denkt man an die revolutionären Entwicklungen auf dem Gebiet der modernen Kybernetik, könnte man sogar versucht sein, unsere Zeit mit dem Übergang der Menschheit von der Nomadenzeit zur

Seßhaftigkeit zu vergleichen. Die Weltraumforschung, ein Produkt der elektronischen Revolution, hat der menschlichen Entwicklung neue Dimensionen erschlossen.

3. Gemeinsames Schicksal von Kirche und Welt

Im Zweiten Vatikanischen Konzil hat die Kirche den Versuch unternommen, ihr Verhältnis zur heutigen Welt zu überdenken und neu zu definieren. In der Pastoralkonstitution *Gaudium et spes* haben die Konzilsväter ein nüchternes und realistisches Bild von unserer Zeit entworfen. Ihre Analyse lautet: Die allenthalben festzustellende Unruhe unter den Menschen und der Wandel der Lebensbedingungen hängen mit einem umfassenden Wandel der Wirklichkeit zusammen, der sich in einem solchen Tempo vollzieht, daß der einzelne kaum mehr zu folgen vermag. Das alles hat zu einer tiefgehenden Wachstumskrise geführt, die uns vor nicht geringe Schwierigkeiten stellt. Die Menschheit steht vor einer neuen Epoche ihrer Geschichte (GS 4-5).

Vor diesem Hintergrund bestimmt nun das Konzil das Verhältnis der Kirche zur Welt: Die Kirche ist Teil der Menschheitsfamilie; sie teilt mit dieser Trauer und Leid, Freude und Hoffnung; sie geht gemeinsam mit der ganzen Menschheit den Weg durch die Zeit und erfährt das gleiche Geschick mit der Welt. Kein Wunder also, wenn wir heute Krisenerscheinungen auch in der Kirche feststellen müssen. Die Kirche des Konzils hat „allen Menschen guten Willens" ihre Hilfe angeboten, nach neuen Wegen und Lösungen für die schwierigen Probleme der Zeit zu suchen. Die Kirche ist zum Dialog mit der Welt bereit.

In dem Bemühen, die Tore zu öffnen und auf die Welt zuzugehen, wurde das aussagekräftige Bild vom pilgernden Gottesvolk, das mit der Gesellschaft durch die Zeit schreitet, geprägt und damit einer latent immer vorhandenen, durchaus verständlichen Versuchung, sich in die fromme Innerlichkeit zurückzuziehen und damit mehr oder weniger in ein gesellschaftspolitisches Ghetto abzukapseln, eine deutliche Absage erteilt.

Das Zweite Vatikanische Konzil hat in einem großen Wurf die Glaubenslehre der Kirche und das praktische Leben der Christen in unsere Zeit fortgeschrieben. Durch das Aggiornamento des Konzils sind die Weichen für eine Begegnung des Glaubens mit der heutigen Welt neu gestellt worden. Die Wegweiser sind unmißverständlich auf eine Öffnung zur Welt von heute gegen allen Pessimismus und die Versuchung zum Rückzug in ein christliches Ghetto ausgerichtet worden. Die Kirche des Konzils bekennt sich zur weltanschaulichen Toleranz und anerkennt den gesellschaftlichen Pluralismus. Auf dieser Grundlage erklärt sie sich bereit zum Dialog und zur Zusammenarbeit mit allen Menschen, welche ihre ausgestreckte Hand nicht zurückweisen.

Aufgabe der Kirche ist es nun, wie das Konzil erklärt, den Menschen das Licht des Evangeliums zu bringen und ihnen jene Heilskräfte zu vermitteln, die sie von ihrem Gründer empfangen hat (GS 3). Um diesen Auftrag zu erfüllen, muß sie die Zeichen der Zeit erforschen und sie im Licht des Evangeliums deuten, um so Antworten auf die drängenden Fragen der Zeit geben zu können (GS 4). So ist die mit der ganzen Menschheit gemeinsam durch die Zeit pilgernde Kirche nach den Worten des Konzils „gewissermaßen der Sauerteig und die Seele der in Christus zu erneuernden und in die Familie Gottes umzugestaltenden menschlichen Gesellschaft“ (GS 40).

Hier jedoch stellt sich die Frage, ob die Kirche, so wie sie sich uns 35 Jahre nach dem Konzil darstellt, diese sich selbst zugeschriebene Aufgabe effektiv wahrnehmen kann. Die Konzilsväter konnten nicht ahnen, wie sehr sie mit der Feststellung, daß die Kirche mit der ganzen Menschheit den Weg durch die Zeit geht und mit ihr das gleiche Schicksal teilt, recht hatten. Daß die Kirche sich zur Zeit – zusammen mit der Gesellschaft – in einer tiefen Krise befindet, wird wohl von niemandem bestritten. Theologische Heilpraktiker und pastorale Krisenmanager, welche sich redlich mühen, dem schwerkranken Patienten Wege aus seiner prekären Lage zu weisen, gibt es mehr als genug. Wir werden zur Zeit mit derartigen Expertisen geradezu überschüttet. Doch hat bislang

noch niemand das Ei des Kolumbus gefunden. Das mag nicht zuletzt daran liegen, daß auch die Kirche mit den ihr zur Verfügung stehenden Mitteln nicht in der Lage ist, sichere Prognosen für die zukünftige gesellschaftliche Entwicklung zu machen.
Doch wie soll die Kirche den Menschen das Licht des Evangeliums bringen, wenn sie sich ihrer Botschaft selbst nicht mehr sicher ist, wenn sie selbst diese Botschaft nicht mehr überzeugend lebt? Wie kann sie als Sauerteig inmitten der heutigen Gesellschaft wirken, wenn ihr Salz längst schal und ihr Licht trüb geworden ist? Sie gleicht doch heute eher dem Blinden, der Blinde führen will, als dem Sauerteig, der das ganze Gesellschaftsleben durchsäuert. Zu fragen ist, ob die Kirche nicht vielleicht ein gutes Stück an ihrer derzeitigen Misere selbst schuld ist, weil sie sowohl innerkirchlich als auch gesellschaftspolitisch den allgemeinen Trends nachgegeben hat beziehungsweise bestimmten Entwicklungen, namentlich auch in der Kirche selbst, nicht entschieden genug widersprochen hat. Haben wir das Aggiornamento, zu dem Johannes XXIII. die Kirche seinerzeit aufgerufen hat, nicht vielleicht zu euphorisch im Hinblick auf die sich abzeichnenden gesellschaftlichen Entwicklungen verstanden? Haben wir nicht allzuoft der Anpassung das Wort geredet, wo eigentlich Widerstand am Platz gewesen wäre? Und vergessen wir nicht: Die Konzilskirche war noch eine in sich geschlossene Gemeinschaft, voller Vitalität, in der unangefochtenen Gewißheit ihrer eigenen Identität.

4. Testfall kirchliche Schwangerenkonfliktberatung

Daß der Schwangerschaftsabbruch (auch Abtreibung genannt) ein Tötungsdelikt ist, also eine verwerfliche und strafbare Handlung, war bis in unsere Zeit weder in der Kirche noch in der Gesellschaft umstritten. Abtreibungen hat es immer und überall in der Welt gegeben, solange Menschen auf diesem Planeten leben. Die sogenannten „Engelmacherinnen“, Frauen, die sich diesem „Geschäft“ quasi berufsmäßig gewidmet haben, sind aus der Kulturgeschichte Europas und

anderer Kontinente nicht wegzudenken. Und doch gibt es einen gravierenden, ja substantiellen Unterschied zur heutigen Situation. Frühere Zeiten waren sich stets der Sittenwidrigkeit und des Unrechtscharakters einer derartigen Praxis, auch dort, wo sie stillschweigend von der Gesellschaft toleriert wurde, in vollem Umfang bewußt. Es ist unserer Zeit vorbehalten geblieben, den Schwangerschaftsabbruch weitgehend zu legalisieren und moralisch zu legitimieren.
Die in der Bundesrepublik nach der Änderung des Paragraphen 218 geltende Regelung sieht vor, daß der Schwangerschaftsabbruch teilweise (medizinische Indikation, kriminologische Indikation) legalisiert wird und generell in den ersten zwölf Wochen der Schwangerschaft straffrei bleibt, wenn eine vom Gesetz vorgeschriebene Schwangerschaftsberatung stattgefunden hat und darüber ein Beratungsschein ausgestellt worden ist. Das ist der Stand der Dinge in Deutschland nach der Änderung des Paragraphen 218 im Jahr 1995.
In vielen anderen Ländern sind inzwischen von den Parlamenten ähnliche Gesetzesänderungen beschlossen worden. Die Regelungen sind in den einzelnen Ländern unterschiedlich. Gemeinsam ist ihnen, daß in der heutigen Gesellschaft das Unrechtsbewußtsein dieses Tötungsdeliktes weitgehend geschwunden ist. Und das Bestürzende daran ist, daß offensichtlich weithin das Gespür verlorengegangen ist, daß es sich hier wie übrigens auch bei der Euthanasie um einen Angriff auf das menschliche Leben schlechthin handelt. Der Mensch maßt sich – ohne schwerwiegende moralische Bedenken – das Recht an, über Tod und Leben selbstherrlich zu entscheiden. Und das 50 Jahre nach den schrecklichen Erfahrungen mit dem Nationalsozialismus und seiner Ideologie vom lebensunwerten Leben.
Papst Johannes Paul II. hat in seinem Schreiben vom 11. Januar 1998 die deutschen Bischöfe gebeten, in den katholischen Schwangerschaftsberatungsstellen keine Beratungsscheine mehr ausstellen zu lassen, welche den Schwangeren die Berechtigung geben, straffrei abtreiben zu lassen. Der Papst weist auf die widersprüchliche Bedeutung des Beratungsscheines hin: Er bestätigt zwar nur, „daß eine Beratung

stattgefunden hat, ist aber zugleich ein notwendiges Dokument für die straffreie Abtreibung in den ersten 12 Wochen der Schwangerschaft". Damit kommt dem Beratungsschein eine Schlüsselfunktion für die straffreie Abtreibung zu. Die Kirche wird auf diese Weise gegen ihren Willen und ihre erklärte Absicht „in den Vollzug eines Gesetzes verwickelt, der zur Tötung unschuldiger Menschen führt". Der Papst bittet, dafür Sorge zu tragen, daß diese Zweideutigkeit beseitigt wird und derartige Beratungsscheine kirchlicherseits nicht mehr ausgestellt werden, weil sie die Klarheit und Entschiedenheit des kirchlichen Zeugnisses für die Unantastbarkeit des menschlichen Lebens verdunkeln. Das soll aber so geschehen, daß die Kirche auf wirksame Weise in der Beratung der hilfesuchenden Frauen präsent bleibt. Abschließend spricht der Papst die Überzeugung aus, daß die Kirche auf diese Weise ein Zeichen setzen wird und daß dieser Widerspruch seitens der Kirche zur Schärfung des öffentlichen Gewissens beitragen und letztlich auch dem Wohl des Staates dienen wird.

Es hat gewiß hinreichende und honorige Gründe gegeben, trotz schwerer Bedenken gegen das neue Gesetz in der Schwangerenberatung zu bleiben, um so noch Schlimmeres zu verhindern. Andererseits kann man sich nur schwer der Argumentation des Papstes verschließen. Einerseits geht es darum, in Not geratenen schwangeren Frauen zu helfen und nach besten Kräften möglichst viele Abtreibungen zu verhindern. Andererseits geht es um die Glaubwürdigkeit der Kirche und des christlichen Zeugnisses. Die deutschen Bischöfe und die beteiligten Institutionen haben nicht von Anfang an entschieden genug gegen das Gesetz, das auch nach ihrer Meinung das christliche Gewissen in schwerer Weise belastet, Widerstand geleistet. Sie haben sich zunächst für den einfacheren und gesellschaftspolitisch bequemeren Weg entschieden und haben sich der durch den Gesetzgeber, sprich durch die Parteien im Bundestag, geschaffenen Lage angepaßt. Erst nach dem massiven Protest vieler Gläubiger haben sie sich entschlossen, keine Beratungsscheine mehr auszustellen.

Anpassung oder Widerstand? Das ist auch hier die Frage. Dabei sollte bedacht werden, wie schnell ethische Bedenken, soweit sie jetzt noch bei den Menschen bestehen, dahinschwinden, wenn einmal die neue Gesetzeslage akzeptiert und praktiziert ist. Auch periodisch wiederkehrende Proteste und Mahnrufe der Kirchen können nicht verhindern, daß das Unrechtsbewußtsein bei den Menschen schon nach kurzer Zeit schwindet, wenn die Kirchen selbst bei der Durchführung des Gesetzes in entscheidender Weise mitwirken. Verräterisch sind in diesem Zusammenhang die aufgeregt-empörten Stimmen, die im Vorfeld des Papstbriefes zum Widerstand gegen den Vatikan, ja zum kirchlichen Ungehorsam aufgerufen und mit einer Spaltung in der Kirche gedroht haben. Charakteristisch für diese Geisteshaltung ist: Statt den Widerstand gegen das Abtreibungsgesetz zu mobilisieren, ruft man zum Widerstand gegen den Papst auf.

5. Wort der Kirchen zur wirtschaftlichen und sozialen Lage

Im Februar des Jahres 1997 haben der Rat der Evangelischen Kirche in Deutschland und die Deutsche Bischofskonferenz unter dem Titel „Für eine Zukunft in Solidarität und Gerechtigkeit“[6] ein gemeinsames Wort herausgegeben, in dem sich die Kirchen umfassend und detailliert mit den aktuellen Problemen unserer gegenwärtigen wirtschaftlichen Entwicklung auseinandersetzen. Mit ihrer öffentlichen Stellungnahme greifen die Kirchen auf breiter Front in die gesellschaftliche Diskussion um den Wirtschaftsstandort Deutschland und die damit zusammenhängenden Fragen ein. Es geht um die Zukunftssicherung unseres wirtschaftlichen und sozialen Systems.

---

[6] Für eine Zukunft in Solidarität und Gerechtigkeit. Wort des Rates der Evangelischen Kirche in Deutschland und der Deutschen Bischofskonferenz zur wirtschaftlichen Lage in Deutschland, hrsg. vom Evang. Kirchenamt Hannover u. vom Sekretariat der Deutschen Bischofskonferenz Bonn, Hannover/Bonn 1997.

Das Wort der Kirchen hat in der Öffentlichkeit weitgehend Zustimmung gefunden und ist rundherum mit viel Lob bedacht worden. Da muß man skeptisch werden, wenn die Wirtschaft, die Gewerkschaften und die Politik ein Wort der Kirchen zur aktuellen Wirtschaftspolitik in der Bundesrepublik in großer Einmütigkeit mit Lob und Anerkennung bedenken. Das kann nicht mit rechten Dingen zugehen! Oder sollte den Kirchen gelungen sein, was bislang keiner fertiggebracht hat: Lösungen für die vielfältigen und komplexen Probleme unserer Zeit zu finden, auf die sich alle Parteien, alle wirtschaftlichen Verbände und alle gesellschaftlichen Gruppen einigen können? Das ist jedoch nicht der Fall und konnte auch nicht erwartet werden. Antworten auf die drängenden Fragen unserer Zeit, die niemandem weh tun, gibt es nicht.
Nach einer ersten euphorischen Stimmung angesichts der überaus freundlichen Aufnahme des Kirchenwortes in der Öffentlichkeit ist inzwischen bei den Kirchenleitungen und den Verantwortlichen das Stimmungsbarometer umgeschlagen. Mehrfach hat inzwischen der Vorsitzende der Deutschen Bischofskonferenz, Bischof Dr. Karl Lehmann, öffentlich festgestellt, daß das Wort der Kirchen von allen Seiten freundlich aufgenommen und gelobt worden ist, daß es aber in der öffentlichen Diskussion keine Rolle spielt und deshalb praktisch ohne Wirkung bleibt. Es wurde der Verdacht geäußert, daß man es allseits mit Lob überschüttet, um dann zur Tagesordnung zurückkehren zu können. Man kann eine Sache auch „totloben". Es muß für diesen merkwürdigen Vorgang eine Erklärung geben. Was ist der Grund, weshalb das Wort der Kirchen politisch keine Wirkung zeitigt?
Das Sozialwort der Kirchen enthält nichts, was nicht schon an anderer Stelle und von anderer Seite gesagt worden ist, sieht man einmal von den rein theologischen und kircheninternen Passagen ab. Es ist eine gute Zusammenfassung der aktuellen gesellschaftlichen Diskussion zum Zeitpunkt der Veröffentlichung, und als solche kann es allen empfohlen werden, die sich einschlägig informieren wollen. Es ist nach allen Seiten ausgewogen; provokant ist es nicht.
Verständlich, daß es so recht niemanden in Harnisch bringt.

Warum auch? Niemand muß sich angegriffen fühlen. Mit Kritik ist man äußerst sparsam umgegangen. Niemand muß sich ernsthaft herausgefordert fühlen, auch die Kirchen selbst nicht. Zwar wird der Kirche unmißverständlich ins Stammbuch geschrieben, daß sie die Maßstäbe, die sie für das wirtschaftliche Handeln aufstellt, auch an das eigene Verhalten anlegen muß. Das ist schließlich eine Frage der Glaubwürdigkeit. Was dann aber im 6. Kapitel über die Aufgaben der Kirche gesagt wird, liest sich eher wie eine Erfolgsbilanz kirchlicher Aktivitäten. Man hat nicht den Eindruck, daß es irgendwo Anlaß gäbe, über Versäumtes oder gar über eigene Fehler nachzudenken. Die Kirchen bescheinigen sich in diesem Kapitel, daß sie im Grunde gar nicht so schlecht dastehen.

Die Kirchen haben es versäumt, die Gelegenheit zu nutzen und ein echtes prophetisches Wort in einer prekären wirtschaftlichen und politischen Lage zu sprechen. Anstatt bemüht zu sein, eine möglichst vollständige und ausgewogene Zeitanalyse vorzulegen, hätten sie sich auf wenige, und zwar die entscheidenden und neuralgischen Punkte beschränken sollen. Weniger wäre mehr gewesen. Eine Konzentration auf das Wesentliche hätte es den Kirchen ermöglicht, jedermann deutlich zu machen, worauf es ihnen ankommt, was sie als Kirche unserer Gesellschaft in der gegenwärtigen Krise zu sagen haben.

Anstatt zu wiederholen, was in den vorausgegangenen Wochen und Monaten bereits zigmal von anderer Seite auch gesagt worden ist, hätten die Kirchen den Finger auf die gesellschaftlichen Wunden legen und das aussprechen sollen, was andere – meist aus politischen Gründen – den Menschen nicht sagen können und wollen, zum Beispiel, daß wir uns darauf einrichten müssen, für die nähere Zukunft unseren derzeitigen hohen Lebensstandard nicht halten zu können, daß sich die Wohlstandskurve zwangsläufig nach unten neigen wird. Man hätte allen ins Gewissen reden sollen, daß man nicht ständig über eine neue internationale Arbeitsteilung reden kann, wenn man nicht bereit ist, Arbeit und damit auch Einkommen abzugeben. Oder daß man nicht von einem ökologischen Umbau der Wirtschaft reden sollte, wenn man nicht bereit ist, auch die höheren Kosten beim Namen zu nennen und zu zahlen. Es gäbe vieles, was man in einem wirklich prophetischen Wort hätte zur Sprache bringen können. Und man hätte sicher sein können, daß ein solches Kirchenwort nicht nach einmaligem Lesen zu den Akten gelegt worden wäre.

Anstatt ein von Experten und wissenschaftlichen Gremien ausgearbeitetes Sachverständigengutachten als Wort der Kirchen (Bischöfe) zu veröffentlichen, hätten sich die Bischöfe und Kirchenpräsides auf das konzentrieren sollen, was ihres bischöflichen Amtes ist, gesellschaftliche Fehlentwicklungen aufzudecken, in der Politik Versäumtes anzumahnen, Anwälte der Menschen und der Armen zu sein, Wege in die Zukunft zu weisen. Die Auseinandersetzung mit den technischen, ökonomischen und politischen Sachthemen hätten sie dann getrost den Experten und Laien in einem gesonderten Schreiben überlassen können. Auf diese Weise hätten sie den Verdacht vermieden, daß sie sich in Dinge einmischen, für die sie als Bischöfe kraft ihres Amtes keine Kompetenz besitzen. Weniger wäre mehr gewesen.

Nun kann man sich des Eindrucks nicht erwehren, daß das Salz schal geworden ist. Die Kirche hat sich in schwieriger Zeit in die gesellschaftliche Diskussion eingemischt. Das ist ihr gutes Recht und obendrein ihr evangeliumsgemäßer Auftrag. Wenn es hätte mehr sein sollen als das Bemühen dabeizusein, hätte es ein prophetisches Wort sein müssen. Oder ist das Salz inzwischen tatsächlich so schal geworden? Am 29. Oktober 1998 hat eine Expertengruppe im Auftrag der Bischofskonferenz ein Memorandum „Mehr Beteiligungsgerechtigkeit" herausgegeben, in dem „Neun Gebote für die Wirtschafts- und Sozialpolitik" formuliert werden, um damit einen Beitrag zur Konsensbildung in unserer Gesellschaft – entsprechend der Zielsetzung des Gemeinsamen Wortes der Kirchen – zu leisten. Sicherlich eine recht brauchbare Handreichung, um das Kirchenwort zu operationalisieren. Allerdings hat die Öffentlichkeit davon praktisch nicht Notiz genommen, und in einschlägigen kirchlichen Kreisen ist der Text auch nicht bekannt.

Bleibt abzuwarten, ob der neuerlichen Initiative, welche von der Kommission für gesellschaftliche und soziale Fragen der Deutschen Bischofskonferenz, von den katholischen Sozialverbänden und vom Zentralkomitee der deutschen Katholiken am 25. Oktober 2000 auf einer gemeinsamen Veranstaltung in Dresden gestartet wurde, mehr Erfolg beschieden sein wird. Unter dem Leitwort „Beteiligung schafft Gerechtigkeit“ soll ein „breiter Diskussionsprozeß“ in Gang gesetzt werden, um in den kommenden Jahren Lösungsvorschläge für die zentralen gesellschaftlichen Reformbereiche zu erarbeiten. Man darf gespannt sein, ob aus den Erfahrungen mit dem Sozialwort der Kirchen etwas gelernt worden ist.

6. Widerstand statt Anpassung

Die Diözese Regensburg hat am 24. Juni 1997 wegen „Beschimpfung des christlichen Bekenntnisses“ Strafanzeige gegen eine Firma gestellt, die im Internet ein sogenanntes „Schwein-T-Shirt“ angeboten hat, das als Motiv ein an ein Kreuz genageltes Schwein zeigt. Unter dem Datum vom 27. Juni 1997 hat die Staatsanwaltschaft mitgeteilt, daß das Verfahren eingestellt worden ist, weil das Anbieten des besagten T-Shirts im Internet nicht den Tatbestand der Beschimpfung religiöser Bekenntnisse gem. § 166 StGB erfüllt. Es wird zwar bescheinigt, daß die Darstellung des gekreuzigten Heilandes als Schwein ohne Frage eine „äußerst geschmacklose Beschimpfung der christlichen Religionen“ sei, daß sie aber nicht geeignet sei, den öffentlichen Frieden zu stören. Man wird wohl fragen dürfen, wie dasselbe Gericht geurteilt hätte, wenn es sich um ein Symbol gehandelt hätte, welches der jüdischen oder islamischen Religion heilig ist. Wie die Reaktion des Islam in solchen Fällen aussieht, zeigt der Fall des Schriftstellers Salman Rushdie.
In der Stadt Halle (Saale) ist ein Brunnen aufgestellt worden, der unter seinen Figurengruppen Kardinal Albrecht von Brandenburg (1490-1545) nackt und eng umschlungen mit einer Mätresse darstellt. Dagegen hat der Bischof von Magdeburg, Leo Nowak, scharf protestiert, weil dadurch die reli-

giösen Gefühle verletzt und „vornehmlich die katholische Kirche lächerlich gemacht wird". Aber vergeblich! Der Stadtrat hat mit großer Mehrheit die Aufstellung des Brunnens beschlossen. Im Gespräch mit dem Künstler konnte der Entwurf teilweise entschärft werden.
Am 18. Mai 1997 strahlt die ARD in einer Sendung von Showmaster Jürgen von der Lippe einen Beitrag der sogenannten Satiregruppe „Missfits" aus, der einen Dialog zwischen Gott und einem „Fräulein Schleifstein" darstellt. Darin wird suggeriert, daß Jesus aus einem Geschlechtsakt zwischen Gott und der Jungfrau Maria hervorgegangen sei. Der von einer Komödiantin dargestellte „Gott" bedient sich dabei einer ordinären, von sexuellen Anspielungen geprägten Sprache, wodurch Gott als ein sexlüsterner Greis erscheint. Dagegen hat die Konferenz Evangelikaler Publizisten protestiert und diesen Vorfall als „eine der schlimmsten Entgleisungen der Medien gegen den Gott der Bibel in Deutschland seit dem Ende des Nationalsozialismus" bezeichnet.
Massive Verletzung religiöser Gefühle, Gotteslästerungen, Verhöhnung christlicher Glaubensinhalte in der Öffentlichkeit und in den Medien sind seit Jahren in der Bundesrepublik keine Seltenheit mehr. Die Proteste kirchlicher Institutionen, auch seitens privater Personen zeigen in der Regel wenig Wirkung; gerichtliche Anzeigen werden – wie in obigem Fall – von den Gerichten niedergeschlagen. Was ist zu tun? Anpassung oder Widerstand?

7. Ein vorläufiges Fazit

1. Die angesprochenen Vorfälle offenbaren einen unglaublichen Verfall der sogenannten guten Sitten im Umgang mit den Mitmenschen und den Andersdenkenden. Im Namen der journalistischen oder künstlerischen Freiheit ist beinahe jede Geschmacklosigkeit und Verletzung religiöser Gefühle erlaubt. Religion und religiöse Gefühle werden der Lächerlichkeit preisgegeben, ohne daß ein Sturm der Entrüstung durch die Öffentlichkeit und durch die christlichen Gemeinden geht. Das Salz ist schal geworden.

2. Wie aus dem Vorfall mit dem T-Shirt und dem entsprechenden Rechtsbescheid zu entnehmen ist, darf man nach unserer bestehenden Rechtsordnung und der gegenwärtigen Gesetzesinterpretation ungestraft religiöse Gefühle mit Füßen treten, solange dadurch der öffentliche Friede nicht gestört wird. Die *öffentliche Verletzung religiöser Gefühle* ist keine strafbare Handlung, aber die *Störung des öffentlichen Friedens.* Zwischenzeitlich hat das Oberlandesgericht Nürnberg mit Urteil vom 23. Juni 1998 den Bescheid der Staatsanwaltschaft korrigiert und festgestellt, daß im vorliegenden Fall in der Tat eine Störung des öffentlichen Friedens gegeben ist.

3. Wie sich bei verschiedenen Anlässen in der Vergangenheit gezeigt hat, richten Protestschreiben und Beschwerdebriefe – auch wenn sie sehr zahlreich sind – in der Regel wenig aus, solange die Adressaten nicht entsprechende Nachteile für ihre geschäftlichen Unternehmungen und ihr gesellschaftliches Prestige befürchten müssen. Anläßlich des obsoleten Kreuzurteils des Bundesverfassungsgerichts vom 10. August 1995 ging eine Welle der Empörung durch das Land; in Bayern sind Tausende auf die Straße gegangen und haben öffentlich protestiert. Das hat seine Wirkung auf das bayerische Parlament nicht verfehlt. Es hat durch eine gesetzliche Änderung die Voraussetzung geschaffen, daß die Kreuze in den Schulen hängen bleiben können.

4. Christen haben das Recht und die Pflicht, auch öffentlich ihren Willen zum Ausdruck zu bringen und gegen öffentliche Angriffe auf ihre religiöse Überzeugung zu protestieren und – falls erforderlich – den öffentlichen Frieden zu stören. Wir leben in einer Demokratie. Wer da mitreden und mitentscheiden will, muß sich öffentlich artikulieren, notfalls demonstrieren. In der Demokratie zählen nicht vornehme Zurückhaltung und geistreiche Argumentation, sondern in erster Linie die Köpfe, das heißt die Anzahl der Wahlbürger, die jemand mobilisieren kann. Das muß die Kirche noch lernen.

5. Der innerkirchliche Rückzug, sei es aus Angst vor der Konfrontation, sei es aus Bequemlichkeit, ist kein probates

Mittel in der gesellschaftlichen Auseinandersetzung. Und allein mit Protestschreiben beziehungsweise Beschwerdebriefen erreicht man nur wenig, wie sich gezeigt hat. Wenn der Gesetzgeber die Verletzung religiöser Gefühle etc. für sich allein nicht als Grund einer Strafverfolgung anerkennt, sondern nur im Zusammenhang mit einer Störung des öffentlichen Friedens, dann muß man halt notfalls den öffentlichen Frieden stören – natürlich im Namen der Demokratie. Oder ist das Salz schon so schal geworden?

6. Unser Ziel ist nicht eine politisierende Kirche, die gesellschaftlichen Einfluß mit politischen Mitteln sucht, die mit staatlichen Mitteln kirchliche Zwecke verfolgt, die fehlende Glaubensüberzeugung durch staatliche Protektion ersetzt. Es geht auch nicht darum, mit der Hilfe des Staates das Wunschbild einer Volkskirche aufrechtzuerhalten. Es geht schlicht und einfach um das allgemeine Menschenrecht, daß die eigene religiöse Überzeugung und das religiöse Gefühl in der Öffentlichkeit vor Verletzung, Verhöhnung, Verächtlichmachung geschützt werden, ein Recht, das allen zugestanden wird, Juden, Muslimen, Buddhisten etc.

8. Ist das Salz schal geworden?

Ziel unserer Überlegungen war es nicht, wie schon gesagt, die Kirche zu politisieren, sondern sie an ihre originäre Mission zu erinnern, Salz der Erde zu sein. Die Kirche lebt heute in einer Zeit tiefgreifender gesellschaftlicher Veränderungen und durchlebt selbst eine Phase schwerer Erschütterungen. Mit einem Wort: Die Kirche steckt in einer tiefen Krise. Wir stehen an einem Wendepunkt und müssen uns Gedanken machen, wie es weitergehen soll.

Aus gutem Grund hat das Konzil das Bild vom pilgernden Gottesvolk in den Mittelpunkt seiner Überlegungen gerückt. Es war und ist in vieler Hinsicht geeignet, Wege für das Zusammenleben in unserer heutigen pluralistischen Gesellschaft aufzuzeigen. Die Orientierung am Bild der pilgernden Kirche ist hilfreich, damit die Kirche gegenüber der heutigen Gesellschaft offenbleibt und sich nicht in ein Ghetto einschließt.

Der fromme Rückzug in die eigene Innerlichkeit und in eine nach außen abgeschirmte Gemeinschaft ist eine latente Gefahr vieler neuer geistlicher Bewegungen. Das Bild vom pilgernden Gottesvolk birgt aber auch die Gefahr in sich, daß die Kirche sich zu vertrauensselig dem Weg der heutigen Gesellschaft anschließt und die erforderliche eschatologische Distanz zur Welt unmerklich verliert.
Es ist zu fragen, ob wir uns in der gegenwärtigen Phase der inner- und außerkirchlichen Entwicklung nicht auch wieder auf das Bild vom Salz der Erde und vom Sauerteig besinnen müssen. Die von Christus gegründete Kirche ist nicht eine gesellschaftlich angepaßte, sondern eine missionierende Kirche, das heißt eine Kirche, die sich von ihrem Gründer gesandt weiß, das Evangelium, die gute Botschaft Jesu, zu verkünden und Salz der Erde zu sein.

II.
Die politische und geistige Wende. Ende der Nachkriegsära

1. Die politische Wende des Jahres 1989

Die politische Wende des Jahres 1989 hat ihren symbolischen und zugleich historischen Ausdruck in der Öffnung des Brandenburger Tores, dem Fall des Eisernen Vorhangs und der Wiedervereinigung der deutschen Lande gefunden. Mit dem Ende des kalten Krieges und dem Zusammenbruch der marxistisch-kommunistischen Systeme in Mittel- und Osteuropa ist eine weltpolitische Ära zu Ende gegangen. Die strategische und ideologische Spaltung der Welt in Ost und West, in christlich-abendländische und marxistisch-kommunistische Welt, hatte zu klaren strategischen Fronten und ideologischen Grenzen geführt. Der Ost-West-Konflikt hat der gesamten Nachkriegsgeschichte seinen Stempel aufgedrückt und das ganze politische, wirtschaftliche und gesellschaftliche Leben dominiert. Im Schatten des kalten Krieges konnte sich die christliche Weltanschauung im Westen weithin unbehindert entfalten, da sie den westlichen Ländern zur ideologischen Untermauerung ihres politischen Anspruchs und zur Abgrenzung gegenüber dem Osten dienlich war. Ein Angriff auf Kirche und Religion wurde so gleichzeitig zu einer Infragestellung der strategischen und politischen Position des Westens und zur direkten Unterstützung des Ostens. Der Ost-West-Konflikt hat für lange Zeit den Verfall christlicher Werte und den Vormarsch des liberalistischen, antireligiösen Zeitgeistes überdeckt.

2. Die geistig-ideologische Wende des Jahres 1968

Mit dem Zusammenbruch der sozialistisch-marxistischen Systeme in Ost und West ist aber nicht nur eine politische Wende größten Ausmaßes, deren geopolitischen Konsequenzen unübersehbar sind, eingeläutet worden. Von noch weiter reichender Wirkung dürfte die geistig-ideologische Wende sein, die diesem politischen Umbruch bereits vorausgegangen war. Es handelt sich dabei allerdings nicht um eine revolutionäre oder gar gewaltsame Wende, sondern eher um einen lang angelegten geistig-weltanschaulichen Prozeß. Der Wahlsieg des rot-grünen Bündnisses vom 27. September 1998 markiert einen Meilenstein auf diesem Weg. Beide Parteien, die rote und die grüne, sind mit dem Motto in den Wahlkampf gezogen, die Wende in Bonn herbeizuführen. Und breite Kreise der Öffentlichkeit haben die Parole aufgenommen, und zwar in dem klaren Wissen, daß damit mehr gemeint war als ein parteipolitischer Regierungswechsel.
Das Jahr 1945, das Ende des Zweiten Weltkriegs, bedeutet nicht nur für Deutschland, sondern auch für weite Teile der übrigen Welt eine deutliche geschichtliche Zäsur, einen radikalen Neubeginn auf den geistigen und politischen Trümmern, die der Nationalsozialismus und der Weltkrieg hinterlassen hatten. Der große Aufbruch nach 1945 hat unter anderem in Europa zur Gründung der europäischen Union geführt. Doch sind die innovativen Kräfte, welche der geistige Aufbruch freigesetzt hatte, schon nach etwa zwei Jahrzehn-

ten erlahmt und mehr und mehr zum Erliegen gekommen. Die sechziger Jahre mit der 68er-Studentenrevolte stehen für die eigentliche geistig-ideologische Wende, nicht der Regierungswechsel 1998. Aus der Retrospektive waren die Jahre 1945 bis 1968 aufs Ganze gesehen eine Episode, keine unumkehrbare geistige Richtungsänderung. Spätestens 1968 haben wir da wieder angeknüpft, wo die Entwicklung 1933 durch den Nationalsozialismus gewaltsam unterbrochen worden ist, nämlich bei der geistigen Erosion und den ideologischen Auseinandersetzungen der Weimarer Republik und damit beim Erbe der Aufklärung.

Nach dem Scheitern der Studentenrevolte 1968 hat Rudi Dutschke die Losung vom „Marsch durch die Institutionen" ausgegeben. Die kleinere Gruppe der 68er, welche den revolutionären Kampf fortgesetzt hat und teils in den Untergrund gegangen ist wie die RAF, ist gescheitert und mußte scheitern. Die große Mehrheit, welche damals den Marsch durch die Institutionen angetreten hat, kann heute auf eine überaus erfolgreiche Zeit zurückblicken. Der Marsch durch die Institutionen ist in vollem Gange, bis in die höchsten Regierungsämter hinein. Das gilt nicht nur für den gesellschaftlichen und politischen Raum, sondern auch für die Kirche. Die liberale Aufklärung hat auf breiter Front den Durchbruch geschafft, angefangen vom Verfall der christlichen Wertegemeinschaft über die systematische Demontage religiöser Überzeugungen bis hin zur Neuauflage der liberalen Bibelkritik in der Kirche.

3. Kann das Ruder wieder herumgeworfen werden?

Was die Möglichkeiten einer generellen und profunden Kursänderung betrifft, so sind die Meinungen sehr differenziert. Übereinstimmung ist jedoch in der Überzeugung zu diagnostizieren, daß es nicht leicht sein wird, das Ruder wieder herumzuwerfen, was im folgenden am Beispiel der CDU erläutert werden soll.

a) Erneuerung der CDU?

Die Bundestagswahl 1998 und die Ereignisse des folgenden Jahres müssen als eine Zäsur in der Nachkriegsgeschichte der Bundesrepublik verstanden werden. Mit dem rot-grünen Regierungswechsel verbindet sich für viele linke und liberale Zeitgenossen der Start in eine andere Republik, in der das christliche Wertebewußtsein nicht mehr das tragende Fundament, höchstens noch eine ethisch-weltanschauliche Überzeugung neben anderen sein wird. Die Parteispendenaffäre um den früheren Bundeskanzler H. Kohl und der Finanzskandal der CDU haben das Ihrige getan, um die Partei und mit ihr das Christliche in Mißkredit zu bringen. Sollte sich die CDU eines Tages von dieser Schlappe erholt haben, wird sie nicht mehr das sein, was sie einmal zu Zeiten Adenauers und der christlichen Gründerväter gewesen ist.

Es muß davon ausgegangen werden, daß nach den bisherigen Erfahrungen ein Regierungswechsel erst in acht oder zwölf Jahren zu erwarten sein wird, falls die rot-grüne Koalition sich nicht eher selbst zugrunde gerichtet hat. Die CDU steht vor der diffizilen Aufgabe, eine grundsätzliche und programmatische Erneuerung in die Wege zu leiten. Um neue Wählerschichten zu erreichen und die geistigen Strömungen unserer Zeit aufnehmen zu können, wird sie – ähnlich der SPD 1969 im Godesberger Programm – ihre theoretische und geistige Grundlage neu definieren müssen. Der historische Durchbruch der SPD hieß: Der Marxismus/Sozialismus ist nicht die *einzige* Basis der Partei. In vergleichbarer Weise wird die CDU in ihrem neuen Programm die christliche Weltanschauung als Basis erweitern müssen, um neue Wählerschichten anzusprechen, so in den neuen Bundesländern und unter den nicht christlich und kirchlich gebundenen Wählern. Damit ist aber auch zugleich die Gefahr gegeben, daß sich das eigentlich Christliche allmählich verflüchtigt.

Die CDU ist zwar nach dem Debakel, in das sie durch Altkanzler Kohl und die diversen Finanzaffären gestürzt wurde, mit einer verjüngten Spitze neu gestartet. Ist damit die Partei auch wieder eine schlagkräftige Mannschaft geworden? Die

Reform an Haupt und Gliedern wurde zwar auf den Weg gebracht, aber noch lange nicht abgeschlossen, ganz zu schweigen von der geistig-politischen Erneuerung. Will die Partei eines Tages wieder an die Regierung gelangen, ist eine umfassende strukturelle und programmatische Erneuerung unerläßlich. Was wird dabei herauskommen? Um neue, vor allem auch jüngere Wählerschichten anzusprechen, wird sie dem heutigen Wertewandel Tribut zollen müssen. Zwar wird die Partei das „C“ nicht über Bord werfen und die frühere christlich-kirchliche Orientierung aufkündigen, doch wird das „C“ einen anderen Stellenwert bekommen und anders definiert werden. Und was wird aus der konzeptionellen Ausrichtung an der christlichen Soziallehre, wenn diese immer weniger Menschen in der Partei kennen und vertreten?

Inzwischen hat die CDU ihre familienpolitischen Grundsätze überarbeitet, andere Bereiche wie Bildung und Wissenschaft werden folgen. Die Partei will nicht an dem grundsätzlichen Schutz von Ehe und Familie rütteln lassen und lehnt deshalb eine rechtliche Gleichstellung gleichgeschlechtlicher Paare ab. Gleichzeitig aber tritt sie ein für eine „diskriminierungsfreie Respektierung“ solcher gleichgeschlechtlicher Partnerschaften und die Beseitigung juristischer Hindernisse, die solchen Partnerschaften entgegenstehen.

Nach der geistig-politischen Neuorientierung der CDU wird zwangsläufig das Verhältnis dieser C-Partei zur Kirche anders aussehen als bisher. Die einst versprochene „geistig-moralische Wende“ hat damals nicht stattgefunden und wird jetzt erst recht nicht zu erwarten sein. Offen ist noch, wieweit zukünftig der Einfluß der bayerischen CSU auf die Schwesterpartei reichen wird und ob diese ein Korrektiv und eine Sperre gegen einen zu erwartenden allmählichen Linksschwenk der CDU bilden kann. Wenn sich der gegenwärtige Trend in der Politik und im öffentlichen Leben fortsetzt, soviel dürfte sicher sein, wird die Kirche nicht daran vorbeikommen, ihr Verhältnis zu den Parteien insgesamt und zum Staat grundsätzlich zu überdenken und neu zu definieren.

b) Brauchen wir eine neue kirchliche Strategie?

Durch die nachhaltigen Veränderungen in der gesellschaftlich-politischen und geistig-kulturellen Landschaft der Bundesrepublik haben sich die Ausgangspositionen für den Dialog der Kirche mit der Welt und für die vom Konzil seinerzeit angebotene Zusammenarbeit in erheblichem Maße verschoben. Die bisherigen christlich-abendländischen Fundamente unserer Gesellschaft sind ins Wanken geraten. Die weitgehende strafrechtliche Freigabe des Schwangerschaftsabbruchs nach § 218 a StGB und die umfangreiche rechtliche Gleichstellung homosexueller Partnerschaften mit der Ehe markieren eine gesellschaftliche und politische Entwicklung, die auf einen fortschreitenden Dissenz zwischen Kirche und Staat beziehungsweise Gesellschaft hinauslaufen. Sollte sich dieser Trend fortsetzen, wird eine einvernehmliche Zusammenarbeit immer schwieriger werden.
Die Väter unseres Grundgesetzes haben nach 1945 die neue Ordnung unseres Staatswesens bewußt auf dem Fundament einer engen Kooperation zwischen Kirche und Staat aufgebaut. Für die weitreichende Zusammenarbeit bei gleichzeitiger Trennung von Kirche und Staat hatte man damals den Begriff der „hinkenden Trennung“ gefunden. Das Fundament dieser Zusammenarbeit war die weitreichende Übereinstimmung in den christlich-abendländischen Grundwerten unserer Gesellschaft. Auf dieser Grundlage hat sich eine für beide Seiten, Kirche und Staat, fruchtbare Zusammenarbeit auf den verschiedensten Gebieten entwickelt, welcher nun nach und nach der tragfähige Boden entzogen wird. Die Kirche wird sich fragen müssen, wie weit sie in ihrer gesellschaftlichen Präsenz und in ihrer Mitarbeit in bestimmten öffentlichen und staatlichen Einrichtungen gehen kann, ohne ihr Gesicht zu verlieren. Über kurz oder lang wird sich auch aus dieser Perspektive die Frage stellen: Anpassung oder Widerstand? Sollte sich die derzeitige Entwicklung fortsetzen, wird die Kirche ihre Zusammenarbeit mit Staat und Gesellschaft überdenken und eine neue Strategie entwerfen müssen. Die stetig fortschreitende Liberalisierung von Staat und Gesellschaft

zwingt die Kirche zu immer neuen Kompromissen, wenn sie an der bisherigen Form der Kooperation festhalten will. Auf diesem Wege wird der schon lange nicht mehr christliche Zeitgeist in breiter Front in die Kirche einbrechen. Eine solchermaßen „angepaßte“ Kirche verliert ihre innere Widerstandskraft und „verweltlicht“. Das Salz wird schal.

III.
„So wahr mir Gott helfe“. Überlegungen zum Verzicht auf die religiöse Eidesformel im Bundestag

Der neugewählte Bundeskanzler Gerhard Schröder hat bei seiner feierlichen Vereidigung vor dem Deutschen Bundestag von seinem durch das Grundgesetz verbrieften Recht Gebrauch gemacht und auf die religiöse Eidesformel verzichtet. Das hat aus begreiflichen Gründen Aufsehen in der Öffentlichkeit erregt und ist von den Medien ausführlich kommentiert worden. Was ist so aufregend an diesem Vorgang, wenn man bedenkt, daß es sich dabei eigentlich um einen ganz normalen Vorgang handelt, den man laufend in unseren Gerichtssälen und auch im Bundestag erleben kann? Unser Grundgesetz garantiert allen Bürgern freie Religionsausübung, das heißt positiv die freie Ausübung ihrer religiösen Überzeugung und negativ Schutz vor jedwedem staatlichen Zwang zur Religionsausübung. Artikel 140 GG i. Verb. m. Art. 136 (4) der Weimarer Verfassung sagt: „Niemand darf zu einer kirchlichen Handlung oder Feierlichkeit oder zur Teilnahme an religiösen Übungen oder zur Benutzung einer religiösen Eidesformel gezwungen werden.“ Die einschlägigen Artikel für den Amtseid des Bundespräsidenten, des Bundeskanzlers und der Minister erklären dementsprechend: „Der Eid kann auch ohne religiöse Beteuerung geleistet werden“ (Art. 56 [2] u. Art. 64 [2] GG).
Wir leben in einem freien Rechtsstaat. Was also ist auffällig oder gar schockierend daran, daß ein Bürger dieses Staates,

wenngleich in einer hervorgehobenen Stellung, von seinem Verfassungsrecht Gebrauch macht? Bemerkenswert an diesem Vorgang und seinen Begleitumständen ist zunächst einmal im Grunde nicht so sehr das Faktum als solches, sondern die Reaktion der Öffentlichkeit darauf. Wenn man einmal von einzelnen Stimmen absieht, ist das Verhalten des nach dem Bundespräsidenten obersten Repräsentanten des Volkes ohne nennenswerte negative gesellschaftliche Reaktion geblieben. Die breite Öffentlichkeit hat es mehr oder weniger gelassen zur Kenntnis genommen, daß der Bundeskanzler, ganz gewiß nicht ohne vorher sorgfältig mit seinen Beratern die politischen Folgen abgeschätzt zu haben, in aller Öffentlichkeit bekundet, daß ihm persönlich an einer religiösen Bindung nichts gelegen ist. Mehr noch, er weiß nicht, so seine Worte, was ihm das, nämlich Gott und die Kirche, nützen könnte. Er hat sie ja auch in der Vergangenheit, wie er sagt, nicht sonderlich vermißt. Wie Bundeskanzler Schröder haben etwa 50 Prozent seiner Regierungsmitglieder auf die religiöse Eidesformel verzichtet.

Bemerkenswert ist sodann die schnodderige Art und Weise, wie Schröder seine religiöse Einstellung der Öffentlichkeit und damit dem Wählervolk kundgetan hat. Er hat es nicht einmal für nötig gehalten, seine Haltung zu begründen oder näher zu erläutern. Im flapsigen Stil der 68er-Generation, zu der er ja gehört, hat er der breiten Öffentlichkeit sein religiöses Desinteresse zur Kenntnis gebracht. Besser hätte er nicht deutlich machen können, was er von Religion und Kirche hält.

Zu denken geben muß aber vor allem die Reaktion des „Publikums“. Offensichtlich haben weder seine Einstellung gegenüber der religiösen Eidesformel und sein öffentlich bekundetes religiöses Desinteresse noch seine mehrfachen Ehescheidungen seinem politischen Ansehen sonderlich geschadet. Bislang sind wir davon ausgegangen, daß die Gesellschaft mehrheitlich von ihren staatlichen und öffentlichen Repräsentanten eine vorbildliche Lebensführung und ein entsprechendes sittliches Verhalten erwartet, da sie nicht nur das Land repräsentieren, sondern auch eine Vorbildfunktion haben. Dem ist offensichtlich nicht mehr so. Es scheint inzwischen einen gesellschaftlichen Konsens in dem Sinn zu geben, daß man in bestimmten Bereichen, die noch näher zu bestimmen wären, zwischen der individuellen Lebensführung und dem individuellen sittlichen Verhalten auf der einen Seite und einem politischen Amt beziehungsweise dem politisch-gesellschaftlichen Verhaltenskodex auf der anderen unterscheiden kann.

Wenn diese Beobachtung zutreffend ist, und vieles spricht dafür, dann läuft die gegenwärtige gesellschaftliche Entwicklung auf eine nicht folgenlose Trennung zwischen Moral und Beruf, Moral und Wirtschaft, Moral und Politik hinaus. Das individuelle sittliche Verhalten ist nicht mehr Maßstab für das berufliche, gesellschaftliche und politische Handeln. Oder anders ausgedrückt: Der Verhaltenskodex des privaten Lebens unterscheidet sich von dem des öffentlich-politischen. Demnach gäbe es dann so etwas wie eine doppelte Moral, was bislang von der Gesellschaft nicht toleriert und unter bestimmten Voraussetzungen als ein charakterliches Defizit kritisiert worden ist. Aber vielleicht handelt es sich schon gar nicht mehr um den Kasus der doppelten Moral, sondern ganz schlicht um das Phänomen der allgemeinen ethischen Nivellierung, und zwar sowohl im privaten wie im öffentlichen Leben.

Wie konnte es zu dieser doch immerhin erstaunlichen Entwicklung kommen? Oder handelt es sich hier nur um eine temporäre oder vielleicht sogar nur um eine situationsbezogene beziehungsweise auf die Person Gerhard Schröders bezogene Erscheinung? Dem ist jedoch nicht so, denn wir haben einen ähnlichen Vorgang in den Vereinigten Staaten von Amerika erlebt, wo weder die sexuellen Eskapaden noch die meineidlichen Aussagen die politische Karriere von Präsident Clinton beendet haben. Ein unglaublicher Vorgang in dem von den strengen Moralvorstellungen der Pilgerväter und dem starken Moralismus puritanischer Sekten geprägten Land. Hier hat sich im Laufe der Zeit ein Wandel vollzogen, den man durchaus als Erdrutsch bezeichnen könnte. In den Ereignissen um den Amtseid von Bundeskanzler Gerhard

Schröder ist ein gesellschaftliches Phänomen sichtbar geworden, das eine klar erkennbare und identifizierbare Vorgeschichte hat. Es ist gewiß noch nicht der Endpunkt, aber doch ein aktueller Ausdruck einer bestimmten gesellschaftlichen Entwicklung.

IV.
Der Rechtspositivismus auf dem Vormarsch (Grundwertediskussion)

Wir haben uns bereits an anderer Stelle mit der Erklärung der deutschen Bischöfe – „Gesellschaftliche Grundwerte und menschliches Glück“[7] – vom 7. Mai 1976 beschäftigt, und zwar im Zusammenhang mit der Frage nach der gemeinsamen Wertebasis unserer Gesellschaft.[8] Hier und jetzt interessiert uns diese Thematik im Hinblick auf die Rechtsgrundlage unserer politischen Ordnung in der Bundesrepublik. Die Bischöfe haben mit ihrer Erklärung seinerzeit auf die tiefgreifenden Veränderungen und nach ihrer Meinung bedenklichen Entwicklungen im Bereich des gesellschaftlichen Wertekonsenses hingewiesen. Sie haben damit eine breite Debatte über die ethischen Grundlagen unserer Gesellschaft ausgelöst, die aller Welt vor Augen geführt hat, daß der Konsens über die sittlichen Grundlagen des gesellschaftlichen Zusammenlebens nicht nur schmaler, sondern auch in zentralen Bereichen brüchig geworden ist. Dafür gibt es vielfache Beweise im gesellschaftlich-politischen Alltag der Bundesrepublik und ebenfalls einleuchtende Begründungen.

Es ist müßig, darüber zu streiten, ob es sich bei den zu beobachtenden gesellschaftlichen Entwicklungen um einen Werte*verfall* beziehungsweise Werte*verlust* handelt, wie viele meinen, oder um einen Werte*wandel,* wie von anderer Seite dage-

---

[7] Gesellschaftliche Grundwerte und menschliches Glück, hrsg. vom Sekretariat der Deutschen Bischofskonferenz, Bonn 1976 (= Die Deutschen Bischöfe 9).

[8] Vgl. I. Teil, IV. Kapitel, S. 34ff.

gengehalten wird. Eines dürfte unbestreitbar sein, daß wir es mit einer tiefgreifenden Veränderung zu tun haben, die bis an die Grundlagen des individuellen und sozialen Lebens reicht. Nehmen wir als Exempel die Individualisierung der Moral. Proklamiert wird heute, wie allgemein bekannt, das autonome Gewissen des einzelnen als letzte sittliche Instanz, und zwar nicht nur in moralischen Zweifelsfällen oder bei einem irrenden Gewissen – was nichts Neues beinhalten würde –, sondern für die reguläre und normale sittliche Entscheidung. Die Existenz allgemeingültiger ethischer Normen, die für alle Menschen gleichermaßen bindend sind, wird praktisch geleugnet. Wenn aber jeder einzelne letztendlich selbst über die Norm seines sittlichen Verhaltens entscheidet, wie kann es dann auf Dauer so etwas wie eine gemeinsame Grundlage für das gesellschaftliche Leben geben? Führt nicht die Leugnung allgemeingültiger Normen automatisch zur ethischen Beliebigkeit und zur Manipulierbarkeit der Moral?
Die Diskussion um die Grundwerte in den siebziger Jahren war ausgelöst worden, wie man sich wohl erinnert, durch die öffentliche Auseinandersetzung um die Neuformulierung des § 218 StGB und die Strafbarkeit des Schwangerschaftsabbruchs. Die öffentliche Debatte erreichte einen ersten Höhepunkt durch den Vortrag des damaligen Bundeskanzlers Helmut Schmidt am 23. Mai 1976 in der Katholischen Akademie Hamburg. Das war gut zwei Wochen nach der Veröffentlichung der Erklärung der deutschen Bischöfe. In seinem Vortrag antwortet Helmut Schmidt den Bischöfen, indem er seine Auffassung zur Frage nach der Rolle des Staates und dessen Verantwortung für die ethischen Grundlagen des gesellschaftlich-politischen Lebens darlegte.

1. Die Rolle des Staates

Schmidt hat in seinem Vortrag den heute weithin propagierten Standpunkt vertreten: „Nach unserem Grundgesetz liegt die Verantwortung für Grundwerte – das heißt für lebendige, gelebte sittliche Grundauffassungen – bei der Person, bei Gemeinschaften von Personen, bei Gruppen, also innerhalb der

Gesellschaft ... Deshalb muß die Rechtsordnung einen Wandel des tatsächlich vorhandenen Ethos berücksichtigen ...",[9] was dann natürlich auch für den § 218 StGB gilt. „Nur das, was in der Gesellschaft an ethischen Grundhaltungen tatsächlich vorhanden ist, kann in den Rechtssetzungsprozeß eingehen, kann als Recht ausgeformt werden."[10]
Zur Rolle der Kirchen und Religionsgemeinschaften heißt es da: „Ethische Grundüberzeugungen werden getragen und gebildet vom einzelnen und von konkreten Gemeinschaften, in denen sich einzelne zusammenfinden ... Unter ihnen kommt nun den Kirchen für die Bewahrung und die Bildung von ethischen Grundüberzeugungen eine besondere Bedeutung zu ... Die Kirchen, die Religions- und Weltanschauungsgemeinschaften, haben für die Vermittlung und das Lebendighalten der Grundwerte und sittlichen Grundhaltungen – keine ausschließliche, wohl aber eine tragende Funktion."[11]
Was heißt das? Es entspricht der heutigen Staats- und Gesellschaftsauffassung, daß der Staat keine eigene ethische Kompetenz besitzt; in Fragen der sittlichen Überzeugungen ist er auf die Gesellschaft und die gesellschaftlichen Gruppen verwiesen. Er selbst kann aus eigenem Vermögen weder sittliche Grundwerte erzeugen, noch kann er sittliches Verhalten als solches aus sich heraus begründen. Als rechtsetzende Instanz ist der Staat von den Rechts- und Wertüberzeugungen, die er in der Gesellschaft vorfindet, abhängig. Man könnte auch sagen: Der Staat schafft nur Recht im formalen, nicht aber im materiellen Sinn. In seinem Gesetzgebungsakt verleiht er den in der Gesellschaft inhaltlich bereits vorhandenen Rechts- und Wertüberzeugungen nurmehr formalen Rechtscharakter. Die eigentliche Verantwortung für die gesellschaftlichen Grundwerte und die sittlichen Überzeugungen, das heißt für die gesellschaftliche Moral, liegt bei den gesellschaftlichen

---

9 Helmut Schmidt, Ethos und Recht in Staat und Gesellschaft, in: Grundwerte in Staat und Gesellschaft, hrsg. von Günter Gorschenek, München 1977, 20f.

10 Ebd., 22.

11 Ebd., 23f.

Gruppen, insbesondere bei den Kirchen, den religiösen sowie weltanschaulichen Gemeinschaften.
Hinzu kommt, daß sich der Staat in einer pluralistischen Gesellschaft neutral gegenüber den verschiedenen religiösen Überzeugungen verhalten muß. Er kann nicht die Moralvorstellungen einer bestimmten Glaubensgemeinschaft zum Maßstab für alle machen. Die Gesetzgebung des demokratischen und pluralistischen Staates muß sich nach der von der Mehrheit tatsächlich praktizierten Moral richten. Gesetze, die nicht von der sittlichen Überzeugung der Mehrheit getragen werden, sind unwirksam. In diesem Zusammenhang hat Hans-Dietrich Genscher, F.D.P., damals die Auffassung vertreten, daß die sittliche Grundlage des Staates der kleinste gemeinsame ethische Nenner ist. Der Staat ist also nicht unbedingt und in jedem Fall einer sittlich idealen oder der jeweils höherstehenden Moral verpflichtet. Genscher sagt: „Er [der Staat] gründet sich moralisch vielmehr – das ist die liberale Antwort auf ihre Frage nach der Existenzgrundlage des Staates – auf dem kleinsten gemeinsamen Nenner, der allen religiösen und profanen Glaubens- oder Weltanschauungsüberzeugungen gemein ist.“[12] Der hier zum Ausdruck kommende ethische Minimalismus steht in einem merkwürdigen Gegensatz zum nicht weniger selten in der Gesellschaft anzutreffenden ethischen Rigorismus, etwa bei Ökologen, Kernkraftgegnern und Tierschützern. Es sind häufig dieselben Personen und Gruppen, welche der Kirche einen moralischen Rigorismus vorwerfen, selbst aber ihre eigenen Ziele mit rigoroser Härte und brachialer Gewalt verfechten.

2. Eine kritische Würdigung

Eine kritische Würdigung der vorliegenden Gesellschafts- und Rechtsauffassung wird zunächst einmal dankbar vermerken, daß der damalige Bundeskanzler Helmut Schmidt den Kirchen und der Religion eine positive Aufgabe im gesellschaftlichen und öffentlichen Leben zuweist. Er spricht sich

[12] Ebd., 230.

mit seinem Konzept klar für den Öffentlichkeitsauftrag der Kirche und ihren wesentlichen Beitrag zum Gelingen des sozialen Miteinanders aus. Den Kirchen wird bescheinigt, daß sie eine tragende Funktion im gesellschaftlichen und staatlichen Leben haben, allerdings im Verein mit anderen Gruppen und weltanschaulichen Gemeinschaften. Positiv ist auch zu werten, daß nach dieser Konzeption die Kompetenzen zwischen Staat und Kirche sauber getrennt sind. Der Staat verzichtet auf jede Autorität in religiösen und weltanschaulichen Fragen und überläßt den Bereich der Wertfindung und Sinngebung den in der jeweiligen Gesellschaft beheimateten religiösen und weltanschaulichen Kräften. Auf diese Weise ist einerseits die weltanschauliche Neutralität des Staates und andererseits die freie Entfaltung der Kirche auf ihrem genuinen Gebiet in für beide Seiten akzeptabler Weise gesichert.

Darüber hinaus ist mit Genugtuung zu registrieren, daß die vorliegende Konzeption gleichzeitig eine „Bestandsgarantie" für Kirche und Religion auch in einer zukünftigen Gesellschaft beinhaltet. Man erinnere sich, daß sich in den sechziger und siebziger Jahren die Religionssoziologen praktisch darin einig waren, daß in der postmodernen Gesellschaft, was immer auch damit gemeint sein mag, die Religion absterben und die Kirche überflüssig werden würde. Man zeigte sich überzeugt, daß in der am Horizont sich abzeichnenden zukünftigen Gesellschaft für Religion und Kirche kein Platz mehr sein würde, weil man sie – schlicht und einfach – nicht mehr brauchen würde.

Dem widerspricht die von Helmut Schmidt vorgetragene These. Sie räumt den Kirchen und Weltanschauungsgemeinschaften als Sinngebungsinstanzen und Wertvermittlungsagenturen auch und gerade in einer zukünftigen Gesellschaft eine tragende Funktion ein. Das gilt freilich nur unter der Voraussetzung, daß erstens der Staat sich zur weltanschaulichen und religiösen Neutralität bekennt und daß zweitens die entsprechende Funktion der Religion als unentbehrlich für das Gelingen des sozialen und gesellschaftlichen Miteinanders betrachtet wird. Und hier setzen die kritischen Fragen an. Können wir heute noch davon ausgehen, daß in unserer

Gesellschaft darin Übereinstimmung besteht, daß es allgemeinverbindliche und dem Zugriff der Gesellschaft entzogene, überzeitliche Werte und Normen geben muß und auch gibt, die der Mensch immer schon vorfindet, die er sich selbst nicht nach seinem Belieben schaffen oder nach Bedarf verändern kann?

3. Die Renaissance des Rechtspositivismus in unseren Tagen

Als man in Deutschland 1945 nach dem totalen Zusammenbruch der wirtschaftlichen, gesellschaftlichen und politischen Institutionen daran ging, auf dem Trümmerhaufen, den der Nationalsozialismus hinterlassen hatte, eine neue staatliche Ordnung aufzubauen, war man sich quer durch alle Parteien und gesellschaftlichen Gruppierungen hindurch einig, daß der neue Staat nur langfristig von Bestand sein würde, wenn er auf einer grundsätzlich neuen Rechtsgrundlage aufgebaut würde. Die bis dahin praktisch unangefochtene Doktrin des Rechtspositivismus hatte auf der ganzen Linie versagt. Diese hatte gelehrt, daß es keine sogenannte naturrechtliche Ordnung gebe, also keine überzeitlichen und allgemeingültigen ethischen Normen, keine sittliche Ordnung, die dem Menschen von Natur aus mitgegeben ist und an der sich jedes vom Staat gesetzte Recht ausrichten muß und an dem es auf seine „Rechtmäßigkeit“ hin überprüft werden kann. Recht ist das, was der rechtmäßige Gesetzgeber als geltendes Recht promulgiert, das war die herrschende Lehre (vgl. F. C. v. Savigny, B. Windscheid, H. Kelsen, G. v. Radbruch, K. Bergbohm u. a.).

Diese für die damalige Zeit unbestritten geltende Rechtsüberzeugung ist dafür verantwortlich zu machen, daß auch nicht nationalsozialistisch indoktrinierte Richter sich außerstande gesehen haben, wirksam gegen die Willkür- und Machtjustiz des Dritten Reiches Widerstand zu leisten. Aufgrund der herrschenden positivistischen Rechtsauffassung sahen sie sich gezwungen, das vom nationalsozialistischen Staat erlassene Recht als das gültige Recht anzuerkennen und zu vollziehen,

denn ein überstaatliches und übergesetzliches Recht wurde ja von der positivistischen Rechtsauffassung nicht als rechtsrelevant anerkannt. So war das Recht degradiert zu einer Funktion der Macht. Unter den gleichen Voraussetzungen wird heute das Recht demoliert zur Funktion der jeweiligen demokratischen Mehrheit.
Kein Geringerer als der bekannte Rechtsphilosoph und Mitbegründer des positivistischen Wertrelativismus, nämlich Gustav Radbruch, hat nach dem Krieg zu einer tiefgreifenden Neuorientierung in der Rechtswissenschaft und zur konsequenten Abkehr vom Rechtspositivismus aufgerufen. Im Hinblick auf die verheerenden Folgen und den ungeheuerlichen Rechtsmißbrauch des Dritten Reiches schrieb er: „Die überkommene Auffassung des Rechts, der seit Jahrzehnten unter den deutschen Juristen unbestritten herrschende Positivismus und seine Lehre ‚Gesetz ist Gesetz', war gegenüber einem solchen Unrecht in der Form des Gesetzes wehrlos und machtlos; die Anhänger dieser Lehre waren genötigt, jedes noch so ungerechte Gesetz als Recht anzuerkennen. Die Rechtswissenschaft muß sich wieder auf die jahrtausendalte gemeinsame Weisheit der Antike, des christlichen Mittelalters und des Zeitalters der Aufklärung besinnen, daß es ein höheres Recht gebe als das Gesetz, ein Naturrecht, ein Gottesrecht, ein Vernunftrecht, kurz ein übergesetzliches Recht, an dem gemessen das Unrecht Unrecht bleibt, auch wenn es in die Form des Gesetzes gegossen ist."[13]
Die Väter unserer Verfassung von 1949 waren sich der verheerenden Folgen des Rechtspositivismus bewußt. Sie hatten zum Teil die Auswirkungen der nationalsozialistischen Willkürjustiz am eigenen Leibe zu spüren bekommen. In dem Willen, Recht und Gesetz menschlicher Willkür zu entziehen, und im Wissen um eine übergesetzliche, vom Staat unabhängige Rechtsnorm haben sie den Verfassungstext mit den Worten beginnen lassen: „Im Bewußtsein seiner Verantwortung vor Gott und den Menschen …". Bundeskanzler Schrö-

13 Gustav Radbruch, Die Erneuerung des Rechts, in: Naturrecht oder Rechtspositivismus?, hrsg. von Werner Maihofer, Darmstadt 1966, 1f.

der hat bei seiner Vereidigung im Bundestag bewußt auf die religiöse Eidesformel verzichtet und öffentlich bekundet, daß eine persönliche Bindung an Gott und die Kirche ihm nicht viel bedeutet. Da man nicht annehmen kann, daß ihm nicht bewußt ist, daß die „Verantwortung vor Gott“ für unsere Verfassung von grundlegender Bedeutung ist, muß er sich fragen lassen, ob er die Rechtsauffassung der Verfassungsväter noch teilt oder ob er sich wie viele Zeitgenossen zum inzwischen wiederaufgelebten Rechtspositivismus bekennt.

Mit der achtundsechziger Kulturrevolution ist, wie bereits an anderer Stelle dargelegt wurde,[14] für die Kirche und die Christen in unserem Land eine neue Situation entstanden. Wir leben nicht mehr in einem Staat, der sich mit Recht christlich nennen darf. In der sogenannten multikulturellen Gesellschaft von heute findet sich die Kirche unversehens in einer Randposition. Ihre Stimme ist eine von vielen in einer mehr oder weniger säkularisierten Gesellschaft. Zwar stehen auch heute noch die Kathedralen im Zentrum unserer Städte, doch ist die gesellschaftliche Präsenz der Kirche eher mit der eines Reihenhauses zu vergleichen. Wir sprechen heute gern von der „Wende“ und meinen damit die geschichtliche Zäsur, die durch die Öffnung des Brandenburger Tores im Jahr 1989 eingeleitet worden ist. Sicher ein historisches Datum, das einen festen Platz in der zukünftigen Geschichtsschreibung einnehmen wird. Doch war die eigentliche Wende, die bis in die Fundamente unserer Gesellschaft hinabreicht, bereits durch die Studentenrevolte im Jahr 1968 eingeleitet worden. Diese geistig-ideologische Wende, auch zutreffend als Kulturrevolution charakterisiert, markiert das schrittweise Auslaufen einer langen segensreichen Kulturepoche, deren Wurzeln bis in die griechisch-römische Antike reichen. Es ist jetzt und hier nicht der Ort, um in extenso allen Verästelungen des angesprochenen kulturellen und gesellschaftlichen Umbruchs nachzugehen. Wir müssen uns darauf beschränken, die Konsequenzen zu skizzieren, die sich aus diesem Prozeß für unsere Thematik ergeben.

[14] Vgl. II. Teil, II. Kapitel, Abschn. 2, S. 68f.

Nicht zu übersehen ist, daß die gegenwärtige gesellschaftliche Entwicklung zu einer immer stärkeren Individualisierung der Lebensstile und sozialen Verhaltensweisen tendiert. Die normgebende Kraft allgemeingültiger Verhaltensmuster schwindet unablässig; an deren Stelle treten autonome Lebensentwürfe. Allgemeinverbindliche sittliche Normen werden abgelöst durch die individuelle Gewissensentscheidung. Das heißt, das individuelle Gewissen richtet sich nicht mehr an der allgemein gültigen Norm aus, sondern beansprucht, erste und einzige Richtschnur für das soziale Verhalten der Menschen zu sein. Jeder Mensch ist sich selbst Gesetz. Das bedeutet praktisch die Pluralisierung der Moral. Es gibt nicht mehr die eine, alle Glieder der Gesellschaft gleichermaßen verpflichtende Moral. In der multikulturellen Gesellschaft von heute macht sich jeder seine eigene Moral nach Bedarf.
Nun ist es aber nicht so, daß der einzelne Mensch im Normalfall so souverän in seinem sittlichen Urteil wäre, daß er völlig unabhängig sein sittliches Verhalten einrichten würde. Er braucht die Absicherung durch irgendwelche Instanzen, die ihm die Gewißheit vermitteln, daß er mit seiner Entscheidung richtig liegt. Wo findet er aber die gewünschte Sicherheit, wenn die bisherigen Instanzen wie das Gebot Gottes, die Weisungen der Kirche oder das tradierte natürliche Sittengesetz abgelehnt werden? Er orientiert sich, weil es für ihn sonst nichts gibt, an dem praktischen Verhalten seiner jeweiligen Umwelt, an den wechselnden Meinungen seiner Mitmenschen, an den durch die Medien vermittelten ethischen Maximen. Mit anderen Worten, das sittliche Verhalten wird beliebig – an die modischen Trends angepaßt – austauschbar, eventuell sogar von Umfrage-Ergebnissen abhängig.
Die Individualisierung der Moral ist nicht ein schicksalhaftes Ereignis, das von irgendwoher über uns gekommen ist; es ist vielmehr die konsequente Folge der von vielen Zeitgenossen hochgelobten pluralistischen Gesellschaft. Werden nämlich der gesellschaftliche Pluralismus und die Individualisierung der Moral absolut gesetzt, bedeutet dies das Ende einer gemeinsamen Werteordnung und einer für alle gleichermaßen verbindlichen Moral.

Dieser gesellschaftliche Pluralismus im Verein mit der Individualisierung der Moral ist die Hintertür, durch die der Rechtspositivismus neuerdings Eingang in Staat und Gesellschaft gefunden hat. In der euphorischen Phase des Wiederaufbaus nach 1945 konnten die Kirchen davon ausgehen, daß der Staat des Grundgesetzes von 1949 sich in seiner Gesetzgebung prinzipiell an den christlichen Grundsätzen orientiert beziehungsweise nichts tun wird, was diese in grober Weise verletzen würde. Die Kulturrevolution, deren Ende noch nicht abzusehen ist, hat die gesellschaftspolitischen Verhältnisse von Grund auf geändert. Wir leben heute in einer pluralistischen Gesellschaft; eine von allen gesellschaftlichen Gruppen als allgemein verbindlich akzeptierte sittliche Überzeugung gibt es in unserer Gesellschaft nicht mehr. Und selbst unter Christen ist es nicht mehr selbstverständlich, daß man in den Grundfragen einer Meinung ist.

Die konsequente Folge davon sind die Demokratisierung der Moral und die Positivierung des Rechts. Mit Demokratisierung der Moral wird die allgemein zu beobachtende Tatsache beschrieben, daß im Bundestag, dem Gesetzgebungsorgan unseres Staates, nach den demokratischen Spielregeln darüber entschieden wird, was für unser Gemeinwesen Recht oder Unrecht, sittlich erlaubt oder moralisch zu verwerfen ist. Zwar wird denen, die hier ihre Bedenken anmelden, regelmäßig vorgehalten, daß die staatlichen Gesetze „nur“ eine für das gesellschaftliche und politische Leben gangbare, für alle Bürger konsensfähige gesetzliche Regelung darstellen, nicht aber sittliche Normen, die den einzelnen im Gewissen binden wollen oder gar können. Zugegeben, das trifft auf jeden demokratischen und sogar auf den diktatorischen Gesetzgeber zu. Die entscheidende Frage ist jedoch: Wonach richtet sich der Gesetzgeber, sprich der Abgeordnete, bei der Gesetzgebung? Richtet er sich nach einem allgemeinverbindlichen, überzeitlichen Gesetz, den im Dekalog konkretisierten sittlichen Kodex zum Beispiel, oder nach der von einer gesellschaftlichen Mehrheit favorisierten und von den Medien propagierten, prinzipiell veränderlichen und damit beliebigen sogenannten Gesellschaftsmoral oder nach dem, was man heute gemeinhin das Einzelgewissen (hier des Abgeordneten) nennt? Solche und ähnliche Fragen müßte man an alle Gegner des Naturrechtsgedankens, an die Verfechter der autonomen Moral, an die Protagonisten einer sogenannten Dialog- oder Diskursethik wie Paul Lorenzen (Erlanger Schule), Karl-Otto Apel und Jürgen Habermas (Frankfurter Schule) richten.

4. Der Rechtspositivismus und seine Folgen

Der politische Alltag sieht so aus, daß wir zur Zeit eine fortschreitende Renaissance des Positivismus in Recht und Gesetzgebung erleben. Wir müssen dem Himmel danken, daß es nach der Wiedervereinigung nicht zu einer grundsätzlichen Revision unseres Grundgesetzes gekommen ist. Die „Verantwortung vor Gott" ist so in unserer Verfassung verankert geblieben. Doch welche Rolle spielt sie noch im politischen Tagesgeschäft und in der konkreten Gesetzgebung unseres Parlamentes? Hier hat längst der Positivismus auf breiter Front das Terrain erobert. Gesetz ist, was der Gesetzgeber als Gesetz promulgiert. Das muß zwangsläufig unübersehbare Folgen für die weitere Entwicklung unseres Gemeinwesens haben.

1. Wenn der Maßstab, an dem der Gesetzgeber (Bundestag) sich orientiert, nicht ein übergeordnetes, übergesetzliches Gottes- oder Naturrecht ist, dann wird in einer pluralistischen Gesellschaft zwangsläufig der kleinste gemeinsame Nenner der Maßstab sein. In diesem Sinne hatte bereits Hans-Dietrich Genscher, der damalige Außenminister, gesagt, daß moralisch die Existenzgrundlage des Staates der kleinste gemeinsame Nenner ist, „der allen religiösen und profanen Glaubens- oder Weltanschauungsüberzeugungen gemein ist". Das bedeutet für die politische Praxis, daß der ethische Level nicht besonders hoch sein kann. Eher muß man befürchten, daß er beständig sinkt und die gesellschaftliche Moral eines Tages auf die schiefe Ebene gerät.

2. Wo es keine „Verantwortung vor Gott" gibt und die Existenz eines Naturrechts geleugnet wird, ist die letzte ethische

Sperre abgebaut worden, die ein Abgleiten des Rechts in das Unrecht verhindern könnte. Man muß nicht unbedingt an den Rechtsmißbrauch des Nationalsozialismus erinnern. Es genügt der Hinweis auf die jüngste Entwicklung und die aktuelle Rechtspraxis der Bundesrepublik in Sachen Schwangerschaftsabbruch nach § 218 StGB.

3. Viele Zeitgenossen glauben, in den Menschenrechten und den entsprechenden Rechtsinstitutionen (z. B. Allgemeine Erklärung der Menschenrechte 1948 und Errichtung des Internationalen Gerichtshofs) eine gemeinsame Rechtsbasis für die verschiedenen Völker und Glaubensgemeinschaften gefunden zu haben. Es soll in keiner Weise die unschätzbare Bedeutung der Menschenrechte für den Rechtsfrieden und die Gerechtigkeit unter den Menschen und den Völkern geschmälert werden, ein Ersatz für den lebendigen Glauben an die Existenz eines Gottesgesetzes und eines Naturrechtes können die Menschenrechte nicht abgeben, wenn sie nicht auf dieselben rückbezogen und in diesen begründet werden. Andernfalls begründen sie sich allein in der demokratischen Übereinkunft der Völker und können dann grundsätzlich unterschiedlich interpretiert, verändert und wieder abgeschafft werden. Die Menschenrechte sind eben kein wirksamer Ersatz für die „Verantwortung“ vor Gott, wie man etwa an der seit geraumer Zeit laufenden Diskussion um die Euthanasie ablesen kann. Diese Feststellung gilt um so mehr, als wir immer noch dabei sind, die erschreckende Hinterlassenschaft des Dritten Reiches in puncto Euthanasie gerichtlich aufzuarbeiten. Während zur Zeit in unserer Gesellschaft von neuem die ethische Erlaubtheit der Euthanasie diskutiert wird, stehen immer noch Menschen aus der Zeit des Dritten Reiches wegen eben dieses Rechtsvergehens vor Gericht. Die Sache wird noch absurder, wenn man bedenkt, daß diese Straftäter sich durch die Bank auf das damals geltende Recht, nämlich den Führerbefehl, berufen. Hier führt der Rechtspositivismus sich selbst ad absurdum.

4. Die Frage des „lebensunwerten Lebens“. Die Ideologen des Dritten Reiches haben den Begriff des „lebensunwerten Lebens“ kreiert, um damit die Tötung von schwerbehinder-

ten Menschen und die barbarische Vernichtung jüdischer Mitbürger zu begründen. Über die Unmenschlichkeit der nationalsozialistischen Vernichtungsmaschinerie muß hier und jetzt nicht gehandelt werden. Zu Recht werden die Verantwortlichen zur Rechenschaft gezogen, wo immer in der Welt sie aufgespürt werden. Doch können wir damit das Thema nicht als erledigt betrachten und die Akten darüber schließen. Zwar vermeiden wir heute den Begriff tunlichst. Doch kommen wir der Sache selbst verdächtig nahe, wenn wir heute aufgrund pränataler Untersuchungen entscheiden, welches im Mutterschoß heranwachsende Leben eventuell das Licht der Welt erblicken darf und welches nicht, weil eventuell oder mit Sicherheit Behinderungen zu erwarten sind. Und was wird man dazu sagen, wenn demnächst aufgrund pränataler Geschlechtsbestimmung entschieden wird, ob das heranwachsende Leben erwünscht ist oder nicht?

5. Es bedarf nicht einer besonderen Motivation oder eines speziellen Interesses, um festzustellen, daß unsere gegenwärtige Gesellschaftsmoral sich immer weniger an christlichen Grundwerten orientiert. Zwar gibt es immer noch genügend gutmeinende Zeitgenossen, welche das Ausmaß der gesellschaftlichen Veränderungen herunterspielen wollen, um das christliche Fundament auch der heutigen Wertvorstellungen soweit wie möglich zu retten. Das muß als illusorisch erscheinen, wenn man bedenkt, daß die Leitprinzipien heutiger Moral weithin reine Nützlichkeitserwägungen oder der egoistische Vorteil oder das hedonistische Lustprinzip sind. Ganz zu schweigen von der primitiven moralischen Begründung: Mein Bauch gehört mir.

6. Wir leben in einer Zeit tiefgreifender gesellschaftlicher Veränderungen und krisenhafter Umbrüche. Umweltproblematik, schwere ethnische Konflikte, Globalisierungstendenzen und wirtschaftliche Krisenerscheinungen, dritte technische Revolution, auch elektronische genannt, Auflösung der tradierten Gesellschaftsstrukturen und ethischen Leitbilder, um nur einige Schlagworte zu nennen. Die Kirche lebt in dieser Gesellschaft und ist Teil derselben. Sie ist in die gesellschaftlichen Umbrüche involviert und durchlebt selbst eine

Phase krisenhafter Erscheinungen, die auch nicht durch Workshops u. dgl. aus der Welt zu schaffen sind. Die euphorische Stimmung des Aufbruchs nach dem Kriege in Kirche und Gesellschaft ist einer tiefen Ernüchterung gewichen.

Es fragt sich, ob man damals, in der ersten Hälfte der sechziger Jahre, das heißt vor der großen Kulturrevolution, nicht von gesellschaftspolitischen Voraussetzungen ausgegangen ist, die so heute zumindest in den westlichen Ländern nicht mehr bestehen. Hat das Konzil vielleicht 30 Jahre zu früh stattgefunden? Unter dem Eindruck der gegenwärtigen gesellschaftlichen und kulturellen Entwicklung scheint es für die Kirche unausweichlich zu sein, ihr damaliges, im Grunde zu positives Bild von einem konstruktiven Miteinander und kooperativen Nebeneinander von Kirche und Gesellschaft einer Revision zu unterziehen.

Wenn die Kirche unter den veränderten Bedingungen wie bisher in den gesellschaftlichen und politischen Institutionen präsent sein will, ist sie gezwungen, sich fortlaufend auf Kompromisse einzulassen, wie etwa im Fall der Schwangerenkonfliktberatung. Das aber birgt in sich die Gefahr, daß die Kirche dabei ihr Gesicht verliert. Schon jetzt kann aus gutem Grund die Frage gestellt werden, wieweit die Kirche eigentlich noch in der Lage ist, das gesellschaftliche Leben in entscheidender Weise zu prägen. Ist es nicht so, daß umgekehrt die liberalen Denkmuster peu à peu Eingang in die Kirche finden und sich wie ein giftiger Mehltau auf das Glaubensleben und Glaubensverständnis legen? Die Kirche steht heute unausweichlich vor der Frage: Quo vadis? Wir müssen unser Verhältnis zur Welt, das heißt auch zum Staat und zur Gesellschaft, neu überdenken und nach neuen Wegen suchen, damit das Salz des Evangeliums nicht schal wird.

III. Teil

Umbruch und Aufbruch

I.

Frage nach der Kirchenzugehörigkeit. Die Gemeinde von morgen

1. Kirchenbesuch und Kirchlichkeit

Wie viele Divisionen hat der Papst? An dieser Frage, so könnte man sagen, scheiden sich die Geister. Denn die Antwort hängt entscheidend davon ab, ob man die Kirche als ein politisches Machtinstrument betrachtet, als eine rein soziologische Größe, als eine gesellschaftliche Institution wie viele andere, oder ob ich in ihr eine göttliche Stiftung, das heißt eine transzendente Größe, sehe, die grundsätzlich nicht mit den säkularen Kategorien unserer Welt gemessen werden kann. Die Jünger Jesu leben zwar in dieser Welt, sind aber nicht von der Welt (Joh 15,19; 17,14ff.).

Andererseits unterliegt die Kirche, insofern sie die Jüngerschaft und Gemeinde Jesu in der Welt ist, auch den soziologischen Gesetzmäßigkeiten dieser Welt. Und deshalb wird sich die Kirche auch gefallen lassen müssen, daß ihr Erfolg, was immer man darunter verstehen mag, an der Zahl ihrer Mitglieder gemessen wird. Und da sieht es zur Zeit nicht gut aus. Der fortschreitende Mitgliederschwund muß als Folge einer inneren Krise und schwindender Akzeptanz in der Gesellschaft gedeutet werden.

Rein numerisch betrachtet, nähert sich die Kirche dem gesellschaftlichen Aus, wenn der Rückgang der Kirchenbesucher nicht in absehbarer Zeit gestoppt wird. Doch gibt es gute Gründe, die augenblickliche Situation nicht ausschließlich negativ zu sehen. Der statistisch erfaßte Rückgang der Kirchenbesucher sagt nämlich noch nicht viel über die religiöse Einstellung der einzelnen Gläubigen aus. Er kann auch als Ausdruck eines sich wandelnden kirchlichen Bewußtseins und eines veränderten religiösen Verhaltens verstanden werden.

Im allgemeinen ist es üblich und von der Religionssoziologie so praktiziert, daß am Besuch der Gottesdienste und der kirchlichen Veranstaltungen gemessen wird, wie kirchlich jemand ist, das heißt, wie sein Verhältnis zu seiner Gemeinde und Kirche ist. Auf die gleiche Weise wird im allgemeinen festgestellt, wie groß die Zahl der aktiven Gemeindemitglieder ist, wieviel Prozent der Gläubigen (noch) aktiv am Gemeindeleben teilnehmen. So werden an zwei Sonntagen im Jahr in allen Kirchen die Gottesdienstbesucher gezählt und anhand der gewonnenen Daten die kirchliche Statistik für die Bundesrepublik erstellt. Das Ergebnis ist allgemein bekannt und nicht gerade begeisternd. Die Zahl der Gottesdienstbesucher geht weiter zurück; die Talsohle ist ganz offensichtlich noch nicht erreicht.

Nun muß man bekanntlich mit Statistiken behutsam umgehen, wenn man nicht zu mißlichen Fehleinschätzungen kommen will. Das gilt speziell auch für die Statistik der Gottesdienstbesucher. Auch da hat sich einiges geändert. Wir müssen davon ausgehen, daß der sonntägliche Gottesdienstbesuch nur noch bedingt als Maßstab für Gläubigkeit und Kirchlichkeit in Frage kommt. Bei vielen praktizierenden Katholiken hat sich in den letzten Jahren die Einstellung zur Sonntagspflicht geändert, salopp gesprochen, sie nehmen es nicht mehr so genau wie früher. Das hat verschiedene Gründe. Einer davon ist in der Tatsache zu sehen, daß auch von offizieller Seite nur noch sehr vorsichtig von der „Sonntagspflicht" gesprochen wird. Im Deutschen Einheitskatechismus hieß es noch: „Wer ohne wichtigen Grund der Sonntagsmesse fernbleibt, begeht eine schwere Sünde."[15] Im Katholischen Erwachsenen-Katechismus dagegen ist nur noch die Rede davon, daß die Gläubigen „verpflichtet" sind, am Sonntag die heilige Messe mitzufeiern.[16] Da ist von „Sünde" oder gar „schwerer Sünde" nicht mehr die Rede, was dem allgemeinen Empfinden der Gläubigen entgegenkommt. Von „schwerer Sünde" redet man nicht mehr, und wenn es doch so etwas geben sollte, dann nur in ganz bestimmten Fällen wie Mord,

[15] Katholischer Katechismus der Bistümer Deutschlands, Freiburg 1955, 210.

[16] Vgl. Katholischer Erwachsenen-Katechismus, 2. Band, Bonn 1995, 266.

Vergewaltigung etc. Warum also sollte man da jeden Sonntag in die Kirche gehen? Das geänderte Sündenbewußtsein kommt auch darin zum Ausdruck, daß selbst Gläubige, die nur selten an der Sonntagsmesse teilnehmen, ohne Bedenken die Kommunion empfangen, wenn sie von Zeit zu Zeit an der Messe teilnehmen.

Aus dem Gesagten ergibt sich, daß die Zahl der praktizierenden und gläubigen Katholiken höher ist als die etwa 20 Prozent, die im Durchschnitt bei der offiziellen Zählung der Kirchenbesucher ermittelt werden. Das ist durchaus auch etwas Erfreuliches. Wenn wir davon ausgehen, daß auch praktizierende Katholiken nur ein über den anderen Sonntag am Gottesdienst teilnehmen, kommen wir auf 30 bis 40 Prozent praktizierender Katholiken. Das würde dann bedeuten, daß wir kein homogenes Kirchenvolk mehr haben und daß wir differenzierende Pastoralkonzepte benötigen.

2. Volkskirche und Traditionschristentum

Häufig ist zu hören, daß das Ende der sogenannten Volkskirche gekommen sei, wobei die Volkskirche mit dem Traditionschristentum gleichgesetzt wird. Es wird unterstellt, daß in der Zeit der Volkskirche die große Zahl der Gläubigen nicht in erster Linie aus Überzeugung und persönlicher Entscheidung der Kirche angehörte, sondern aus Tradition, gesellschaftlicher Konvention und familiärer Bindung. Begrüßt wird deshalb der Wegfall der gesellschaftlichen Zwänge und Konventionen und damit das Zusammenschrumpfen der Gemeinden auf den Kern der sogenannten Überzeugungschristen.

Wie bereits früher gesagt,[17] waren es nicht überwiegend sogenannte Traditionschristen, die in den „guten alten Zeiten" die Kirchen gefüllt haben, sondern gläubige Menschen, die sich aus Überzeugung zum Glauben bekannt und ihren Glauben gelebt haben. Außerdem stimmt die Gleichsetzung von Volkskirche und Traditionschristen nur, wenn man „Volks-

---

[17] Vgl. hierzu auch I. Teil, I. Kap. S. 13f.

kirche“ von vornherein als etwas Negatives definiert. Das wäre aber eine sehr einseitige und historisch verengte Sicht der Dinge. Ohne daß wir uns hier auf eine genauere Analyse des Begriffes „Volk“ einlassen möchten, besagt „Volkskirche“ zunächst nichs anderes, als daß die Kirche im Volk verankert ist, also eine Kirche des Volkes ist. Das aber ist exakt das Ziel jeder an der Schrift ausgerichteten Pastoral. Die Kirche würde sich selbst aufgeben, wenn sie nicht mehr den Auftrag des Herrn ernst nehmen würde, allen Völkern das Evangelium zu bringen und sie durch die Taufe in das Volk Gottes einzugliedern (Mt 28,19). Nichts anderes ist gemeint, wenn heute von der Inkulturation des Evangeliums in den Ländern der Dritten Welt gesprochen wird. Wer auf die Inkulturation hinarbeitet, kann nicht grundsätzlich eine Volkskirche verdammen.

Es läßt sich nicht leugnen, daß die sogenannte Volkskirche auch negative Aspekte impliziert. Eine Verwurzelung des Evangeliums im Volk führt, wenn die Kirche zu einer gesellschaftlich bestimmenden Kraft wird, fast zwangsläufig zu einer weitgehenden „Christianisierung“ von Kultur, Sitte, Brauchtum und gesellschaftlichem Leben, eben zu einer Inkulturation, was dann wiederum eine Vermischung von Geistlichem und Weltlichem, von Religion und Politik, von Kirche und Staat zur Folge haben kann. Auf diesem Wege verbindet sich häufig mit der Volkskirche ein bestimmtes Traditionschristentum, das eher von gesellschaftlichen Konventionen als von christlicher Überzeugung lebt.

Die Konzilsväter haben aus gutem Grund das Bild vom Volk Gottes in den Mittelpunkt ihrer Aussagen über die Kirche gestellt. Und in der Tat, es ist wie kaum ein anderes geeignet, das Verhältnis der Kirche zur heutigen Welt zu beschreiben. Die Kirche als das pilgernde Gottesvolk geht gemeinsam mit der ganzen Menschheit den Weg durch die Zeit und teilt mit der Gesellschaft, in der sie lebt, das „gleiche irdische Geschick“.[18] Mit anderen Worten, die Kirche als das Volk Gottes ist noch auf dem Weg, hat ihr Ziel noch nicht erreicht. Da

---

[18] Pastoralkonstitution *Gaudium et spes*, 40.

gibt es Gläubige, die dem Ziel näher sind als andere, die mitten im Volk leben, während andere sich an den Rändern ansiedeln. Die einen haben eine sehr enge Bindung zum Volk Gottes und identifizieren sich weitgehend mit der Kirche und ihren Zielen, andere wieder nicht.
Der unterschiedliche Grad der Identifikation mit der Kirche ist ein Faktum, an dem niemand vorbeigehen kann, der nach Wegen aus der kirchlichen Krise sucht. Die randständigen, kirchenfernen Christen sind zweifelsohne eine Last, welche die Kirche auf ihrem Pilgerweg mitschleppen muß, ein Hemmschuh für jeden Erneuerungsprozeß. Die Versuchung liegt nahe, diese Last abzuwerfen und klare Grenzen zu markieren. Aber dann wäre es keine Kirche des Volkes mehr, sondern eine Kirche bestimmter religiöser Eliten. In jedem Volk aber gibt es Eliten und Mitläufer. Das ist auch im pilgernden Volk Gottes der Fall, solange es sein endgültiges Ziel noch nicht erreicht hat.
Wenn wir nun auf die eingangs gestellte Frage nach der Mitgliederzahl der Kirche zurückblicken, können wir eine differenzierte Antwort geben. 1. Die Zahl der aktiven Katholiken ist größer, als man im allgemeinen annimmt und die amtliche Statistik ausweist. 2. Das einzige Kriterium für die Bindung an die Kirche (Kirchlichkeit) kann nicht länger der sonntägliche Besuch des Gottesdienstes sein. 3. Die Identifikation mit der Kirche hängt nicht allein von der Erfüllung bestimmter kirchlicher Gebote und Vorschriften ab. 4. Es gibt zahlreiche Gläubige, die nicht regelmäßig am Gottesdienst und an kirchlichen Veranstaltungen teilnehmen, die sich dennoch grundsätzlich mit der Kirche identifizieren. 5. Die Zahl der sogenannten Auswahlchristen (Zulehner), die sich bei grundsätzlicher Bejahung der Kirche nur partiell mit der kirchlichen Lehre und der kirchlichen Moral identifizieren, nimmt zu. 6. Die sich daraus ergebenden Konsequenzen für eine pastorale Strategie können hier nicht besprochen werden. Eines dürfte jedoch unwahrscheinlich sein, daß nämlich eine Kirche der Zukunft ein monolithischer Block wie in der jüngeren Vergangenheit sein wird.

3. Religion und Postmoderne

Wenn wir über die „Kirche der Zukunft“ sprechen, dann müssen wir uns auch fragen: Hat denn die Kirche überhaupt eine Zukunft in unserer Gesellschaft? Es ist noch nicht lange her, da hat man der Kirche jedwede Zukunftsperspektive abgesprochen. Da war es bei den Religionssoziologen eine ausgemachte Sache, daß man in einer postmodernen Gesellschaft keine Religion brauche. Die Religion, so sagte man, wird absterben, weil die Menschen sie nicht mehr benötigen. Inzwischen sind sich die Religionssoziologen von Moskau bis Washington nicht mehr so sicher. Es hat sich mittlerweile herumgesprochen, daß auch die Menschen unserer aufgeklärten Zeit Fragen haben, die mit dem Sinn des Lebens, mit Krankheit, Leid und Tod zu tun haben, auf welche die Wissenschaft und Technik keine Antwort geben können. Außerdem braucht jede Gesellschaft eine gesellschaftliche Moral, sittliche Normen, Wertüberzeugungen. Diese können letztendlich nur aus Glaubensüberzeugungen kommen, so daß aus dieser Perspektive Religion und Kirche auch in der postmodernen, nachindustriellen Gesellschaft eine wichtige Funktion zu erfüllen haben. Es gibt also auch aus religionssoziologischer und gesellschaftspolitischer Sicht keinen Grund zur Resignation. Religion und Kirche werden auch in Zukunft einen festen Platz in unserer Gesellschaft haben. Wahrscheinlich wird sich ihr gesellschaftliches Erscheinungsbild erheblich verändern müssen, wenn sie dem säkularen Menschen von heute das Evangelium als eine Frohe Botschaft verkünden will, die von den heutigen Menschen verstanden und angenommen wird. Hier ist noch viel Vorarbeit zu leisten, um die richtige Sprache und die richtigen Botschaften herauszukristallisieren, ohne daß dabei das Salz schal wird. Nur ein unverkürztes Evangelium wird auf Dauer Menschen überzeugen und an sich ziehen.

4. Moralische Autorität der Kirche

Heute von der moralischen Autorität der Kirche zu sprechen mag auf den ersten Blick verwegen erscheinen. Das Gegenteil ist offensichtlich der Fall. Hat nicht die Kirche gerade auf diesem Gebiet in der letzten Zeit viel Kredit verloren? Ist nicht gerade die Moralverkündigung der Kirche ein Stein der Anstoßes in unserer Gesellschaft? Man denke nur an das ungebrochene Nein der Kirche zur heutigen Praxis der Empfängnisverhütung, zu den eheähnlichen Partnerschaften, zur Homosexualität etc. und letztens zur gesetzlichen Regelung der Schwangerenkonfliktberatung mit Ausstellung eines Beratungsscheins. Und ist es nicht so, daß selbst ein großer Teil der Katholiken sich stillschweigend über Teile der offiziell verkündeten kirchlichen Morallehre hinwegsetzt?

Es scheint dies übrigens eine Art und Weise zu sein, wie nicht wenige kirchentreue Katholiken sich mit kirchlichen Weisungen und Anordnungen, denen sie mit Unverständnis begegnen und die sie innerlich ablehnen, auseinandersetzen: Sie nehmen sie kopfschüttelnd zu Kenntnis und setzen sich für ihren privaten Bereich stillschweigend darüber hinweg, so etwa im Fall von *Humanae vitae*.[19]

Das ist jedoch noch nicht alles, was zu diesem Thema zu sagen ist. Die Medaille hat auch in diesem Fall zwei Seiten. Sicher ist, daß die kirchliche Moralverkündigung in einem hohen Maß der öffentlichen Kritik ausgesetzt ist. Andererseits beweist aber gerade dieses Faktum die Tatsache, daß die Kirche als moralische Autorität in unserer Gesellschaft noch nicht abgemeldet ist. Was sollte die Kirche angesichts der allgemein in den Medien und anderswo verkündeten und demonstrativ gelebten „modernen Moral“ mehr fürchten, daß ihre Morallehre öffentlich attackiert wird oder daß sie den Applaus der Medien und der breiten Öffentlichkeit genießt? Es dürfte doch wohl klar sein, daß eine kirchliche Moralverkündigung nach dem Geschmack der Zeit zwangsläufig in

[19] Paul VI., Enzyklika über die Geburtenregelung *Humanae vitae* (1968).

Konfrontation mit dem vom Neuen Testament verkündigten sittlichen Ethos treten müßte.
Nun hat der Ausstieg der Kirche aus der zur Zeit in der Bundesrepublik geltenden rechtlichen Regelung der Schwangerenkonfliktberatung ziemliche Aufregung in der Öffentlichkeit, besonders in den Medien, verursacht. Das müßte eigentlich stutzig machen. Woher auf einmal das große Interesse an einer Kirche, mit der man doch ansonsten nicht viel am Hute hat? Offensichtlich ist die moralische Autorität der Kirche weitaus größer, als man im allgemeinen zuzugeben bereit ist. Es bleibt ein dauernder Stachel im Fleisch unserer Gesellschaft, wenn die Kirche aus moralischen Gründen den bestehenden gesetzlichen Regelungen ihre Mitwirkung verweigert. Zur Beruhigung des gesellschaftlichen Gewissens wäre ein Plazet der Kirche sehr erwünscht. Die Kirche muß sich im klaren darüber sein, daß eine kirchliche Mitwirkung das öffentliche Gewissen, soweit es sich noch regt, endgültig beruhigen wird. Jede unbedachte Anpassung der kirchlichen Moralverkündigung an das nivellierte Niveau der säkularisierten Gesellschaft kann dem hohen moralischen Ansehen der Kirche langfristig nur abträglich sein.
Wie dieser Vorfall und ähnliche Ereignisse beweisen, ist die Kirche trotz der derzeitigen Krisenerscheinungen ein bedeutsamer Faktor des gesellschaftlichen Lebens. Die Kirche hat auch in der postindustriellen Gesellschaft eine Zukunft. Das hängt ganz wesentlich damit zusammen, daß jede Gesellschaft so etwas wie ein moralisches Gewissen, ethische Leitbilder und sittliche Überzeugungen braucht, die diese aber aus eigener Kompetenz nicht herstellen kann.[20] Nach allgemeiner Überzeugung der Menschen, nicht unbedingt der heutigen Soziologen, ist das Gewissen eine Instanz, die von Parteien, parlamentarischen Mehrheitsentscheidungen und gesellschaftlichen Machtfaktoren unabhängig sein muß. Moral ist etwas, das über Staat und Gesellschaft verortet ist. Eine solche Instanz findet sich aber nur im Bereich von Religion und Kirche. Kurz gesagt: ohne Gott keine wirkliche Moral.

[20] Vgl. hierzu II. Teil, IV. Kapitel, Abschn. 1, S. 77ff.

II.
Die Verantwortung der Laien

Unbestritten ist, daß nach den einschlägigen Dokumenten die Laien mitverantwortlich für die Sendung der Kirche sind. Das Zweite Vatikanische Konzil beschreibt die Laien als Gläubige, die durch die Taufe Christus einverleibt und zum Volk Gottes gemacht wurden, die teilhaben am priesterlichen, prophetischen und königlichen Amt Christi und die „zu ihrem Teil die Sendung des ganzen christlichen Volkes in der Kirche und in der Welt ausüben" (LG 31).[21] Das schließt auch das Recht und die Pflicht ein, öffentlich Stellung zu nehmen. „Entsprechend dem Wissen, der Zuständigkeit und hervorragenden Stellung, die sie (die Laien) einnehmen, haben sie die Möglichkeit, bisweilen auch die Pflicht, ihre Meinung in dem, was das Wohl der Kirche angeht, zu erklären" (LG 37). Die Bischöfe ihrerseits sollen die Verantwortung der Laien in der Kirche anerkennen und „gern deren klugen Rat benutzen". Wenn nicht alle Anzeichen trügen, werden sich die Bischöfe darauf einrichten müssen, daß sich in Zukunft auch Menschen, die man eher der schweigenden Mehrheit in der Kirche zuordnen würde, vermehrt zu Wort melden und von ihrer „Pflicht" zur Mitverantwortung Gebrauch machen werden.

1. Das Weltamt der Laien

Das Zweite Vatikanische Konzil hat sich in eindeutiger Weise über die Mitverantwortung der Laien geäußert und ihnen in besonderer Weise den „weltlichen Bereich" zugeordnet. Die Pastoralkonstitution *Gaudium et spes*[22] erklärt: „Die Laien sind eigentlich, wenn auch nicht ausschließlich, zuständig für die weltlichen Aufgaben und Tätigkeiten" (GS 43). Die Kirchenkonstitution *Lumen gentium* (Nr. 31) und das Apostoli-

---

21 Zweites Vatikanisches Konzil, Dogmatische Konstitution über die Kirche *Lumen gentium* (1964), 31.

22 Pastoralkonstitution *Gaudium et spes* (1965).

sche Schreiben *Christifideles laici* (Nr. 15)[23] sprechen in diesem Zusammenhang vom „Weltcharakter“ der Laien. Allerdings wird die Zuständigkeit der Laien im weltlichen Bereich insofern eingeschränkt, als die Bischöfe beziehungsweise das Lehramt zuständig bleibt für die Verkündigung der sittlichen Grundsätze. Das Zueinander und Miteinander von Hierarchie und Laien ist von verschiedenen postkonziliaren Dokumenten näher geklärt worden. So heißt es in den Enzykliken *Populorum progressio*[24] (Nr. 81) und *Octogesima adveniens*[25] (Nr. 48), daß es die Aufgabe der Hierarchie ist, die für den irdischen Bereich geltenden sittlichen Grundsätze zu verkünden und verbindlich zu interpretieren, und daß es die Aufgabe der Laien ist, in freier Initiative und ohne auf Weisung und Direktiven von anderer Seite zu warten, die irdischen Dinge in eine bessere Ordnung zu bringen. Die Instruktion *Consciencia libertatis*[26] stellt klar: „Es gehört nicht zur Aufgabe der Hirten der Kirche, bei der Errichtung einer politischen Ordnung und bei der Organisation des sozialen Lebens direkt einzugreifen. Diese Aufgabe erwächst aus der Berufung der Laien, die hierbei kraft eigener Initiative mit ihren Mitbürgern zusammenarbeiten“ (Nr. 80).
Die grundsätzliche Aufgabenteilung ist klar. Doch steckt auch hier, wie so oft, der Teufel im Detail. Für den praktischen gesellschaftlichen und politischen Alltag besteht in verschiedenen Bereichen noch ein erheblicher Klärungsbedarf. So stellt sich zum Beispiel hinsichtlich der Mitwirkung der Kirche bei der gesetzlichen Regelung der Schwangerenberatung die Frage, ob es nicht eigentlich in die Zuständigkeit der Laien fiele, nach einer konkreten Lösung der anstehenden Fragen zu suchen. Die Bischöfe haben keinen Zweifel daran gelassen, daß jede Abtreibung sittlich zu verurteilen

23 Johannes Paul II., Nachsynodales Apostolisches Schreiben über die Berufung und Sendung der Laien in Kirche und Welt *Christifideles laici* (1988).
24 Paul VI., Rundschreiben über die Entwicklung der Völker *Populorum progressio* (1967).
25 Paul VI., Apostolisches Schreiben *Octogesima adveniens* (1971).
26 Instruktion der Kongregation für die Glaubenslehre über die christliche Freiheit und die Befreiung *Conscientia libertatis* (1986).

ist. Das war ihre Aufgabe und Pflicht. Strittig ist die konkrete Ausgestaltung der entsprechenden Rechtsordnung in der Bundesrepublik. Hier wären eigentlich in erster Linie die Laien gefragt. Jedenfalls müßten sie entscheidend beteiligt sein, wenn man das „Weltamt" der Laien in der Kirche ernst nehmen wollte.
Problematisch ist die derzeitige Vorgehensweise der Bischöfe auch aus einem anderen Grunde. Die Sache verkompliziert sich nämlich noch einmal, wenn man bedenkt, daß das Zweite Vatikanische Konzil feierlich verkündet hat, daß es bei der Lösung von konkreten Situationen normalerweise unterschiedliche Möglichkeiten gibt und daß in einem solchen Fall niemand das Recht hat, die Autorität der Kirche ausschließlich für sich in Anspruch zu nehmen (GS 43). Das müßte, weil es sich ja nicht um die sittlichen Grundsätze handelt, auch für die Bischöfe gelten. Das würde für die Frage des „Beratungsscheins" bedeuten, daß Papst und Bischöfe, wie immer sie sich entscheiden, nicht sagen können, daß dies die Entscheidung der Kirche schlechthin ist. Mit anderen Worten, man kann legitimerweise auch anderer Meinung sein und die von den Bischöfen betriebene Lösung kritisieren.
So weit, so gut! Bei der Frage des Beratungsscheins handelt es sich zunächst um praktische Politik, für welche die Laien zuständig sind. Doch ist die Lehre der Kirche von der Unverfügbarkeit des menschlichen Lebens von Anfang an so sehr mitbetroffen, daß vernünftigerweise nicht bestritten werden kann, daß das Lehramt der Kirche hier sachlich involviert ist. Daß die rechte Lehre der Kirche tangiert wird, hat der Papst bereits in seinem Brief an die deutschen Bischöfe vom 11. Januar 1998 festgestellt, indem er schreibt, daß es sich um eine „pastorale Frage mit lehrmäßigen Implikationen" handelt. Dem Papst geht es um die Reinheit und Klarheit des christlichen Zeugnisses für die Unverletzlichkeit des Lebens. Und in diesem Fall können sich die Laien nicht mehr auf ihre Alleinzuständigkeit im Bereich der praktischen Politik berufen.
Wie sieht es aber aus, wenn sich die Bischöfe in Fragen, welche die praktische Politik betreffen, zwar nicht auf ihre Lehrautorität, sondern auf ihre Leitungsautorität berufen würden

und, gestützt auf ihr Hirten- und Leitungsamt in der Kirche, den Gehorsam der Gläubigen und damit die Zustimmung zu ihrer Entscheidung einfordern? Das Konzil und die nachfolgenden Dokumente haben diesen Fall nicht vorgesehen. Hier besteht noch ein erheblicher Klärungsbedarf. Wollten die Bischöfe ihre Leitungsgewalt auch auf den rein weltlichen Bereich in politischen, wirtschaftlichen und gesellschaftlichen Fragen ausdehnen, würden sie damit die Verantwortung der Laien für diesen Bereich praktisch aufheben. In diesem Fall wäre das, was die kirchlichen Dokumente bislang über den „Weltcharakter" der Laien gesagt haben, praktisch Makulatur.

2. Mit welcher Legitimation sprechen die Bischöfe in Wirtschaftsfragen?

Daß es sich hier nicht um eine rein theoretische Frage handelt, sieht man an der Vorgehensweise beim Gemeinsamen Wort der Kirchen zur wirtschaftlichen und sozialen Lage „Für eine Zukunft in Solidarität und Gerechtigkeit" vom Jahr 1997,[27] über das wir bereits eingehend gesprochen haben. Der weitaus größte Teil dieses Textes befaßt sich mit rein wirtschaftlichen Sachfragen, für welche die Bischöfe keine besondere Kompetenz haben und die zweifelsohne in die Zuständigkeit der Laien fallen. Trotzdem ist dieses Dokument unter dem Namen und der Autorität der Bischöfe veröffentlicht worden. Zwar ist der Veröffentlichung ein langer Konsultationsprozeß vorausgegangen, zwar haben an der Ausarbeitung des Textes fachlich kompetente Laien mitgewirkt. Der veröffentlichte Text stellt sich jedoch so dar, als stehe er unter der Autorität und Kompetenz der Bischöfe, auch was den rein ökonomischen Teil betrifft.

Nun kann man natürlich argumentieren, daß die Bischöfe hier stellvertretend für das gesamte Volk Gottes sprechen, weil sie die Kirche in ihrer Gesamtheit repräsentieren, nach dem Motto: Wo der Bischof, da ist die Kirche. Wenn es in

[27] Vgl. II. Teil, I. Kapitel, Abschn. 5, S. 59ff.

dieser ungeschützten Form geschieht, ist das jedoch nicht ungefährlich. Unbestritten ist, daß es nach Aussage des Konzils bei der Lösung von situationsbedingten Problemen immer mehrere Lösungen gibt. Und in der Tat hat es im Konsultationsprozeß auch sehr unterschiedliche Meinungen zu den Sachfragen gegeben, die aber im veröffentlichten Text unter den Tisch gefallen sind. Der endgültig publizierte Text wird als die Meinung der Kirche schlechthin dargestellt, obwohl man durchaus anderer Meinung sein kann und in vielen Einzelfragen auch ist. Offensichtlich ist den Bischöfen und ihren Beratern gar nicht bewußt gewesen, daß sie sich mit diesem Text aufs Glatteis begeben haben.

Wenn die Laien in ihrer Mitverantwortung ernst genommen werden sollen, wird man sich in Zukunft einer differenzierteren Sprache bedienen müssen. So ist es immer ärgerlich, wenn ein Bischof sich in der Öffentlichkeit zu irgendeiner Sache persönlich äußert und diese individuelle Stellungnahme als Position der Kirche dargestellt wird. Auch wenn der Vorsitzende der Deutschen Bischofskonferenz, Kardinal Karl Lehmann, in der Öffentlichkeit spricht, ist das noch nicht ohne weiteres die Meinung der gesamten Kirche. Das gilt vor allem dann, wenn es sich um Fragen der Tagespolitik und der konkreten Wirtschaft handelt. So ist etwa eine Stellungnahme von Bischof Lehmann und Kardinal Wetter zum Nato-Einsatz im Kosovo in der Presse als Auffassung der Kirche schlechthin wiedergegeben worden.[28] Nun kann man natürlich auch als gläubiger und praktizierender Katholik ganz anderer Meinung sein. Von der Aussage zweier Bischöfe pauschal auf die Einstellung der gesamten katholischen Kirche zu schließen, ist nicht statthaft, weil die Bischöfe, selbst wenn sie die Meinung der Deutschen Bischofskonferenz wiedergeben würden, nicht das Recht haben, ihre eigene Auffassung in Fragen der Politik mit der Meinung der Laien gleichzusetzen. Hier müßte in Zukunft sorgfältiger differenziert werden. Andernfalls wird der Protest derer, die legitimerweise anderer Meinung sind, geradezu herausgefordert.

---

[28] Frankfurter Rundschau vom 29. 3. 1999.

Bisweilen ist das Sozialwort der Kirchen als „Sachverständigengutachten“ bezeichnet worden, was zu der Frage herausfordert, wer denn eigentlich für dieses Dokument verantwortlich zeichnet. Sind es die Bischöfe und Präsides der beiden Kirchen, sind es die Kirchen und das Kirchenvolk, oder wer sind die Verantwortlichen? Laut Text handelt es sich um ein Wort des Rates der Evangelischen Kirche und der Deutschen Bischofskonferenz, mit anderen Worten, die verantwortlich Zeichnenden sind die Bischöfe. Nun wird man aber mit Fug und Recht fragen dürfen, woher die Bischöfe die Kompetenz nehmen, sich zu komplizierten wirtschaftlichen Sachfragen en détail zu äußern. Bekanntlich ist unter den residierenden deutschen Bischöfen kein einziger, der als wirtschaftswissenschaftlicher Fachmann, wie seinerzeit Kardinal Höffner, ausgewiesen wäre. Das Bischofsamt als solches verleiht, wie die Enzyklika *Quadragesimo anno* bereits im Jahr 1931 klipp und klar dokumentiert hat, den Bischöfen ausschließlich Kompetenz und Autorität in Fragen des Sittengesetzes und des Glaubens, keinesfalls in den komplexen wirtschaftlichen Fachfragen. Woher nehmen die Bischöfe, so ist zu fragen, das Recht und die Kompetenz, sich, wie geschehen, in die konkrete Wirtschaftspolitik einzumischen? Interessant ist, daß die Bischöfe es nicht einmal für notwendig gehalten haben, auf diesen möglichen Einwand in irgendeiner Weise einzugehen.
Nun könnte man natürlich den Standpunkt vertreten, daß hier die Bischöfe im Namen der Kirche und des Kirchenvolkes sprechen und nicht als Repräsentanten des kirchlichen Lehramtes. Niemand wird den Bischöfen das Recht absprechen können, die Meinung ihrer Gläubigen zur gegenwärtigen Wirtschafts- und Sozialpolitik in die öffentliche Diskussion einzubringen. Dabei könnte man sich auf den Konsultationsprozeß berufen, welcher dem Kirchenwort vorausgegangen ist. Wenn man die Dinge so sieht, dann stellt sich jedoch die Frage, ob denn die im Sozialwort vertretenen wirtschaftlichen Positionen durch die Auffassung der Gläubigen gedeckt sind. Ganz abgesehen davon, daß das Wort der Kirchen keine Zusammenfassung des Konsultationsprozesses

sein will, gibt es auch nicht die Vielfalt der in den Diskussionen vertretenen Meinungen wieder. Bei einer Befragung der Gläubigen würde sich sehr bald herausstellen, daß einzelne Positionen des Kirchenwortes auch unter den Gläubigen heftig umstritten sind, so zum Beispiel die Aussage: „Die Sozialpartnerschaft funktioniert, es herrscht sozialer Friede." Oder der Satz: „Der Lohnabstand zwischen Sozialhilfe und unteren Lohngruppen ist gegenwärtig gewahrt." In wessen Namen und mit welcher Kompetenz sprechen also die Bischöfe? Diese Frage bleibt ungeklärt.

Damit hängt die nicht unwichtige Frage zusammen: Welchen Verpflichtungsgrad besitzt das Schreiben für die Gläubigen? Man mag diese Frage als unwichtig oder unangebracht bezeichnen, vielleicht als professorale Attitüde abtun. Davor muß gewarnt werden. Denn es steht bei der Sache einiges auf dem Spiel. Wir leiden bekanntlich seit langem in der Kirche unter einer nicht unerheblichen Diskrepanz zwischen der von den Bischöfen und der Kirche offiziell verkündeten Lehre und dem tatsächlichen Verhalten der Gläubigen. Das betrifft nicht nur, aber vor allem die Morallehre der Kirche und das sittliche Verhalten der Gläubigen. Hier geht es nicht nur um die Autorität der Bischöfe, sondern auch um die Glaubwürdigkeit der Kirche.

Was ist ein Wort der Kirche beziehungsweise der Bischöfe wert, wenn sich nicht einmal die eigenen Gläubigen nach ihm richten? Man tut der Autorität der Kirche keinen guten Dienst, wenn sich die Bischöfe von höchster Warte, nämlich in einem „Wort der Kirchen", zu Fragen äußern, für die sie keine eigene Kompetenz besitzen. Hier müßte von Fall zu Fall genau geklärt werden, mit welcher Autorität sie sprechen und wie sie ihr Wort legitimieren. Zweierlei dürfte klar sein. Die Bischöfe der katholischen Kirche – nur von diesen ist hier die Rede – können sich, wenn sie kraft ihres oberhirtlichen Lehramtes sprechen, nur zu Fragen des Glaubens und des Sittengesetzes äußern; wirtschaftliche Kompetenz haben sie aufgrund ihres Bischofsamtes nicht. Sprechen sie jedoch über wirtschaftliche Fragen im Namen der Kirche, das heißt der Gläubigen, dann müssen sie auch

die Vielfalt der in der Kirche vertretenen Meinungen wiedergeben.
Das Sozialwort der Kirchen ist kein Lehrschreiben, das wie die Sozialenzykliken die Lehre der Kirche über bestimmte Bereiche des gesellschaftlichen Lebens darlegen will. Es will dezidiert zur gegenwärtigen wirtschaftlichen und sozialen Lage Stellung nehmen, greift also direkt in die konkrete Wirtschaftspolitik ein. Wenn man also den mit dem Sozialwort betretenen Weg weitergehen will, wird man sich für die Zukunft über Form und Legitimation eines solchen Wortes verständigen müssen. Andernfalls besteht die Gefahr, daß der politische Streit in die Kirche und die Gemeinden hineingetragen wird. Was aber noch mehr wiegt, es wird sonst die Autorität der Bischöfe unnötig in Frage gestellt. Das Konzil hat in der Pastoralkonstitution (Nr. 43) deutlich gemacht, daß es in der konkreten Situation auch unter Christen verschiedene Lösungsmöglichkeiten geben kann und daß in solchen Fällen niemand das Recht hat, die Autorität der Kirche allein für seine Meinung in Anspruch zu nehmen. Ein Grund mehr, zu fragen: Welche Autorität und Legitimation nimmt das Sozialwort der Kirchen für sich in Anspruch?

III.
Die öffentliche Meinung in der Kirche

1. Diskrepanz zwischen Bischöfen und Kirchenvolk?

Im Kontext der gegenwärtigen Diskussion um die Mitwirkung der Kirche bei der gesetzlich geregelten Schwangerschaftskonfliktberatung ist eine neue Variante des nicht immer konfliktfreien Verhältnisses zwischen den Bischöfen und dem Kirchenvolk zutage getreten. Ein Phänomen, das einer gewissen Pikanterie nicht entbehrt. Man ist es gewohnt, daß die Bischöfe aus dem „linken Lager" unermüdlich attackiert werden, weil sie nach Meinung von Medienleuten und bestimmten kirchlichen Kreisen zu konservativ am Althergebrachten festhalten, sich einer notwendigen Reform „starrhalsig" verschließen und die Veränderungen im heutigen gesellschaftlichen Leben ignorieren. Neu ist, daß nun die Bischöfe von einer eher als konservativ zu charakterisierenden Seite kritisiert wurden, weil sie nach deren Meinung in ihrem Bemühen, sich auf die Gegebenheiten der heutigen Gesellschaft einzulassen, zu weit gegangen sind. Den Bischöfen wurde vorgehalten, daß sie in der Frage des Beratungsscheins sich auf Kompromisse mit dem staatlichen Gesetz eingelassen haben, die mit dem Auftrag der Kirche nicht mehr vereinbar sind. Und diese Kritik an den Bischöfen kommt von kirchlichen Gruppen, welche im allgemeinen die Position der Bischöfe zu verteidigen pflegen. Man könnte, so man will, von einer „Frontverschiebung" sprechen oder vielleicht besser von einem „Zweifrontenkrieg", in den die kirchliche Hierarchie zu geraten droht. Jedenfalls deutet sich hier eine Entwicklung an, die nicht unwichtig für das gegenwärtige Erscheinungsbild der Kirche ist.

2. Kirchenkritik von links und von rechts

Diskrepanzen zwischen den Bischöfen und dem sogenannten Kirchenvolk, das kennt man seit längerem. Da läßt sich eine lange Liste von Themen aufführen, die zwischen der Kirchenführung und Teilen des Kirchenvolkes zur Zeit strittig sind: Pflichtzölibat der Priester, Frauenordination, Zulassung wiederverheirateter Geschiedener zur Kommunion, Interkommunion zwischen Katholiken und Protestanten, Homosexualität, eheähnliche Lebensgemeinschaften, Stellung des Papstes und vieles mehr. Die Zahl sich avantgardistisch verstehender Gruppen ist beträchtlich. Gemeinsam ist ihnen die Überzeugung, daß die gegenwärtige kirchliche Hierarchie reformunwillig beziehungsweise reformunfähig ist.

Das Wort vom „vorauseilenden Gehorsam" oder vom „konstruktiven Ungehorsam" geht um. Damit soll zum Ausdruck gebracht werden, daß man nicht mehr unbedingt und in allen Punkten bereit ist, den kirchlichen Hirten zu folgen. Durch konstruktiven Ungehorsam möchte man nach Art einer Pressure-group Änderungen der bisherigen Lehrauffassung, Moralverkündigung und der kirchlichen Praxis vorantreiben beziehungsweise erzwingen. Man versteht sich als „Kirche von unten", Kirche des Volkes oder Basiskirche, wodurch der Anspruch erhoben wird, die eigentliche oder wahre Kirche zu sein, im Gegensatz zu der auf das Amt fixierten Papst- oder Bischofskirche.

Lange Zeit schien es, als hätten die mehr links orientierten Protestgruppen das Gesetz des Handelns in der Kirche an sich gerissen. Die Bischöfe wirkten blaß und eher unentschlossen in ihren Reaktionen. In ihrem Bemühen, offene Konflikte möglichst zu vermeiden, sind sie den innerkirchlichen Protestlern bis an die Grenze des Möglichen entgegengekommen. Dadurch haben sie bei vielen den Eindruck von Schwäche und Konzeptlosigkeit hinterlassen. Zwar ist schon früh ein Gegengewicht in Gestalt der neuen geistlichen Bewegungen entstanden, auf die seither die offizielle Kirche in Rom und in den einzelnen bischöflichen Ämtern große, wenn nicht alle Hoffnung setzt. Sehr zu begrüßen ist die Tatsache, daß sich in diesen neuen Gemeinschaften hochmotivierte junge und auch ältere Menschen zusammenfinden, um gemeinsam den Glauben zu erfahren und Christus in seiner Kirche zu begegnen.

Besonders erfreulich an diesen Gruppen ist die bewußte Hinwendung zum geistlichen Leben und zur sakramentalen Frömmigkeit. Trotzdem kann doch nicht übersehen werden, daß viele dieser neuen Gruppen die Tendenz haben, sich abzusondern, zu privatisieren, Sonderkirchen zu bilden. Auch in dieser Tendenz kann sich unter Umständen ein Unbehagen am gegenwärtigen Erscheinungsbild der Kirche artikulieren. Weil man sich in der Kirche, so wie sie sich zur Zeit darstellt, oder weil man sich in der Gemeinde, zu der man gehört, nicht mehr wohl fühlt, sucht man in den entsprechenden geistlichen Gemeinschaften ein neues religiöses Zuhause. Auffällig ist darüber hinaus das allgemeine Desinteresse am politischen und sozialen Auftrag der Kirche, sofern er über den üblichen Rahmen des Caritativ-Sozialen hinausgeht. Den Vorwurf, daß sie zu horizontal orientiert seien, kann man ihnen jedenfalls nicht machen. Nach der oftmals einseitigen politisch-sozialen Orientierung der siebziger und achtziger Jahre scheint nun das Pendel in die andere Richtung umgeschlagen zu sein.

3. Laien erinnern die Bischöfe an ihre Pflicht

Neben diesen beiden Strömungen, den kirchenkritischen Protestgruppen und den neuen geistlichen Bewegungen, scheint sich seit einiger Zeit eine ganz neue Gruppierung in der Kirche zu Wort melden zu wollen. Es sind Menschen, einzelne Gläubige oder nur locker organisierte Gruppen, die sich Sorge machen über den derzeitigen Zustand der Kirche. Sie wenden sich gegen die Art und Weise, wie Papst und Kirche in der Öffentlichkeit diskreditiert und attackiert werden, etwa nach dem Motto: Von Rom kann nichts Gutes kommen. Man ist alarmiert und tief besorgt über den fortschreitenden Schwund kirchlichen Lebens und die permanente Verwässerung der christlichen Moral. Grund der Besorgnis ist vor allem die offene oder latente Infragestellung, wenn nicht gar Leugnung zentraler Inhalte christlichen Glaubens, zum Beispiel: Auferstehungsdogma, Jungfrauengeburt, Gottheit Jesu, Identität des historischen Jesus von Nazareth und des Christus des Glaubens, Wunderberichte im Neuen Testament und vieles andere mehr. Generell läßt sich beobachten, daß die Zahl derjenigen zunimmt, die meinen, sich gegen eine Verfälschung des Zweiten Vatikanischen Konzils und ein falsches Aggiornamento zur Wehr setzen zu müssen.

Doch bleibt es nicht bei einem allgemeinen Protest gegen Glaubensschwund und gegen Verfälschung der kirchlichen Glaubenslehre und Moral. Von dieser Seite erwächst den Bischöfen eine ganz neue Form der öffentlichen Kritik und des Protestes. Aus dem Bewußtsein heraus, mitverantwortliche Kirche zu sein, nehmen Laien und Priester das Recht, wenn es denn nötig ist, die Bischöfe an ihre Pflicht zu erinnen, den Glauben unverfälscht zu wahren und gegen falsche Interpretationen zu schützen. Sie mahnen ihre Oberhirten, keine falschen Kompromisse wie im Fall der Schwangerenkonfliktberatung einzugehen und eindeutiger gegen die „falschen Propheten“ auf den Kanzeln und Lehrstühlen der

Universitäten vorzugehen. Das Neue und Pikante an der Situation ist, daß als kirchen- und papsttreu bekannte Gruppen sich zu Wort melden und ihre Unzufriedenheit mit dem Handeln und Taktieren der Bischöfe öffentlich artikulieren. Sie wollen nicht eine Änderung der bisherigen kirchlichen Lehre und Praxis erstreiten, sondern fordern die Treue der Kirche zur überlieferten Lehre ein. Und dabei haben sie im Fall der Schwangerenkonfliktberatung sogar den Papst auf ihrer Seite. Unbestritten ist, daß nach den einschlägigen Dokumenten die Laien mitverantwortlich für die Sendung der Kirche sind. Das Zweite Vatikanische Konzil beschreibt die Laien als Gläubige, die durch die Taufe Christus einverleibt und zum Volk Gottes gemacht wurden, die teilhaben am priesterlichen, prophetischen und königlichen Amt Christi und die „zu ihrem Teil die Sendung des ganzen christlichen Volkes in der Kirche und in der Welt ausüben" (*Lumen gentium* 31). Das schließt auch das Recht und die Pflicht ein, öffentlich Stellung zu nehmen. „Entsprechend dem Wissen, der Zuständigkeit und hervorragenden Stellung, die sie (die Laien) einnehmen, haben sie die Möglichkeit, bisweilen auch die Pflicht, ihre Meinung in dem, was das Wohl der Kirche angeht, zu erklären" (LG 37). Die Bischöfe ihrerseits sollen die Verantwortung der Laien in der Kirche anerkennen und „gern deren klugen Rat benutzen". Wenn nicht alle Anzeichen trügen, werden sich die Bischöfe darauf einrichten müssen, daß sich in Zukunft auch Menschen, die man eher der schweigenden Mehrheit in der Kirche zuordnen würde, vermehrt zu Wort melden und von ihrer „Pflicht" zur Mitverantwortung Gebrauch machen werden.

4. Gibt es eine öffentliche Meinung in der Kirche?

Die Frage ist berechtigt: Gibt es eine öffentliche Meinung in der Kirche? Es dürfte nicht leicht sein, eindeutig mit Ja oder Nein zu antworten. Die einen (vor allem die Hierarchie) werden wahrscheinlich entrüstet reagieren und auf die vielen Institutionen der kirchlichen Mitverantwortung verweisen, in denen offen und frei über alle Probleme und Fragen in der

Kirche diskutiert werden kann, wie zum Beispiel die Priesterräte, Diözesanpastoralräte, Pfarrgemeinderäte, nicht zu vergessen die Gemeinsame Synode der Bistümer Deutschlands (1971-1975) sowie die Diözesanforen, die in verschiedenen Diözesen abgehalten worden sind.

Gelobt wird das offene Gesprächsklima: Man kann sogar den Erzbischof bitten, das Thema Frauenpriestertum und „den Wunsch auf Änderung der Zulassungsvoraussetzungen zum Sakrament des Ordo mit dem Ziel der Wahlfreiheit zwischen Ehe und Ehelosigkeit für die Weihekandidaten im Bereich der Deutschen Bischofskonferenz den zuständigen Stellen in Rom zur Kenntnis zu bringen und sich dort für entsprechende Änderungen einzusetzen“ (Berlin).

Doch gibt es auch eine andere Sicht der Dinge in der Kirche Jesu Christi. Da kann man zwar ebensowenig leugnen, daß es so etwas wie eine öffentliche Meinung gibt, schließlich wird seit den neutestamentlichen Zeiten aufs heftigste öffentlich diskutiert und gestritten. Das kann niemand in Abrede stellen. Doch gibt es auch Anlässe und Erfahrungen, die das an und für sich positive Bild trüben können. Zunächst sollte man nicht vergessen, daß eine offizielle Mitwirkung der Laien erst seit den Tagen des Zweiten Vatikanischen Konzils vorgesehen ist. Die entsprechenden Institutionen sind alle neueren Datums und haben bis auf den heutigen Tag ein gewisses Handicap: Es sind reine Beratungsgremien. Der Pfarrer beziehungsweise der Bischof hat immer das letzte Wort. Das hat natürlich gute dogmatische und kirchenrechtliche Gründe, die aber heutigen Menschen mit ihrer demokratischen Sozialisation nur schwer zu vermitteln sind. Schließlich lernen die heutigen Menschen schon im Kindergarten die demokratischen Spielregeln. Viele Zeitgenossen empfinden die kirchliche Variante der öffentlichen Meinung als einen Schlag ins Gesicht. Hinzu kommen die negativen Erfahrungen mit kooperationsunwilligen Priestern, die nicht selten Ursache dafür sind, daß manche gutwillige Laien die Flinte ins Korn werfen. Es scheint sich hier offensichtlich um ein systemimmanentes Problem zu handeln. Denn selbst die nachkonziliaren Bischofssynoden in Rom sind reine Beratungsgremien.

Der Papst allein entscheidet, was er mit den Synodenbeschlüssen macht. Kein Wunder, daß selbst engagierte Katholiken nicht viel von der öffentlichen Meinung in der Kirche halten, wenn der Papst jederzeit eine öffentliche Diskussion für beendet erklären kann, wie das im Fall der Priesterweihe von Frauen geschehen ist.
Nun hat die Deutsche Bischofskonferenz in einer Reflexion über die Pastoralkonstitution *Gaudium et spes* wichtige Ergebnisse des Konzils zusammengefaßt und veröffentlicht.[29] Dort wird festgestellt, daß das Konzil die Laien in besonderer Weise zur Mündigkeit aufgerufen hat und daß zwischen dieser und der hierarchischen Struktur der Kirche kein Widerspruch besteht, wenn die kirchliche Autorität bewußt als „brüderlicher Dienst" ausgeübt wird. In gleichem Zusammenhang wird von den Bischöfen bestätigt, daß es „auch in der Kirche eine öffentliche Meinung" gibt.
Die Bischöfe müssen allerdings zugestehen, daß es in diesem Bereich leicht zu Spannungen mit der Autorität und ihren Trägern kommt. Sie gestehen ein, „daß das rechte Zueinander von Autorität, öffentlicher Meinung und Kritik in der Kirche zur Zeit mehr gesucht wird, als daß es bereits erreicht wäre".[30] Man kann den Bischöfen nur zustimmen, wenn sie konstatieren, daß das brüderliche Miteinander heute auch deshalb so schwierig ist, weil „noch eine geschichtliche Periode nachwirkt, in der man durch Jahrhunderte sehr oft außerhalb und innerhalb der Kirche die Autorität paternalistisch überbetonte oder ihre Träger für allzuständig erachtete". Dem ist eigentlich nichts hinzuzufügen, insbesondere wenn man an das Allzuständigkeitsgehabe mancher Priester denkt.

---

[29] Schreiben der Deutschen Bischofskonferenz über Die Kirche in der pluralistischen Gesellschaft und im demokratischen Staat der Gegenwart, Trier 1969.
[30] Ebd., 5.

5. Hierarchie – Pluralismus – öffentliche Meinung

Die hierarchische Struktur der Kirche war so lange kein Problem, wie sie ihr Pendant in der ebenfalls hierarchisch strukturierten Gesellschaft fand. Mit wenigen Ausnahmen waren frühere Staaten und Gesellschaften hierarchisch strukturiert und hatten in der Regel eine autokratisch-monarchische Führung. Die oberste Autorität – der Monarch, Pharao, Tenno, Inka – war von einem göttlichen Nimbus umgeben, legitimierte sich aufgrund von Abstammung oder Inthronisation durch die Götter und stand grundsätzlich über dem Gesetz. Das Volk war der Obrigkeit mit Leib und Leben unterworfen, sein Status war der des Untertanen, seine oberste Pflicht der Gehorsam. Kein Wunder, daß in diesem politischen und gesellschaftlichen Kontext die hierarchische Verfassung der Kirche von den Gläubigen ohne nennenswerte Schwierigkeiten akzeptiert worden ist.

Durch Aufklärung und Französische Revolution haben sich, wie allseits bekannt, die gesellschaftlichen Verhältnisse von Grund auf geändert. Um es kurz zu sagen, an die Stelle der absoluten Souveränität der Staatsmacht sind die individuelle Selbstbestimmung, die politische Mitbestimmung und die allgemeinen Menschenrechte getreten. Aus der souveränen Herrschaft über das Volk ist eine vom Volk gewählte, kontrollierte und absetzbare Staatsführung geworden, aus dem Untertan ist ein freier Bürger geworden, an die Stelle von Unterordnung und Gehorsam sind die Ideale von Freiheit und Gleichheit getreten.

Seit der Aufklärung und der Französischen Revolution hat das Ideal der Freiheit und der Demokratie einen unaufhaltsamen Siegeszug durch die ganze Welt angetreten und die gesellschaftlichen Strukturen fundamental verändert. Das Leben der Menschen mitsamt den Lebensverhältnissen ist durch und durch demokratisch geworden, während sich prinzipiell in der Kirche und ihren hierarchischen Strukturen nichts geändert hat. Es ist durchaus verständlich, daß sich die Kirche lange Zeit den besagten gesellschaftlichen Veränderungen gegenüber sehr reserviert, ja abweisend verhalten hat. Nicht nur, weil die damalige liberal-aufklärerische Ideologie in vielen Punkten mit dem kirchlichen Glauben unvereinbar war, sondern ganz besonders auch, weil sie erklärtermaßen bestimmten christlichen Glaubenswahrheiten und der kirchlichen Institution den Kampf angesagt hatte.

Die Auseinandersetzung mit der Aufklärung hat innerhalb und außerhalb der Kirche tiefe Wunden geschlagen, die nur allmählich verheilt sind. Inzwischen ist über vieles Gras gewachsen. Zurückgeblieben ist allerdings in vielen Dingen eine krasse Disparität zwischen der kirchlichen und der politischen Welt. Der Christ muß heute buchstäblich als Bürger zweier Welten leben. An die Stelle der mittelalterlichen weitgehenden Einheit von Kirche und Gesellschaft tritt heute mehr und mehr eine schmerzliche Dissonanz zwischen beiden zutage. Die politisch gewollte Trennung zwischen Kirche und Staat droht peu à peu zu einem verständnislosen und beziehungslosen Nebeneinander von Kirche und Gesellschaft zu werden.

Die Kirche war sich dieser Tatsache sehr wohl bewußt und hat im Zweiten Vatikanischen Konzil den großangelegten Versuch unternommen, die Disparität zwischen Kirche und Welt zu korrigieren und das kirchliche Leben an die veränderten gesellschaftlichen Verhältnisse anzupassen. Seither spricht man in offiziellen Dokumenten und kirchlichen Verlautbarungen viel vom „pilgernden Gottesvolk“, von der „Teilnahme aller an der Verantwortung“, vom „Weltauftrag des Laien“, vom „mündigen Christen“. Und doch bleibt bei allem guten Willen, der sich in solchen Bemühungen zeigt, ein ungutes Gefühl zurück. Die Probleme sind für den heutigen Menschen letztendlich nicht gelöst, höchstens gemildert. Die Mitverantwortung der Laien ist von der Kirche anerkannt und auch mehr und mehr gewünscht. Ja, es gibt in der Kirche legitimerweise einen theologischen Pluralismus und eine öffentliche Meinung. Der prinzipielle Konflikt zwischen hierarchischer Struktur, theologischem Pluralismus und öffentlicher Meinung ist nicht behoben, obwohl das Konzil versucht hat, den Konflikt zu entschärfen, indem es die kirchliche Autorität als „brüderlichen Dienst“ verstanden wissen wollte.

Das muß zwangsläufig als eine gut gemeinte Absichtserklärung erscheinen, da es keine Instanz außer Gott gibt, vor der dieser „Dienst“ wirksam eingeklagt werden und die ein Zuwiderhandeln korrigieren könnte. Am Ende bleibt es doch dabei: „Wo der Bischof, da ist die Kirche.“ Der Bischof ist der Stellvertreter Christi; die Gläubigen sind dem Bischof zum Gehorsam verpflichtet.

6. Versöhnung innerhalb der Kirche (Paul VI.)

Johannes Paul II. hat die Christenheit aufgerufen,[31] die Jahrtausendwende als Herausforderung und als Chance zu betrachten, ein gemeinsames Zeugnis der Christen für das unablässige Wirken und die lebendige Gegenwart Gottes in der Geschichte abzulegen. Er hat die Gläubigen eingeladen, das Jahr 2000 nach alter biblischer Tradition als Heiliges Jahr zu feiern. Für die Kirche soll das Jubeljahr ein „Gnadenjahr des Herrn“ (Jes 61,2) sein, ein Jahr der Sündenvergebung, der Umkehr, der Erneuerung und der Versöhnung. Zu den dringendsten Anliegen an der Jahrtausendwende zählt der Papst die Einheit zwischen allen Christen der verschiedenen Konfessionen. Die Spaltungen unter den Christen sind ein entscheidendes Hindernis für das christliche Zeugnis in der Welt.

Das gilt natürlich auch und ganz besonders für die Spaltungen und Spannungen im Innern der katholischen Kirche selbst. Wie kann die Kirche ihrer Mission, die Menschen mit Gott und untereinander zu versöhnen (2 Kor 5,18), gerecht werden, wenn sie selbst nicht eine versöhnte Gemeinschaft ist und die Gläubigen miteinander in Unfrieden leben? Diese Frage ist in sehr eindringlicher Weise von Papst Paul VI. zum Beginn des Heiligen Jahres 1975 in seinem Apostolischen Schreiben über die Versöhnung in der Kirche[32] gestellt worden. Der Papst bezeichnet in diesem Schreiben die Versöh-

[31] Johannes Paul II., Apostolisches Schreiben zur Vorbereitung auf das Jubeljahr 2000 *Tertio millennio adveniente* vom 10. November 1994.

[32] Paul VI., Apostolisches Schreiben über die Versöhnung innerhalb der Kirche vom 8. Dezember 1974.

nung der Menschen mit Gott und untereinander als das Hauptziel für die Feier des Heiligen Jahres 1975, wobei der Schwerpunkt auf der Versöhnung innerhalb der Kirche liegt.
Was Paul VI. zehn Jahre nach dem Zweiten Vatikanischen Konzil über bestimmte innerkirchliche Entwicklungen seiner Zeit, über den Pluralismus in der Kirche, die Loyalität gegenüber Papst und Bischöfen sowie über den Versöhnungsauftrag der Kirche gesagt hat, hat in der Zwischenzeit nichts an Aktualität verloren. Im Gegenteil, die Bedeutung seiner nahezu prophetischen Worte hat angesichts bestimmter Erscheinungen in der Kirche von heute eher zugenommen.
Der Papst geht von der Versöhnungs- und Friedensmission aus. Die Kirche ist nach seinen Worten eine „ausgesöhnte Welt" und von ihrem Ursprung her eine „versöhnende Wirklichkeit". Denn Christus hat uns durch sein Kreuz mit Gott versöhnt und die getrennte Menschheit zu einem einzigen Leib zusammengefügt (Eph 2,16). Er hat seiner Kirche, den Aposteln und den Hirten das „Amt der Versöhnung" (2 Kor 5,18) aufgetragen. Um ihrer Glaubwürdigkeit willen, schreibt Paul VI., muß die Kirche Einheit sowie Übereinstimmung in Lehre, Leben und Kult vor aller Welt überzeugend verwirklichen. Wer folglich gegen die Einheit der Kirche agiert, stellt damit das Wesen der Kirche, so wie sie Christus gegründet hat, in Frage.
Der Papst spricht ganz konkret über tiefgehende innerkirchliche Konflikte, die, wie er meint, eine ernsthafte Gefahr für den internen Frieden und die Einheit der Kirche bedeuten. Was und wer gemeint ist, geht aus folgenden Worten hervor: „Weil sie in der Kirche keine einheitliche Wirklichkeit anerkennen ..., widersetzen sie sich der Hierarchie, gleichsam als ob jeder Akt solchen Widerspruchs ein grundlegendes Element der Wahrheit sei, das uns die Kirche, so wie Christus sie gegründet hat, wiederentdecken läßt. Sie stellen die Pflicht des Gehorsams gegenüber der Autorität, die der Erlöser gewollt hat, in Frage. Sie klagen die Hirten der Kirche an ..., weil sie nach ihrer Meinung die Hüter des Systems oder kirchlichen Apparates sind, der mit der Einrichtung Christi im Widerspruch steht. Auf diese Weise bringen sie Verwir-

rung in die gesamte Gemeinschaft und führen die Ergebnisse dialektischer Theorien ein, die dem Geiste Christi fremd sind. Beim Gebrauch der Worte des Evangeliums verdrehen sie deren Bedeutung."[33]

In diesem Zusammenhang geht der Papst auch auf das bereits angesprochene Thema des Pluralismus in der Kirche ein, auf den sich nach seiner Meinung viele zu Unrecht berufen. Er erkennt ausdrücklich an, daß es legitimerweise in der Kirche einen Pluralismus der Forschung und der Darstellung der Glaubensdogmen gibt. Daran läßt er keinen Zweifel. Er sieht in einem recht verstandenen Pluralismus eine Bereicherung der christlichen Spiritualität, der Liturgie und des christlichen Lebens – sofern er das kirchliche Lehramt als einigende Klammer bejaht und sofern er gegen subjektive Willkür in der Interpretation des Glaubens abgesichert ist.

Anders jedoch verhält es sich mit einer Auffassung von Pluralismus, die den christlichen Glauben praktisch als das Ergebnis der kritischen Forschung einzelner Gläubiger und Theologen betrachtet, ohne die Vermittlung des Lehramtes. Hellsichtig hat Paul VI. die Konsequenzen folgendermaßen beschrieben. In der Absicht, die Schwierigkeiten, welche die Glaubensgeheimnisse in der modernen Welt haben, zu beseitigen, sucht man nach „Formeln von trügerischer Verständlichkeit", die jedoch die wirklichen Glaubensinhalte auflösen. Auf diesem Weg kommt man dann zu Interpretationen des Glaubens, die nicht dem objektiven Glaubensbestand entsprechen oder diesem sogar entgegengesetzt sind. Und wer einmal die Freude am Glauben verloren hat, erliegt leicht der Gefahr, „sich voneinander Ruhm zu erbetteln und nicht den zu suchen, der allein von Gott kommt (vgl. Joh 5,44), was die brüderliche Gemeinschaft nachteilig beeinflußt".[34] Man denkt bei diesen Worten unwillkürlich an die Profil- und Publizitätssucht mancher Theologen, bei denen die Richtigkeit ihrer Thesen scheinbar am Applaus der Medien gemessen werden soll.

---

[33] Ebd., Abschn. 3.
[34] Ebd., Abschn. 4.

Sodann greift der Papst das Thema „Gruppenbildung in der Kirche“ auf. Er mahnt eindringlich, sich nicht der bürgerlichen Gesellschaft anzupassen, die sich aus Interessengruppen zusammensetze. Der Gruppengeist sei im kirchlichen Kontext ein „pathologischer Zustand“; er widerspreche dem Charakter der kirchlichen Gemeinschaft und führe die Menschen in die Isolation. Wenn jedoch die Kirche in die bürgerliche Gesellschaft hineinwirken wolle, müsse sie das bleiben, was sie von ihrem Ursprung her sei, eine in der Verschiedenheit ihrer Glieder geeinte Familie.

Der Papst ruft auf, den Zustand der Zersplitterung in der Kirche zu überwinden, indem man ein Klima der Versöhnung schaffe, sich gegenseitig verzeihe und sich füreinander öffne. Um den Weg zu denen zu ebnen, die sich der Kirche entfremdet haben, die in kritischer oder sogar feindlicher Distanz zu ihr leben, hat er selbst den ersten Schritt zur Versöhnung getan, als er in der Generalaudienz vom 11. Juni 1975 sagte: „Vielleicht haben wir sie verletzt? Wir wollen ihnen versichern, daß das gewiß nicht unsere Absicht war. Jedenfalls bitten wir sie als erste um Verzeihung.“

Aus der Verschiedenheit der Menschen und der Unterschiedlichkeit der vom Heiligen Geist verliehenen Gaben ergeben sich unvermeidbare menschliche Spannungen. Das sei in Ordnung, schreibt der Papst. Doch dürfe das nicht die Einheit der Kirche und die Gemeinschaft der Gläubigen in Frage stellen. Die Einheit und die Kraft der Versöhnung zu erneuern, ermahnt der Papst die Gläubigen, damit die Kirche ein echtes Zeichen der Einheit und der Versöhnung für die Welt sein könne. Paul VI. macht sich die Worte des hl. Augustinus zu eigen: „Liebt diese Kirche, seid in dieser Kirche, seid diese Kirche.“

Der Aufruf des Papstes zur Einheit und Versöhnung in der Kirche aus dem Jahr 1974 hat nichts an Aktualität verloren. Heute wissen wir, wie recht Paul VI. damals hatte, als er sich in Sorge über gewisse zentrifugale Entwicklungen nach dem Zweiten Vatikanischen Konzil an die Öffentlichkeit wandte. Freilich müssen auch die Kirche und insbesondere die hierarchischen Funktionsträger sich fragen lassen, wie sie mit Konflikten in den eigenen Reihen umgehen. Die Kirche kann ihrem Auftrag, die Versöhnungsbotschaft Christi zu verkünden und sein Versöhnungswerk in der Welt fortzusetzen, nur gerecht werden, wenn sie selbst eine versöhnte und versöhnende Gemeinschaft ist. Keinesfalls darf die Tatsache, daß die Kirche hierarchisch verfaßt ist, dazu benutzt werden, um die im gesellschaftlichen Leben üblichen demokratischen Spielregeln und Verfahrensweisen im innerkirchlichen Bereich einfach außer Kraft zu setzen. Man darf erwarten, daß die Institution Kirche – unbeschadet ihrer hierarchischen Verfassung – Formen der Konfliktlösung für den innerkirchlichen Bereich praktiziert, die dem Geist des Evangeliums gemäß sind und bewährten demokratischen Spielregeln nicht widersprechen. Man hat nicht immer den Eindruck, daß dieses Ziel bereits in befriedigender Weise erreicht wäre. Die Frage, wie die hierarchische Autorität, der berechtigte Pluralismus, die öffentliche Meinung und die Kritik in der Kirche in ein rechtes Zueinander gebracht werden können, ist noch nicht zufriedenstellend beantwortet.

IV. Teil

Kirche der Zukunft

Wer möchte nicht gern einen Blick in die Zukunft tun? Die Zunft der Wahrsager, meistens sind es Frauen, lebt einträglich davon, anderen Menschen ihre Zukunft vorauszusagen. Die zu diesem Zweck verwandten Methoden und das Ergebnis sind in der Regel mehr als zweifelhaft. Daneben gibt es die Branche der Science-fiction-Filme und -Romane, die es sich angelegen sein lassen, ein abenteuerlich-phantastisches Bild von der Zukunft der Menschheit zu entwerfen. Sie sind bewußt auf die Lust an utopisch-schaurigen Abenteuern, die man bequem im heimischen Sessel gustieren kann, angelegt.

Anders verhält es sich mit den Futurologen, die mit wissenschaftlich überprüfbaren Methoden versuchen, gesellschaftliche Entwicklungen zu prognostizieren, um die Menschen auf die zu erwartenden Entwicklungen vorzubereiten und um den Verantwortlichen Daten für die politische Steuerung der gesellschaftlich-ökonomischen Prozesse an die Hand zu geben. Allerdings ist seit einiger Zeit von seiten der Futurologen nicht viel zu hören, ganz im Gegensatz zu den sechziger und siebziger Jahren, als kaum ein Monat verging, ohne daß nicht eine neue futurologische Prognose auf dem Markt erschien. Das hat seine guten Gründe. Der Futurologe braucht einigermaßen verläßliche Daten über den augenblicklichen Zustand, um mit ihnen die zukünftige Entwicklung hochrechnen zu können. Die aber gibt es zur Zeit nicht. Kein Wunder, daß man seit Jahren in der Öffentlichkeit nur noch sporadisch von den Futurologen etwas Aufregendes erfährt. Das einzige, was man gegenwärtig sagen kann, ist, daß wir am Beginn einer revolutionären technisch-wissenschaftlichen Entwicklung stehen, deren Ende noch nicht abzusehen ist. Die Geschwindigkeit, mit der sich diese technische Revolution vollzieht, ist so rasant, daß sichere Prognosen immer nur kurzfristig möglich sind, was gleichermaßen auch für die kirchliche Entwicklung zu gelten hat. Ein guter, allgemeinverständlicher Beweis hierfür sind unsere Computer – wer hat heute keinen? –, die alle paar Jahre überholt und schrottreif sind.

Wenn wir im folgenden nach der Kirche der Zukunft fragen,

geht es nicht darum, nach Art der Wahrsager und Zukunftsdeuter ein Wunschbild oder Katastrophenpanorama von der Zukunft der Kirche im begonnenen 21. Jahrhundert zu entwerfen. Nach dem bisher Gesagten dürfte es auch wenig Sinn machen, wenn man versuchen wollte, nach Art der Futurologen die bekannten gegenwärtigen Entwicklungstendenzen fortzuschreiben und auf dieser Grundlage ein Bild von der zukünftigen Kirche zu entwerfen. Das alles verbietet sich angesichts einer sich immer noch beschleunigenden gesellschaftlichen Veränderung und einer mehr oder weniger offenen Zukunft. Da ist zurückhaltende Bescheidenheit geboten.

Was können wir zum gegenwärtigen Zeitpunkt tun? 1. Es ist nicht nur möglich, sondern erscheint auch geboten, zu fragen, wieweit die bestehenden kirchlichen Strukturen, Normen und Lebensweisen – nach allem, was wir wissen – auch in einer veränderten Welt von morgen Akzeptanz innerhalb und außerhalb der Kirche finden werden. 2. Wir müssen uns fragen, wo sich in der Kirche Veränderungen abzeichnen, die sich aus dem gewandelten Selbstverständnis der heutigen Menschen ergeben. Auf dieser Grundlage lassen sich durchaus bestimmte Entwicklungstendenzen ausmachen, die für das strategische Denken in der Kirche als Eckdaten nicht außer acht gelassen werden sollten.

Unsere Gesellschaft und mit ihr die Kirche befinden sich in einer geschichtlichen Epoche rascher Veränderungen und tiefgehender Umbrüche. Kein Wunder, daß vieles, was sich zunächst so hoffnungsvoll in Szene gesetzt hat, dann doch nach kurzer Zeit ins Leere gelaufen ist, den erhofften Durchbruch nicht gebracht hat. Vieles wird von den Veränderungen, die sich gegenwärtig im gesellschaftlichen Leben abspielen, überholt, ehe es sich richtig entfalten kann. Patentrezepte, die mit Sicherheit aus der Misere herausführen, gibt es zur Zeit nicht. In unseren Ordinariaten (Generalvikariaten), Akademien, Bildungshäusern, Verbänden und Theologischen Fakultäten werden unentwegt neue Rezepte, pastorale Programme und Strategien entworfen. Geändert hat sich im Grunde nichts an der Misere, obwohl es nicht am ernsthaften

Engagement gefehlt hat und viel Gutes erarbeitet worden ist und immer wieder neu produziert wird. Es fehlt im allgemeinen auch nicht an dem erforderlichen Problembewußtsein und Gestaltungswillen, was durch die zahlreichen kritischen Analysen und Problemstudien zur kirchlichen Lage laufend belegt wird.
Wie gesagt, unser Geschäft ist nicht das der Futurologen. Es soll hier nicht eine spekulative Vision zukünftigen kirchlichen Lebens entworfen werden, noch geht es darum, das Wunschbild einer Kirche von morgen oder ein Kontrastbild zur gegenwärtigen kirchlichen Wirklichkeit an den Horizont zu projizieren. Anstatt von einem Kirchenideal zu träumen, soll ganz nüchtern untersucht werden, wie sich der Druck der veränderten gesellschaftlichen Verhältnisse und der Wandel des individuellen Selbstbewußtseins mutmaßlich auf die kirchliche Entwicklung auswirken werden oder können.

I.
Das wirtschaftlich-karitative Engagement der Kirche

Die Kirche ist aufgrund ihrer Sendung und Zielprojektion kein Wirtschaftsunternehmen und kann deshalb mit ökonomischen Kategorien weder zutreffend definiert noch organisiert werden. Andererseits ist sie, vor allem in Deutschland, in vielfältiger Weise auf dem wirtschaftlichen Sektor tätig. Und insofern sie unternehmerisch und wirtschaftlich tätig ist, muß sie sich an ökonomischen Notwendigkeiten orientieren und mit den Maßstäben der Wirtschaft messen lassen. Beide, die biblische Sendung und das wirtschaftlich-karitative Engagement, sind unzertrennbar miteinander verbunden. Die sozialkaritative Tätigkeit ist ein unverzichtbarer Bestandteil der kirchlichen Sendung.
Wäre die Kirche ein Wirtschaftsunternehmen im üblichen Sinn, das heißt ein unter ökonomischen Bedingungen arbeitender Dienstleistungsbetrieb, könnte man mit Hilfe der er-

probten wirtschaftlichen Methoden Marktanalysen erstellen und entsprechende Unternehmensstrategien bis hin zu einschlägigen Verkaufsstrategien entwerfen. Hin und wieder wird ein derartiges Vorgehen – meist von Kreisen, die der Wirtschaft nahestehen – der Kirche wohlmeinend nahegelegt. Da wird empfohlen, von den bewährten Verkaufsrezepten der erfolgreichen Konzerne zu lernen, was man tun muß, wenn die „Kundschaft" fortbleibt und das Produkt bei den Kunden nicht mehr ankommt. In München haben die protestantischen Kirchenkreise zu diesem Zweck den Unternehmensberater McKinsey engagiert. Das hat zwar niemandem – außer der Fa. McKinsey – genützt, und an der Gesamtsituation hat sich nichts geändert, aber man weiß jetzt, wie schlecht im Grunde das Unternehmen Kirche funktioniert.
Doch wie soll man bei der Ware „Religion" oder „christlicher Glaube" Stückzahlen, Produktivitätssteigerung oder Gewinnmaximierung berechnen? In seinem ureigenen Kern entzieht sich der Glaube jedem wirtschaftlichen Kalkül. Das Leben aus dem Glauben kann man nicht mit den ökonomischen Kategorien von Gewinn und Verlust messen. Deshalb kann man auch nicht mit den in der Wirtschaft bewährten Methoden das Schiff der Kirche wieder flottmachen.
Das soll nicht heißen, daß man nicht auch kirchlicherseits von den Erkenntnissen und Erfahrungen der Wirtschaft lernen könnte. Das bezieht sich vor allem auf Bereiche wie Management, Betriebsorganisation, Menschenführung, Betriebsklima und innerbetriebliche Kommunikation. Die Kirche in Deutschland insgesamt ist einer der größten Arbeitgeber. Zusammen mit dem Caritasverband unterhält sie zahllose Einrichtungen, von Krankenhäusern über Altenheime bis hin zu Kindergärten, ein nahezu flächendeckendes Netz. Hinzu kommen die Verwaltungseinrichtungen der deutschen Diözesen, die Ordinariate und Generalvikariate, die durchaus mit denen der großen Konzerne konkurrieren können. Wer möchte bezweifeln, daß man da eine Menge bei der Wirtschaft lernen kann! Mancher Wirtschaftsbetrieb entspricht den Prinzipien der Katholischen Soziallehre in einem weitaus höheren Maß als viele kirchliche Einrichtungen, eingeschlos-

sen die Diözesanverwaltungen, in denen der Führungsstil häufig noch immer vom hierarchischen Denken bestimmt wird.

Erfreulicherweise hat man inzwischen erkannt, daß es an der Zeit ist, das Management und die Führungskräfte in unseren kirchlichen Einrichtungen auf den heutigen Stand zu bringen, also auch kirchliche Leitungsfunktionäre zu schulen, wie das heute in den Industrieunternehmen selbstverständlich ist. Wenn aber am Ende nur dabei herauskommt, daß sie ihr Führungshandwerk, das Management und die Menschenführung, besser verstehen, wofür es bestimmte Regeln und psychologische Prinzipien gibt, dann bringt uns das auch nicht viel weiter. Entscheidend für das christliche Handeln ist die innere Einstellung, die spirituelle Motivation. Christliches Handeln versteht sich als Dienst, getreu dem Vorbild Christi, der seinen Jüngern im Abendmahlssaal die Füße gewaschen hat. Es sollte in irgendeiner Weise spürbar werden lassen, daß Jesus seinen Jüngern die Weisung gegeben hat: „Was ihr dem Geringsten meiner Brüder getan habt, das habt ihr mir getan." Das muß uns zu denken geben. Das gilt für die gesamte Kirche und speziell für unseren Umgang miteinander.

Wir fragen nach den Zukunftsperspektiven der Kirche. Da können wir den sozial-karitativen Bereich nicht ausklammern, weil er für die zukünftige Gestalt der Kirche von eminenter Bedeutung sein wird. Bisweilen wird die Meinung vertreten, angesichts der gegenwärtigen Schwierigkeiten und des zunehmenden Priestermangels sollte die Kirche sich weitgehend aus dem Bereich der Sozialpolitik und der organisierten Caritas zurückziehen und auf ihre ureigenste Aufgabe konzentrieren: Verkündigung, sakramentales Leben, Pastoral und individuelle caritative Hilfe im Geist christlicher Nächstenliebe. Das Wort vom Gesundschrumpfen macht die Runde.

Die Frage ist berechtigt, ob die Kirche nicht gut daran tun würde, wenn sie ihre Kräfte auf das Wesentliche konzentrieren und Ballast abwerfen würde, der sich im Lauf der Zeit – aus durchaus verständlichen Gründen – angesammelt hat. Doch kann das soziale und karitative Handeln der Kirche nicht pauschal unter Ballast subsumiert werden, denn es handelt sich da um einen unmittelbaren Ausdruck des christlichen Glaubens und um eine unabdingbare Aufgabe der ganzen Kirche. Die Glaubensverkündigung sowie das sakramentale Leben auf der einen Seite und das sozialpolitische und karitative Handeln auf der anderen sind wechselseitig aufeinander bezogen. Die christliche Verkündigung vom Anbruch des Reiches Gottes und das soziale Engagement in der Nachfolge Christi können nicht voneinander getrennt werden. Der sozial-karitative Dienst stellt eine Lebens- und Wesensaufgabe der Kirche dar, so daß eine Kirche ohne das soziale und karitative Engagement nicht mehr Kirche Christi wäre. Das gilt auch für die organisierte und institutionalisierte Caritas. Denn, um es auf den Punkt zu bringen, heutzutage kann die institutionalisierte Not nur mit den Mitteln der institutionalisierten Hilfe nachhaltig bekämpft werden. Nein, auf ihr soziales und karitatives Engagement kann die Kirche auch in Zukunft nicht verzichten, wenn sie ihrer Sendung treu bleiben will.

Eine andere Frage ist, ob die gegenwärtige Form und der gegenwärtige Umfang des Sozialdienstes langfristig aufrechterhalten werden können. Das wird zunächst davon abhängen, ob das deutsche System der Kirchensteuer auch weiterhin gesellschaftlich akzeptabel sein wird. Da sind durchaus Zweifel angebracht. Man muß kein Prophet sein, um vorauszusagen, daß die Tage der Kirchensteuer, die durch die Finanzämter eingezogen wird, gezählt sind, wenn der gegenwärtige liberale Linkskurs in Politik und Gesellschaft anhält und sich auf Dauer etabliert. Vielen Linken und Liberalen ist die derzeitige Form der Kirchensteuer schon lange ein Dorn im Auge. Sie möchten sie lieber heute als morgen abschaffen. Die Losung heißt: völlige Trennung von Kirche und Staat. Das Ziel ist, den gesellschaftlichen Einfluß der Kirchen einzuschränken, indem man sie möglichst aus dem öffentlichen Leben zurückdrängt und zu einer rein privatrechtlichen Vereinigung herabstuft. Man wäre diesem Ziel einen großen Schritt näher, wenn die Kirchen nicht mehr über die finanziellen Mittel verfügen könnten, mit denen sie heute dank der Kirchensteuer operieren können. Von heute auf morgen wären die Kirchen gezwungen, einen großen Teil ihrer sozialen und karitativen Einrichtungen zu schließen. Den kircheninternen Kritikern, die ein zu starkes, nach ihrer Meinung einseitiges soziales Engagement der Kirche beklagen, käme das nicht einmal ungelegen, denn so wäre die Kirche gezwungen, sich auf ihre zentralen Aufgaben zu konzentrieren.

Gefahr droht den sozial-karitativen Einrichtungen auch noch aus einem anderen Grunde. Das derzeit in Deutschland gültige Sozialhilfegesetz ist nach dem Subsidiaritätsprinzip organisiert. Eine „Errungenschaft" der Adenauer-Ära. Die SPD hat seinerzeit gegen das Gesetz erfolglos beim Verfassungsgericht geklagt, weil es im Bereich der Sozialhilfe den freien gesellschaftlichen Trägern, darunter den Kirchen, einen Vorrang gegenüber den staatlichen und kommunalen einräumt. Der Staat oder die Kommunen können erst dann tätig werden, zum Beispiel beim Bau von Krankenhäusern, Altenheimen und Kindergärten, wenn die freien Träger sich nicht engagieren wollen oder können. Sollte es in absehbarer Zeit zu einer Gesetzesänderung kommen, welche die öffentliche Hand und die freien Träger gleichstellt, kann man sich leicht ausrechnen, daß es für die Kirchen schwer werden wird, mit der geballten Finanzkraft des Staates und der Kommunen zu konkurrieren. Bereits im Januar 1973 haben die Jungdemokraten (DJD) in ihren „Thesen zur Trennung von Staat und Kirche" sowohl den Abbau des geltenden Subsidiaritätsprinzips in der Sozialfürsorge als auch die Abschaffung der „staatlichen Kirchensteuer" gefordert. Die Kirchenthesen der Jungdemokraten haben damals viel Staub aufgewirbelt und wurden auf dem Bundesparteitag der FDP in Hamburg im Herbst 1974 abgemildert, aber keineswegs aufgehoben. Während die Jungdemokraten einen Vorrang des Staates in der Sozialhilfe gefordert hatten, plädierte der Parteitag allerdings lediglich für eine Abschaffung des Vorrangs der freien Träger und wollte die bisherige Kirchensteuer durch ein kircheneigenes Beitragssystem ersetzt wissen. Mittlerweile ist es an der kirchenpolitischen Front zwar stiller geworden, doch sind die Forderungen der Libe-

ralen noch längst nicht vom Tisch. Sie haben mittlerweile in den Bündnisgrünen willkommene Bündnispartner gefunden.
Doch selbst wenn Liberale und Grüne nicht eines Tages für ihre Pläne eine Mehrheit im Bundestag finden sollten, wird man sich trotzdem Gedanken über den weiteren Bestand und Umfang des kirchlichen Engagements im Sozialbereich machen müssen, weil vielleicht eines Tages die fachlich und spirituell qualifizierten Mitarbeiter fehlen könnten. Das soziale und karitative Handeln stellt, wie wir gesehen haben, eine Lebens- und Wesensäußerung der Kirche dar und muß sich deshalb an den grundlegenden Wahrheiten und Normen des Glaubens orientieren. Aus diesem biblischen und theologischen Sachverhalt ergeben sich besondere Anforderungen an die Mitarbeiter in den kirchlichen Einrichtungen. Da sie die Träger der kirchlichen Sendung im sozial-karitativen Bereich sind, müssen sie sich grundsätzlich mit der Sendung der Kirche und ihrem Verkündigungsauftrag identifizieren. Jedenfalls dürfen sie durch ihre Lebensweise und ihr öffentliches Auftreten die Lehre und Verkündigung der Kirche nicht konterkarieren. Wer im kirchlichen Dienst tätig ist, nimmt – gewollt oder ungewollt – an der Sendung der Kirche teil. Mehr noch! Von den Mitarbeitern hängt es entscheidend ab, ob die kirchlichen Sozialeinrichtungen ihrem biblisch-karitativen Auftrag gerecht werden oder nicht. Sie allein entscheiden darüber, ob zum Beispiel in einem katholischen Krankenhaus etwas vom Geist Christi und seiner Frohen Botschaft zu spüren ist. Sie bestimmen letztendlich den Geist und das Fluidum des Hauses und nicht das Schild „Caritas“ oder „Katholisches Krankenhaus“, das am Eingang angebracht worden ist. Sie müssen den Beweis erbringen, daß christliche Krankenpflege mehr ist als eine nach modernen Gesichtspunkten durchgeführte medizinische Versorgung.
Werden wir auch in Zukunft für die Vielzahl der kirchlichen Einrichtungen ausreichend qualifizierte Mitarbeiter finden können, die den kirchlichen Dienst nicht nur als einen Job wie viele andere und als Broterwerb verstehen? Die katholische Kirche verlangt von ihren Mitarbeitern, daß sie ihre per-

sönliche Lebensführung nach der katholischen Glaubens- und Sittenlehre, das heißt nach den Normen der Kirche, ausrichten. Fälle schwerer Zuwiderhandlung betrachtet die Kirche als Grund für eine außerordentliche Kündigung im Sinn des § 626 BGB. Die Loyalitätspflicht, welche die Kirche ihren Mitarbeitern auferlegt, geht wesentlich über das vom allgemeinen Gesetz Geforderte hinaus, denn sie umfaßt auch eine religiöse Überzeugung und sittliche Lebensführung entsprechend der katholischen Glaubens- und Sittenlehre. Das besondere Kündigungsrecht wird mittlerweile auch von den Arbeitsgerichten anerkannt, weil die Kirche glaubhaft machen konnte, daß der kirchliche Dienst, etwa in einem katholischen Krankenhaus, integraler Bestandteil der kirchlichen Mission ist und daß deshalb die kirchlichen Mitarbeiter sich grundsätzlich mit der Glaubens- und Sittenlehre der Kirche identifizieren müssen, dieser jedenfalls in ihrem Reden und Handeln nicht offen widersprechen dürfen.
So weit, so gut. Doch woher werden wir in Zukunft die erforderliche Anzahl von Mitarbeitern nehmen, die bereit sind, sich auch in ihrer individuellen Glaubenshaltung und persönlichen Lebensführung in die Pflicht nehmen zu lassen? Sie müßten bei Lage der Dinge aus dem Kreis der (noch) praktizierenden Katholiken kommen, und die werden bekanntlich immer weniger. Die Kirche wird über kurz oder lang vor einer schweren Entscheidung stehen. Entweder nimmt sie ihre Anforderungen an die Mitarbeiter erheblich zurück, was sich natürlich auch auf die geistig-religiöse Qualität ihrer Einrichtungen auswirken wird, oder sie wird die Zahl der kirchlichen Einrichtungen reduzieren müssen, damit Anspruch und Wirklichkeit kirchlicher Häuser sich in etwa entsprechen. Es erscheint jedenfalls langfristig vorteilhafter zu sein, die Zahl der Einrichtungen zu reduzieren, um in den verbliebenen Häusern nach besten Kräften christliche Caritas im Geist der Nachfolge Christi realisieren zu können. Was nützt die zweifelsohne imponierende Zahl katholischer Krankenhäuser etc., wenn sie sich nicht mehr in ihrem spirituellen Profil eindeutig von anderen unterscheiden? Für den gläubigen Christen ist und bleibt es Ziel des sozialen und karitativen Handelns, von

der grenzenlosen Liebe, die uns in Christus begegnet ist, Zeugnis abzulegen.

II.
Demokratisierung und Pluralisierung

1. Diskrepanz zwischen demokratischer und hierarchischer Verfassung

Immer deutlicher tritt in letzter Zeit der Gegensatz zwischen der demokratisch verfaßten Gesellschaft und der hierarchischen Struktur der Kirche zu Tage, worauf bereits an anderer Stelle hingewiesen wurde.[35] Die Bedeutung, welche diesem Faktum für die Beurteilung der gegenwärtigen Lage und die weitere Entwicklung der Kirche zukommt, macht es jedoch erforderlich, noch eingehender auf diesen Komplex einzugehen. Unaufhaltsam scheint die Idee der freien Demokratie alle Kontinente und Länder zu erobern. Es ist wohl nur noch eine Frage der Zeit, wann auch die letzten Bastionen monarchistischer, absolutistischer und diktatorischer Herrschaft, wie in verschiedenen Ländern Arabiens, in China und in Kuba, fallen. Zwar ist das jeweilige Verständnis von einer freien Gesellschaft und einem demokratischen Staat abhängig von geschichtlichen Traditionen und kulturellen Ausprägungen, doch sind sich die Menschen über alle Ländergrenzen hinweg einig in dem Verlangen nach freier Selbstbestimmung und rechtlicher Gleichstellung. Heute werden schon die Kinder im Kindergarten erzogen, im Rahmen des Möglichen selbst zu entscheiden und nach demokratischen Regeln abzustimmen.

Den Menschen, welche die demokratische Lebensweise sozusagen mit der Muttermilch aufgesogen haben, wird es in Zukunft immer schwerer fallen, sich in den hierarchischen Strukturen der Kirche wohl zu fühlen. Wie will man plausibel machen, daß die Verfassung der Kirche nur wenig oder gar

---

[35] Vgl. III. Teil, III. Kap., Abschn. 4 u. 5, S. 111ff., 114ff.

nichts mit den heutigen demokratischen Strukturen gemein hat, dafür aber um so mehr mit den mittelalterlichen Strukturen der Monarchie und des Absolutismus? Man wird sich fragen: Die Kirche tritt für das Recht der Selbstbestimmung und für demokratische Freiheit im gesellschaftlichen und staatlichen Leben ein, warum nicht auch in der Kirche selbst? Die Diskrepanz zwischen der demokratischen Gesellschaft und den hierarchischen Strukturen der Kirche ist schon heute für viele Menschen, auch praktizierende Gläubige, nur noch schwer verständlich, nicht wenigen ist sie ein Ärgernis. Das war nicht immer so.

Wie gesagt, bestand für die Menschen früherer Zeiten, etwa im Mittelalter, kein großer Unterschied zwischen den Autoritätsstrukturen im gesellschaftlich-staatlichen und im kirchlichen Leben. Sie lebten in einer ständischen Gesellschaft, die streng hierarchisch nach Ständen und auf dem Prinzip der Über- und Unterordnung aufgebaut war: Adel, Klerus, Bürger und Bauern. Die Standesunterschiede waren systemimmanent und erlaubten im Normalfall kein Überschreiten der Standesgrenzen. Karl Marx hat später den Begriff der Klassengesellschaft geprägt und diese als System der Unfreiheit und Ausbeutung denunziert.

Die Französische Revolution und die liberale Aufklärung haben der ständischen wie der feudalen Gesellschaft ein Ende gesetzt. An die Stelle von Unterordnung und Abhängigkeit trat das Prinzip der Gleichheit und der Freiheit. Wo sich die Monarchie noch halten konnte wie in England, wurde sie entweder durch Verfassung und Parlament in ihren Rechten begrenzt oder auf die Funktion der Repräsentation von Volk und Staat reduziert. Damit haben sich die gesellschaftlichen Verhältnisse von Grund auf geändert. Aus der weitgehenden Konkordanz zwischen den staatlichen und kirchlichen Autoritätsstrukturen ist eine tiefgreifende Diskrepanz geworden. Die Folge ist: In der freiheitlich-liberalen Gesellschaft und im demokratischen Staat wird die hierarchische Verfassung der Kirche zunehmend zum Problem, weil sie dem heutigen Menschen nur noch schwer zu vermitteln ist.

2. Amtsautorität als brüderlicher Dienst

Das Zweite Vatikanische Konzil hat die dynamische Entwicklung des heutigen Lebens voll akzeptiert und versucht, eine neue Synthese zwischen Glauben und moderner Welt zu finden. Es war das erklärte Ziel des Konzils, der kirchlichen Verfassung eine zeitgemäßere Gestalt zu geben.[36] Dabei waren sich die Konzilsväter durchaus der Tatsache bewußt, daß das hierarchische Amtsverständnis nur schwer mit dem heutigen demokratischen Gesellschaftsverständnis in Einklang zu bringen ist. Sie haben diesen Widerspruch zu mildern versucht, indem sie sich redlich bemüht haben, deutlich zu machen, daß nach biblischem Verständnis kein grundsätzlicher Gegensatz zwischen den hierarchischen Ämtern und den Laien bestehe. Sie haben gemeint, eine Brücke über den Graben zwischen Priesteramt und Laien bauen zu können, indem sie das Amt in der Kirche als Dienstamt im Geiste Christi interpretiert haben. So heißt es in der Dogmatischen Konstitution über die Kirche im dritten Kapitel, wo über die hierarchische Verfassung der Kirche die Rede ist: „Jenes Amt aber, das der Herr den Hirten seines Volkes übertragen hat, ist ein wahres Dienen, weshalb es in der Heiligen Schrift bezeichnenderweise mit dem Wort ‚Diakonia', das heißt Dienst, benannt wird (vgl. Apg. 1,17 u. 25; 21,19; Röm 11,13; 1 Tim 1,12)."[37] Und das Apostolische Schreiben über die Berufung der Laien mahnt die Hirten, sich bewußt zu sein, „daß ihr Amt grundsätzlich auf den Dienst am gesamten Volk Gottes ausgerichtet ist (vgl. Hebr 5,1)".[38]

Auf die Diskrepanz zwischen dem freiheitlichen Selbstverständnis des heutigen Menschen und der hierarchischen Struktur der Kirche gehen die deutschen Bischöfe explizit in dem bereits erwähnten Schreiben aus dem Jahr 1969 über „Die Kirche in der pluralistischen Gesellschaft und im demokratischen Staat" ein. Die Bischöfe unterstreichen nochmals

---

[36] Pastoralkonstitution *Gaudium et spes*, 44.

[37] Dogmatische Konstitution *Lumen gentium*, 24, vgl. auch 18.

[38] Johannes Paul II., Nachsynodales Apostolisches Schreiben *Christifideles laici*, 22.

die Lehren des Konzils: Jeder einzelne Gläubige besitzt personale Freiheit und eine unantastbare menschliche Würde. Alle Gläubigen zusammen bilden das Volk Gottes und nehmen unmittelbar teil an der Sendung und am Verkündigungsauftrag der Kirche. Kirche erneuert sich nicht nur durch die Führung (sprich Hierarchie), sondern auch durch alle in Christus miteinander verbundenen Gläubigen. Auf diesem Hintergrund, der nicht immer so in der Kirche gesehen worden ist, hat das Konzil jeden einzelnen Christen zur Mündigkeit aufgerufen. Dann fährt das Schreiben der Bischöfe fort: „Diese innerkirchliche Entwicklung bedeutet keinen Widerspruch zur hierarchischen, von Christus selbst eingesetzten Struktur der Kirche. Je tiefer man diese Struktur heute erfaßt, desto verständlicher wird die Forderung, die von Christus gegebene Autorität bewußt als brüderlichen Dienst auszuüben.“[39]

Man möchte ja gern den Bischöfen glauben, daß sie bemüht sein wollen, ihre Autorität als brüderlichen Dienst zu verstehen und in diesem Sinn auch einzusetzen. Doch die gelebte Wirklichkeit sieht etwas anders aus. Die Erfahrung lehrt, daß der gute Wille auf Dauer wenig ausrichtet, wenn nicht die Strukturen entsprechend verändert werden. Sosehr eine entsprechende Bewußtseinsänderung, so sie denn stattfindet, zu begrüßen ist, ohne eine eindeutige Änderung bestehender Strukturen wird sich in der Praxis nicht allzu viel ändern. Wie sagte doch – dem Vernehmen nach – jener hochgestellte Prälat so treffend: Dienen ist eine der höchsten christlichen Tugenden. Am schönsten ist sie in leitender Stellung.

3. Strukturelle Neuerungen

Das Zweite Vatikanische Konzil markiert in vielfacher Hinsicht einen Neuanfang und Aufbruch in der Kirche. Es wäre wahrscheinlich zu hoch angesetzt, wenn man sagen würde,

---

39 Schreiben der Deutschen Bischofskonferenz über Die Kirche in der pluralistischen Gesellschaft und im demokratischen Staat der Gegenwart, Trier 1969, 5.

daß mit dem Konzil eine neue Epoche in der Geschichte der Kirche begonnen hat. Unzweifelhaft sind jedoch der Reformwille der Konzilsväter und die Aufbruchstimmung, welche für alle Zeiten in der Person des großen Konzilspapstes, in Papst Johannes XXIII., ihre menschenfreundliche Symbolfigur hat. Der Reformwille des Konzils hat unter anderem seinen Niederschlag in einer Reihe von Neuerungen gefunden, welche die hierarchische Struktur der Kirche betreffen. Zu nennen sind hier die Kollegialität der Bischöfe, die Bischofssynoden, die Bischofskonferenzen, der Priesterrat, der Pfarrpastoralrat und der Vermögensverwaltungsrat, zum Teil Einrichtungen, die es in dieser Form vor dem Konzil nicht gegeben hat.

a) Papst und Bischofskollegium

Das Erste Vatikanische Konzil 1869/70 war durch den Ausbruch des Deutsch-Französischen Krieges 1870/71 und die Besetzung Roms durch italienische Truppen am 20. September 1870 mitten in seinen Arbeiten unterbrochen worden. Vom Schema über die Kirche Christi konnte, wie man weiß, nur der Primat des Papstes abschließend behandelt und definiert werden (Dogma von der päpstlichen Unfehlbarkeit), was zwangsläufig in der Öffentlichkeit zu einer einseitigen Sicht und Überbetonung des päpstlichen Primats und des unfehlbaren Lehramtes führen mußte. Das Zweite Vatikanische Konzil sah es als eine seiner wichtigsten Aufgaben an, das Versäumte nachzuholen und die Lehre vom Amt und von der Lehrautorität der Bischöfe darzulegen, was dann auch in der Dogmatischen Konstitution über die Kirche geschehen ist.[40] Die Konzilsväter waren dabei sichtlich bemüht, deutlich werden zu lassen, daß der Primat des Papstes aufs engste mit der Amtsautorität der Bischöfe verbunden ist. Die Hoffnungen vieler jedoch, das Konzil möge die eigenständige Autorität der Bischöfe – auch in ihrer Position gegenüber dem Papst – wesentlich verstärken und so einem als einseitig und unge-

40 Vgl. Dogmatische Konstitution *Lumen gentium*, 18ff.

sund empfundenen römischen Zentralismus entgegenwirken, konnten nur in bescheidenem Umfang erfüllt werden.
Trotz einiger begrüßenswerter konziliarer beziehungsweise nachkonziliarer Neuerungen wie Bischofssynoden, Bischofskonferenzen etc. ist es in Lehre und Praxis der Kirche beim römischen Zentralismus geblieben. Eine Dezentralisierung hat im Kern der Sache nicht stattgefunden. Obgleich die neuen synodalen Strukturen als ein belebendes Element der Mitverantwortung und Mitwirkung zu begrüßen sind, können sie in ihrer gegenwärtigen Form nicht das Fehlen echter demokratischer Institutionen vergessen lassen. Was das Konzil über die Machtfülle und über die zentrale und absolute Gewalt des Papstes gelehrt hat, hört sich in der nüchternen Sprache des Kirchlichen Gesetzbuches (CIC) so an: „Der Bischof der Kirche von Rom, in dem das vom Herrn einzig dem Petrus, dem Ersten der Apostel, übertragene und seinen Nachfolgern zu vermittelnde Amt fortdauert, ist Haupt des Bischofskollegiums, Stellvertreter Christi und Hirte der Gesamtkirche hier auf Erden; deshalb verfügt er kraft seines Amtes in der Kirche über höchste, volle, unmittelbare und universale ordentliche Gewalt, die er immer frei ausüben kann" (CIC can. 331). Das heißt, der Papst hat kraft seines Amtes nicht nur Gewalt in Hinblick auf die Gesamtkirche, sondern auch über alle Teilkirchen, das heißt über jede einzelne Diözese und ihren Bischof (vgl. can. 333 § 1). Die Gewalt des Papstes ist eine absolute, denn: „Gegen ein Urteil oder Dekret des Papstes gibt es weder Berufung noch Beschwerde" (can. 333 § 3).
Das Kollegium der Bischöfe ist ebenfalls „Träger der höchsten und vollen Gewalt über die ganze Kirche", hat aber nur Autorität „in Gemeinschaft mit dem Bischof von Rom, dem Nachfolger Petri, als seinem Haupt und unbeschadet dessen primatialer Gewalt über alle Hirten und Gläubigen".[41] Die Bischöfe können also ihre Gewalt nur in Gemeinschaft mit dem Papst und mit dessen Zustimmung ausüben. Auch wenn sie ihre Gewalt über die Gesamtkirche auf einem Ökumeni-

[41] Ebd., 22; vgl. can. 336 CIC.

schen Konzil ausüben, haben die Konzilsbeschlüsse „Rechtsverbindlichkeit nur, wenn sie zusammen mit den Konzilsvätern vom Papst genehmigt, von diesem bestätigt und auf seine Anordnung hin promulgiert worden sind“ (CIC can. 341 § 1).

Es dürfte in Zukunft schwer werden, Menschen in einer durch und durch demokratisierten Gesellschaft dieses so und nicht anders vom Konzil und vom kirchlichen Recht definierte Amts-, Lehr- und Leitungsverständnis der Kirche verständlich und akzeptabel zu machen. Wenn in unseren Tagen römische Entscheidungen immer häufiger auf Kritik und Unverständnis stoßen – vornehmlich in Deutschland und einigen anderen nordeuropäischen Ländern –, dann muß man sich auch einmal fragen, ob das nicht auch seine Ursache darin haben könnte, daß die Art und Weise, wie die römische Autorität über die Gesamtkirche in vielen Fällen ausgeübt wird, dem heutigen Menschen nicht mehr zu vermitteln ist. Für viele Menschen wird die Kirche unglaubwürdig, wenn sie weiterhin in ihrer Soziallehre als einen der obersten Grundsätze das Sozialprinzip der Subsidiarität propagiert, in ihrem eigenen Bereich aber von Subsidiarität, von Delegation nach unten, von Dezentralisierung nichts wissen will.

Man wird sich also in Rom überlegen müssen, wie man die päpstliche Leitungsgewalt in Zukunft definieren und praktizieren kann, damit sie mit der erforderlichen Akzeptanz bei den Gläubigen und Nichtgläubigen, bei Katholiken und Nichtkatholiken rechnen kann. Das gilt ganz besonders auch für das ökumenische Gespräch. Eine Wiedervereinigung der christlichen Kirchen und Gemeinschaften ist undenkbar, wenn Rom bei der gegenwärtigen Interpretation und Praxis des Petrusamtes bleiben sollte. Das gilt auch hinsichtlich der orthodoxen Kirchen, die keine monokratische, sondern eine synodale Verfassung haben und das römische Verständnis der päpstlichen Unfehlbarkeit ablehnen. So wertvoll die in der Vergangenheit erzielten Verständigungen zwischen einzelnen christlichen Kirchen auch sein mögen – das gilt insbesondere für die Rechtfertigungslehre –, an der päpstlichen Primatialgewalt scheiden sich die Geister. Die hierarchische Struktur der katholischen Kirche und die Art und Weise, wie sie vom Papst und den Bischöfen praktiziert wird, ist für die meisten protestantischen Kirchen und Gemeinschaften ein unüberwindliches Hindernis. Verständlich, daß man protestantischerseits das Interesse auf die Abendmahlsgemeinschaft fokussiert, weil man sich offensichtlich bei Lage der Dinge eine weitergehende Unio nicht vorstellen kann.

b) Bischofssynoden

Die Bischofssynoden werden von Zeit zu Zeit vom Papst einberufen, um mit ihm in Fragen des Glaubens und der Sitte, der kirchlichen Disziplin und der Weltkirche zu beraten. Sie setzen sich aus einer bestimmten Anzahl von Bischöfen zusammen, die entweder von einzelnen Bischofskonferenzen entsandt beziehungsweise gewählt werden oder vom Papst direkt ernannt werden. Mit dieser Institution hat sich die Kirche ein Instrument geschaffen, „um die enge Verbundenheit zwischen Papst und Bischöfen zu fördern", wie es im can. 342 CIC heißt. Zweifelsohne sind die Bischofssynoden geeignet, die Verantwortung des Bischofskollegiums für die Gesamtkirche zu aktualisieren und die Bischöfe in die Leitung der Weltkirche einzubeziehen. Wenn man will, kann man in den Bischofssynoden ein demokratisches Element in der ansonsten streng hierarchisch strukturierten Kirche erblicken. In diesem Sinne werden die „synodalen Strukturen" in der Tat häufig als die für die Kirche adäquate Form der demokratischen Mitbestimmung und Mitwirkung dargestellt.
Es ist jedoch Vorsicht geboten. Nicht alle Zeitgenossen werden gewillt sein, die sogenannten synodalen Strukturen als demokratische Institutionen zu verstehen. Die Bischofssynoden zum Beispiel haben keinerlei demokratischen Mitbestimmungsrechte. Sie sind reine Beratungsgremien, die dem Papst „mit ihrem Rat hilfreich beistehen" (can. 342 CIC) sollen. Denn: „Sache der Bischofssynode ist es, über die Verhandlungsthemen zu beraten und Wünsche zu äußern, nicht aber diese zu entscheiden und über sie Dekrete zu erlassen" (can. 343 CIC). In der politischen Sprachregelung: Es sind

reine Beratungsgremien, keine Mitbestimmungsorgane. Dementsprechend unterstehen sie direkt der Autorität des Papstes, der allein sie einberuft, die Verhandlungsthemen festsetzt, die Tagesordnung bestimmt, die Synode leitet und beendet (vgl. can. 344 CIC). Die Beratungsergebnisse werden in der Regel nicht von der Synode selbst veröffentlicht, sondern dem Papst zu seiner freien Verfügung überlassen. Man darf sich also nicht wundern, wenn der vom Papst über das entsprechende Thema veröffentlichte Text nicht ohne weiteres die Mehrheitsmeinung der Synode wiedergibt oder wichtige Ergebnisse gar nicht enthält. Was dann gelegentlich zu Unverständnis und Kritik in der Öffentlichkeit führt.

c) Bischofskonferenzen

Die Bischofskonferenzen sind neueren Datums, aber nicht erst durch das Zweite Vatikanische Konzil eingeführt worden. Die erste deutsche Bischofsversammlung tagte im Revolutionsjahr 1848, in dem auch der erste Katholikentag stattfand. Während die Laienverbände in Mainz tagten, kamen die Bischöfe in Würzburg zusammen. Bereits 1830 hatten sich die belgischen Bischöfe zum erstenmal getroffen, und die Schweizer Bischöfe folgten 1863.
Seit den Tagen des Konzils sind die Bischofskonferenzen ständige Einrichtungen zum gemeinsamen Planen und Handeln aller Bischöfe eines Landes oder einer Region. Der Codex sagt: „Es steht ausschließlich der höchsten Autorität der Kirche zu, nach Anhören der betroffenen Bischöfe, Bischofskonferenzen zu errichten, aufzulösen oder zu verändern“ (can. 449 § 1 CIC). Im Gegensatz zu den Bischofssynoden haben die Bischofskonferenzen nicht nur beratende, sondern auch in den vom kirchlichen Recht vorgesehenen Angelegenheiten beschließende Funktion. Die Bedeutung der nationalen Bischofskonferenzen hat seit den Tagen des Konzils ständig zugenommen. Man kann in ihnen durchaus einen ersten Schritt in Richtung auf die von vielen gewünschte Dezentralisierung der Kirche sehen, obgleich ihre Beschlüsse erst dann Rechtskraft erhalten, „wenn sie nach Überprüfung durch den

Apostolischen Stuhl rechtmäßig promulgiert worden sind" (can. 455 § 2). Für die weitere Entwicklung wird viel davon abhängen, wieweit in Zukunft die oberste Leitungsgewalt des Papstes in die Belange der Bischofskonferenz eingreifen wird. Die Auseinandersetzung mit Rom wegen der Schwangerenkonfliktberatung ist noch in lebhafter Erinnerung. Denn es dürfte klar sein, daß die päpstliche Autorität sich nicht nur auf die Gesamtkirche erstreckt. Der Papst „besitzt auch über alle Teilkirchen und deren Verbände einen Vorrang ordentlicher Gewalt" (can. 333 § 1 CIC), also auch über die Deutsche Bischofskonferenz. Aus dieser Sicht dürfte es schwerfallen, die Bischofskonferenzen uneingeschränkt als demokratische Institutionen zu deklarieren.

d) Priesterrat und Diözesan-Pastoralrat

Jede Diözese hat einen Priesterrat einzurichten, der nach Ausweis des Kirchlichen Gesetzbuches aus einem Kreis von Priestern besteht, „der als Repräsentant des Presbyteriums gleichsam Senat des Bischofs ist; seine Aufgabe besteht darin, den Bischof bei der Leitung der Diözese nach Maßgabe des Rechts zu unterstützen" (can. 495 § 1 CIC). Er hat eine ausschließlich beratende Funktion und besitzt in der Regel höchstens Anhörungsrechte, nur in wenigen Fällen ein Beteiligungsrecht, so bei der Amtsenthebung oder Versetzung eines Pfarrers (vgl. can. 1742 § 1 u. 1750). Es hängt also allein vom jeweiligen Bischof ab, ob er sich beraten läßt und wieweit er das Votum des Priesterrats in seine Entscheidungen einbezieht.

Gleiches gilt vom Diözesan-Pastoralrat, der sich aus Priestern, Ordensleuten und vor allem aus Laien zusammensetzt. Er hat ausschließlich beratende Funktion. Allein der Bischof hat das Recht, ihn einzuberufen, den Vorsitz zu führen und seine Beratungen zu veröffentlichen (can. 514 CIC).

e) Pfarrpastoralrat und Vermögensverwaltungsrat

Das kirchliche Recht sieht für jede Pfarrei einen Pfarrpastoralrat und einen Vermögensverwaltungsrat vor, deren Aufgaben und Rechte in Deutschland weitgehend durch Partikularrecht geregelt sind. Zum Pastoralrat oder Pfarrgemeinderat sagt das kirchliche Gesetzbuch nur, daß in ihm Gläubige zusammen mit den in der Seelsorge Tätigen dem Pfarrer bei der Seelsorge helfen sollen, daß der Pfarrer den Vorsitz hat und daß der Pastoralrat „nur beratendes Stimmrecht" besitzt (can. 536 CIC). Abweichend davon wird nach deutschem Partikularrecht der Vorsitz von einem Laien wahrgenommen. Auch hier gilt entsprechend, was bereits im Hinblick auf den Priesterrat gesagt wurde: Es hängt ganz und gar vom jeweiligen Pfarrer ab, was er aus seinem Pfarrgemeinderat macht, was nicht selten zu schweren Konflikten und Ohnmachtsgefühlen bei den Laien führt.

Anders verhält es sich jedoch mit dem Vermögensverwaltungsrat, der zwar nach kirchlichem Recht auch nur eine Hilfsfunktion hat (can. 537 CIC), im deutschen Partikularrecht aber über weitreichende Rechte und Einflußmöglichkeiten verfügt. Das kirchliche Vermögensrecht ist in Deutschland durch das Staatskirchenrecht und die Konkordate geregelt. Sie sehen für die Verwaltung des kirchlichen Vermögens in der Regel kollegiale Gremien (Kirchenvorstand, Stiftungsrat, Kirchenverwaltung) vor, die aus dem Pfarrer und mehreren (von der Gemeinde gewählten) Laien bestehen. Sie verwalten das Kirchenvermögen in eigener Verantwortung und sind nicht weisungsgebunden. In dem ehemals preußischen Rechtsgebiet ist der Pfarrer zwar Vorsitzender, ist aber an die Mehrheitsbeschlüsse des Kirchenvorstands gebunden. Für wichtige Rechtsgeschäfte ist neben der Unterschrift des Pfarrers auch die von zwei Kirchenvorständen erforderlich.

Abschließend kann man feststellen, daß die Kirche mit den neuen synodalen Strukturen einen ersten Schritt in die richtige Richtung getan hat. Von echten Gremien der Mitverantwortung und Mitbestimmung im heute üblichen Demokratieverständnis kann allerdings nicht die Rede sein, solange es sich nur um beratende Organe handelt, deren Beschlüsse keinerlei verbindliche Kraft für die kirchlichen Autoritäten besitzen. Daß es auch anders geht, sieht man an der Arbeit der Verwaltungsgremien des Kirchenvermögens, soweit es sich um das deutsche Partikularrecht handelt. Hier haben wir es mit demokratischen Organen zu tun, die unbeschadet der Autorität des Bischofs das Kirchenvermögen verwalten. Selbstverständlich besitzen sie keine Legitimität in Fragen der Glaubens- und Sittenlehre oder der Pastoral, wofür der Bischof bzw. der Pfarrer zuständig ist und bleibt.

III.
Gleichstellung der Geschlechter

Art. 3 des Grundgesetzes verkündet feierlich: „(1) Alle Menschen sind vor dem Gesetz gleich. (2) Männer und Frauen sind gleichberechtigt. (3) Niemand darf wegen seines Geschlechtes, seiner Abstammung, seiner Rasse, seiner Sprache, seiner Heimat und Herkunft, seines Glaubens, seiner religiösen oder politischen Anschauungen benachteiligt oder bevorzugt werden." Daß die gesellschaftliche, wirtschaftliche und politische Wirklichkeit, was die Gleichstellung der Frauen mit den Männern betrifft, auch in Deutschland noch erheblich von dem im Grundgesetz verkündeten Recht abweicht, ist allgemein bekannt und muß nicht erst bewiesen werden. Allerdings haben die Frauen in Deutschland und anderen westlichen Ländern dieses Ziel in vielen Bereichen bereits erreicht, während vor allem in Entwicklungsländern vielen Frauen selbst die einfachsten Rechte auf Selbstbestimmung und Freiheit vorenthalten werden.

1. Kampf um die Gleichstellung der Frau

Die gesellschaftliche und wirtschaftliche Rolle der Frau ist im Verlauf der Entwicklung der Menschheit nicht immer gleich gewesen. Gesellschaftliche Diskriminierung und Unterdrükkung, wirtschaftliche Abhängigkeit und politische Rechtlosigkeit der Frauen, auch Gewalt gegenüber Frauen, das alles hat eine lange und wechselvolle Geschichte. Eine grundlegende Wende hat sich im Zeitalter der liberalen Aufklärung und der Industrialisierung ergeben. Die Ideale der Französischen Revolution – Freiheit, Gleichheit, Brüderlichkeit – und der revolutionäre Kampf um die bürgerlichen Rechte schufen ein neues geistiges Klima und damit den Boden für die moderne Frauenbewegung und ihren Kampf um die Rechte der Frau und ihre Gleichstellung mit dem Mann. Hinzu kamen die wirtschaftlichen Veränderungen im Gefolge der Industrialisierung, durch welche sich die Strukturen des Familienlebens stark veränderten. Sie brachten eine grundsätzliche Trennung zwischen Familie und Beruf und führten à la longue zur außerhäuslichen Berufstätigkeit der Frau. Damit entstand der bis heute andauernde Konflikt zwischen der Mutterrolle und der beruflichen Karriere der Frau.

Zwar haben sich auch die katholischen Frauen an dem Kampf um die Frauenrechte beteiligt und ihren angemessenen Platz in der modernen Frauenbewegung gefunden, doch blieb die Kirche insgesamt eher abwartend oder distanziert zu vielen Grundpositionen und Zielvorstellungen der Bewegung. In vielen kirchlichen Kreisen, auch in der Hierarchie, hängt man noch einem Frauen- und Familienbild an oder trauert ihm insgeheim nach, das von der gesellschaftlichen und wirtschaft lichen Entwicklung längst überholt ist. Der Grund hierfür könnte durchaus sein, daß die Fixierung der Frauenrolle auf Familie, Kindererziehung, häusliche Tätigkeiten besser mit der kirchlichen Fixierung des Weiheamtes auf die Männerrolle zusammenpaßt. Jedenfalls war und ist der Konflikt zwischen dem Kampf der Frauenbewegung nach gleichen Rechten für die Frau und den hierarchischen, den Männern vorbehaltenen Leitungs- und Entscheidungsstrukturen vorprogrammiert. Mit der Forderung nach Gleichstellung von Männern und Frauen rüttelt das emanzipatorische Bestreben der Frauen an den Fundamenten der hierarchischen Kirchenstruktur.

2. Die Stellung der Frau in der Kirche

Das derzeitige Urteil über die Rolle der Frau in der Kirche ist zwiespältig, kontrovers, ideologisch gefärbt. Es hängt wesentlich davon ab, welches Frauenbild der Betreffende vertritt, und ist unterschwellig von der Frage nach der Priesterweihe für Frauen emotional aufgeladen. Die einen kritisieren die Kirche, sie sei eine Männerkirche (ausschließlich männliche Hierarchie) und von Anfang an frauenfeindlich gewesen. Die anderen werden nicht müde, darauf zu pochen, daß erst im Christentum die Würde der Frau und die prinzipielle Gleichstellung der Geschlechter voll zur Geltung gekommen sei. Gern verweist man in diesem Zusammenhang auf das Neue Testament und auf Stellen wie im Galaterbrief: „Ihr seid alle durch den Glauben Söhne Gottes in Christus Jesus. Denn ihr alle, die ihr auf Christus getauft seid, habt Christus (als Gewand) angelegt. Es gibt nicht mehr Juden und Griechen, nicht Sklaven und Freie, nicht Mann und Frau; denn ihr alle seid ‚einer' in Christus Jesus" (Gal 3,26-28).
Das Thema Priesterweihe von Frauen bewegt zur Zeit landauf, landab die Gemüter. Das ist verständlich, denn mit der Weihe von Frauen zu Priestern und Bischöfen würden sich das Amtsverständnis und das Erscheinungsbild der katholischen Kirche wesentlich verändern. Bei der Behandlung dieser Thematik sollte zweckmäßigerweise zwischen dem dogmatisch-theologischen und dem gesellschaftlich-sozialen Aspekt unterschieden werden.
Der theologische Komplex ist außerordentlich schwierig, denn es gibt in den neutestamentlichen Schriften keine eindeutigen theologischen Festlegungen in der Sache, außer der Tatsache, daß Jesus keine Frauen in das Gremium der Zwölf berufen hat. In den neutestamentlichen Gemeinden sehen wir die Frauen durchgängig vom Priesteramt ausgeschlossen, was

der zeitgenössischen Tradition entspricht, welche Frauen zu den öffentlichen Ämtern nicht zuließ. Die frühchristlichen Gemeinden haben an dieser gesellschaftlichen Praxis nichts geändert.[42] Auf die dogmatischen Aspekte und die gegenwärtige theologische Diskussion werden wir jedoch nicht näher eingehen, da dies nicht zu unserer Themenstellung gehört. Im Rahmen dieser Untersuchung fragen wir nach den sozialen und gesellschaftlichen Auswirkungen, die der Ausschluß der Frauen vom Priesteramt für die gegenwärtige und zukünftige Kirche hat.

Es gehört zu den grundlegenden Fakten der neutestamentlichen Botschaft, daß durch das Erlösungswerk Christi die Menschen grundsätzlich von Unterdrückung, Abhängigkeit und Sklaverei befreit worden sind. Christus hat die Trennwände zwischen den Menschen und Völkern eingerissen und alle Menschen zum einen Volk Gottes zusammengeführt (vgl. Eph 2,11-22). Im Volk Gottes haben alle Menschen die gleiche Würde als Söhne (und Töchter) Gottes, als Brüder und Schwestern in Christus. Damit ist das Ende jeder Klassengesellschaft, die sich auf Standes-, Rassen- und Geschlechtsunterschieden aufbaut, endgültig eingeläutet worden. Freiheit, Gleichheit und Brüderlichkeit, die hehren Ziele des aufgeklärten Zeitalters, sind bereits 1800 Jahre früher im Neuen Testament zum Fundament einer in Christus erneuerten Gesellschaft erklärt worden.

Auf dieser theologischen Grundlage haben die ersten Christen das Zusammenleben in ihren Gemeinschaften und in den sich nach und nach bildenden christlichen Gemeinden gestaltet. Wie uns die Evangelien berichten, hatte Jesus ein völlig entkrampftes Verhältnis zu den Frauen, das sich deutlich von den gesellschaftlichen Traditionen seiner Umwelt abgesetzt hat. Er ließ sich, obwohl sie allein und in aller Öffentlichkeit waren, mit der Frau aus Samaria am Jakobsbrunnen in ein Gespräch ein, was für die damaligen Verhältnisse so ungewohnt war, daß selbst die hinzukommenden Jünger sich

[42] Vgl. Theodor Herr, Naturrecht aus der Sicht des Neuen Testamentes, Paderborn 1976, 55ff., 69ff., 76f., 82, 204f.

wunderten (Joh 4,7ff.). Bei seiner Wanderung durch das Land waren in Jesu Begleitung außer den Zwölf auch Frauen, die ihn und die Jünger mit ihrem Vermögen „unterstützt" haben. Eine höchst merkwürdige Sache, über die nur mit wenigen Versen bei Lukas (Lk 8,1-3) und Markus (Mk 15,40f.) berichtet wird. Über die Reaktion in der Öffentlichkeit erfahren wir leider nichts, denn es handelt sich immerhin um den Bruch eines bestehenden Tabus. Auch sonst spielen Frauen in den Evangelien eine ungewöhnliche und zugleich herausragende Rolle. Sie sind die ersten Zeugen der Auferstehung, des zentralen und entscheidenden Ereignisses im Neuen Testament.
Und trotzdem hat Jesus in den Kreis der Zwölf keine Frauen berufen. Auch die Berichte über die Aussendung der Zwölf (Mk 6,7-12 parr) und der 72 Jünger erwähnen keine Frauen (Lk 10,1-16). Die Reihe der Merkwürdigkeiten im Neuen Testament läßt sich noch um einige vermehren. Zweifelsohne haben Frauen bei der Gründung der urchristlichen Gemeinden eine besondere Rolle gespielt. Erwähnt werden zum Beispiel Chloe und ihre Leute in Korinth (1 Kor 1,11), Aquila und Priska und ihre Hausgemeinde (1 Kor 16,19), Nympha und die Gemeinde in ihrem Haus (Kol 4,15), die Purpurhändlerin Lydia aus Thyatira (Apg 16,14f.), das Haus der Maria (Apg 12,12), offensichtlich Hausgemeinden unter der Leitung von Frauen. Allerdings kann andererseits nicht übersehen werden, daß die frühchristlichen Gemeinden die hergebrachte Stellung der Frau in Kult und Gesellschaft nicht verändert haben. Die Frau gilt nach wie vor dem Mann untergeordnet. Der Mann ist das „Haupt der Frau"; er ist „Abbild und Abglanz Gottes", die Frau dagegen „Abglanz des Mannes" (1 Kor 11,2-12; Eph 5,22f.). Und deshalb muß die Frau im Gottesdienst ein Kopftuch (Schleier) tragen. Das Tragen des Kopftuches ist also ein Zeichen der Unterordnung der Frau, was ganz und gar der antiken Gesellschaftsordnung entspricht.
Wie den neutestamentlichen Haustafeln (Kol 3,18; Eph 5,22 u. 1 Petr 3,1) zu entnehmen ist, hat sich die gesellschaftliche Stellung der Frau in den christlichen Gemeinden nicht verän-

dert. Es ist bei der Unterordnung der Frau geblieben: „Ihr Frauen, ordnet euch den Männern unter, wie es sich im Herrn geziemt“ (Kol 3,18). Das ist mehr als erstaunlich, denn prinzipiell gilt doch, daß alle Getauften gleich sind und die Unterschiede von Geschlecht und Rasse ihre frühere (gesellschaftliche) Bedeutung verloren haben (Gal 3,28). Soll denn die in Christus geschenkte neue Freiheit, die Paulus so vehement gegen die Gesetzessklaverei verteidigt hat, für die Frauen keinerlei Auswirkungen auf das praktische christliche Leben haben? Das müssen auch die Frauen so empfunden haben, denn es hat offensichtlich schon damals über diese Frage Diskussionen in der Gemeinde von Korinth gegeben (1 Kor 11,16).

Insgesamt ergibt sich aus den einschlägigen Texten, vor allem aus den Gemeindeordnungen 1 Tim 2,1ff. und Tit 2,1-3,8, daß die christliche Gemeinde sich nicht veranlaßt gesehen hat, das antike Frauenbild an entscheidender Stelle zu korrigieren. Als Idealbild der christlichen Frau wird ein stilles, häuslich-zurückgezogenes, bürgerliches Leben gezeichnet. Im Gottesdienst soll sie einen Schleier tragen, grundsätzlich schweigen und nicht öffentlich auftreten (1 Kor 14,33-36). Ihre Aufgaben im Gemeindeleben liegen im karitativen Bereich (Apg 9,36). Wieweit sich hinter der Formulierung „Mitarbeit, Mühewaltung etc.“ (Röm 16,3.6.12; Phil 4,3) eine spezielle Funktion in den Gemeinden verbirgt, ist nicht auszumachen. Der Witwenstand und das Amt der Diakonisse beziehungsweise „Dienerin“ haben dagegen eine biblische Grundlage und eine urkirchliche Tradition. Es hat also in der frühen Kirche ein Frauenamt gegeben, das durch Weihe seitens des Bischofs übertragen wurde. Mit diesem Amt war jedoch keine geistliche Gewalt verbunden. Allerdings trugen in der späteren Kirche des Ostens die Diakonissen eine Stola und zählten hier und da sogar zum Klerus. Sie waren vornehmlich im Bereich der Katechese und der Karitas tätig. In der westlichen Kirche hat sich allerdings das Diakonissenamt nicht weiterentwickelt und ist praktisch in den weiblichen Orden aufgegangen.

Damit stellt sich die Frage, warum eine Reihe von bemerkenswerten neuen theologischen Ansätzen des Neuen Testaments in der späteren Geschichte der Kirche praktisch folgenlos geblieben ist. Zu denken ist hier zum Beispiel an die Aufhebung der Sklaverei, die Gleichstellung der Frauen, aber auch an den Gewaltverzicht der Bergpredigt (siehe die Kreuzzüge), die grundsätzliche Freiheit und Gleichheit aller Menschen und vieles mehr. Es ist hier nicht der Ort, um nach Antworten auf diese uns heute bedrängenden Fragen zu suchen. Eines kann man mit Sicherheit sagen. Die Kirche lebt in der Welt und geht gemeinsam mit der Menschheit den Weg durch die Zeit, wie das Konzil es formuliert hat. Auf ihrem langen geschichtlichen Weg hat die Kirche mal mehr, mal weniger mit der jeweiligen Gesellschaft paktiert. Was hätte sie auch anders tun sollen, wenn sie nicht grundsätzlich aus der Welt ausziehen und in ein kirchlich-religiöses Ghetto abwandern wollte? Viele Fragen, die uns heute auf den Nägeln brennen, haben sich so zu früheren Zeiten nicht gestellt, weil die Zeit dafür noch nicht reif war. In einer feudalistischen, ständisch strukturierten, monarchistisch regierten Gesellschaft war für die Menschen das hierarchische System der Kirche kein allzu großes Problem. Sie erlebten keinen gravierenden Unterschied zwischen den gesellschaftlichen und kirchlichen Strukturen. Da beide als mehr oder weniger gottgewollt verstanden wurden, regte sich auch kein grundsätzlicher Widerstand gegen sie. Das ist durch Aufklärung und Industrialisierung von Grund auf anders geworden. In unseren demokratischen, aufgeklärten Gesellschaften wird nichts mehr einfach als gottgewollt hingenommen. Alles wird „hinterfragt", muß rational und für jedermann nachvollziehbar begründet werden, auch die hierarchischen Strukturen der Kirche, auch der prinzipielle Ausschluß der Frauen von den Leitungsämtern.

3. Exodus der Frauen aus der Kirche?

Der Ruf der Frauen nach Gleichstellung mit den Männern ist unüberhörbar und kann nicht mehr durch Dialogverweigerung oder Verbote aus der Welt geschafft werden. Es könnte

dies zu einer Überlebensfrage für die Kirche werden. An einer befriedigenden Lösung der hier anstehenden Probleme könnte sich eines Tages ganz wesentlich ihre Zukunftsperspektive entscheiden. Schließlich sind es die Frauen, die zur Zeit noch das Gros der aktiven Kirchgänger ausmachen. Wenn auch die Frauen aus den Gemeinden auswandern würden, stünden die Kirchen weithin leer da. Dabei darf nicht übersehen werden, daß es überwiegend die Frauen und Mütter sind, die das religiöse Klima in den Familien prägen und den Glauben an die kommende Generation weitergeben. Es muß nachdenklich machen, daß bereits ein erheblicher Teil der berufstätigen Frauen der Kirche entfremdet ist. Es ist schwer vorstellbar, daß Frauen, die im Berufsleben gleichberechtigt neben den Männern stehen, die Karriere machen, die nach und nach auch in den Chefetagen ihren Platz einnehmen, die selbständig und erfolgreich wirtschaftliche Unternehmen leiten, sich auf Dauer in der Kirche mit der Rolle als „dienende Magd“ zufriedengeben werden.
Das Bild der „Dienstmagd Gottes“ hat natürlich eine ehrwürdige Tradition in der Kirche, zumal wenn man bedenkt, daß es von seinem biblischen Ursprung her nahezu untrennbar mit dem Marienbild der Hl. Schrift verbunden ist. Das darf aber im heutigen Kontext nicht dazu verleiten, es im Sinn einer bestimmten gesellschaftlichen Rollenfixierung der Frau zu interpretieren. Die prototypische Bedeutung Marias für die Kirche bezieht sich auf die gläubige Haltung des Christen gegenüber dem Ruf Gottes. Das in vertrauensvoller Hingabe gesprochene Fiat ist die gläubige Antwort des Menschen – jedes Menschen, gleich ob Frau oder Mann – auf das Angebot des gnädigen Gottes. Theologisch gesprochen, was der Evangelist Lukas in der Verkündigungsszene berichtet (Lk 1,26-38), ist eine urbildhafte Darstellung des Erlösungsgeschehens, ist in moderner Diktion eine szenarische Vorwegnahme des Rechtfertigungsglaubens. Das handelnde Subjekt des Geschehens ist einzig und allein der allmächtige und barmherzige Gott. Der Mensch kann das gnadenhafte Geschehen weder selbst arrangieren, noch kann er es sich durch vorausgehende Akte verdienen. Der Mensch kann nur sein Ja

(Fiat) dazu sagen, das heißt, sich der Gnade zu öffnen und das Geschenk Gottes anzunehmen.
Interessant in diesem Zusammenhang ist, daß da, wo es um die Rolle der Frau in Kirche und Gesellschaft geht, das Neue Testament sich nicht auf das Vorbild der Gottesmutter beruft, sondern mit gesellschaftlichen Gründen argumentiert: Sitte, Brauch, Anstand, natürliche Beschaffenheiten. So begründet Paulus seine Weisung an die Gemeinde in Korinth, daß die Frauen sich die Haare nicht kurz schneiden und beim Gottesdienst ein Kopftuch tragen sollen, damit, daß dies dem „Brauch" in den Gemeinden und dem natürlichen Anstand entspricht (1 Kor 11,2-16). Und ebenso wird das Redeverbot für Frauen in der Versammlung begründet: „Es gehört sich nicht für eine Frau, vor der Gemeinde zu reden" (1 Kor 14,35). Die Formel „Es gehört sich nicht" ist eindeutig dem gesellschaftlichen Bereich von Sitte und Anstand zuzuordnen, keinesfalls ist damit ein theologisch qualifiziertes Urteil ausgesprochen.
Vielleicht konnte man kirchlicherseits die feministische Theologie der siebziger und achtziger Jahre noch als Angelegenheit einzelner emanzipierter Theologinnen und als Selbstfindungsübung einiger elitärer Frauengruppen abtun und in der beruhigenden Überzeugung, daß es sich um eine vorübergehende Erscheinung handle, zur Tagesordnung übergehen. Inzwischen wird die Forderung nach der Gleichberechtigung, nach dem Diakonat und der Priesterweihe der Frau nicht allein von einigen kirchlichen Randgruppen erhoben. Heute stehen hinter diesen Forderungen mitgliederstarke Bewegungen, Institutionen und Verbände wie die Aktion „Kirchenvolksbegehren", die Bewegung „Kirche von unten", die Zeitschrift „Publik-Forum", die Aktion „Lila Stola", nicht zu vergessen die Katholische Frauengemeinschaft Deutschlands (kfd) und prinzipiell auch das Zentralkomitee der deutschen Katholiken (ZdK).
Manche Aktionen wirken eher erheiternd, bisweilen sogar abstoßend, als daß sie auf Außenstehende einen positiven, motivierenden, werbenden Effekt hätten. So zum Beispiel, wenn akribisch in den Texten der Heiligen Schrift und den li-

turgischen Büchern nach sogenannten sexistischen Formulierungen gesucht wird. Anschließend werden dann alle Texte, die – der jeweiligen Entstehungszeit entsprechend – nur in der maskulinen Form abgefaßt sind, durch die feminine Parallelform ergänzt oder durch ein Neutrum ersetzt. So werden aus den Brüdern flugs die Geschwister Christi, auch wenn es mit einer verantwortlichen Exegese wenig zu tun hat. Und bei vielen Menschen wird es nicht gerade Sympathien für das Anliegen, um das es geht, wecken, wenn man während des Gottesdienstes „versehentlich" in die Nähe einer Frauengruppe gerät, die statt „Vater unser" lautstark und mit revolutionärem Pathos „Mutter unser" betet.

Die spektakulären Auftritte der Aktion „Lila Stola" sind zwar publikumswirksam und fernsehgerecht inszeniert, wenn anläßlich von Diakonats- oder Priesterweihen Gruppen von Frauen, mit lilafarbener Diakonenstola bekleidet, vor dem Gotteshaus Transparente halten, auf denen sie die Zulassung von Frauen zur Diakonenweihe fordern, und sich anschließend demonstrativ mit ihrer lila Stola in der Nähe des Altarraumes postieren. Doch was bewirken derartige Aktionen? Sie wirken auf die meisten Kirchenbesucher abschreckend und insgesamt kontraproduktiv, denn sie rücken das eigentliche Anliegen in die Nähe der Clownerie und der Sensationslüsternheit. Nach dem überwiegenden Urteil der Beteiligten kann man diese Menschen nicht ernst nehmen. Trotz dieser und anderer negativer Begleiterscheinungen muß die Forderung nach Gleichstellung, die heute immer vehementer in der Kirche nicht nur von feministischen Frauen erhoben wird, sehr ernst genommen werden. Es könnte schon bald, wie bereits gesagt, zu einer Überlebensfrage der Kirche werden.

Eine neue Qualität hat die Diskussion durch die *Leitlinien '99* der Katholischen Frauengemeinschaft Deutschlands (kfd)[43] bekommen, denn hier handelt es sich um einen offiziellen kirchlichen Frauenverband, der sich zur Sache meldet. Zwar

[43] Leitlinien '99. Herausforderung Gerechtigkeit, hrsg. von der Katholischen Frauengemeinschaft Deutschlands, Düsseldorf.

ist schon bald nach der Veröffentlichung angekündigt worden, daß auf einer außerordentlichen Mitgliederversammlung mit Änderungen zu rechnen sei, was nicht zuletzt auf den Einspruch der Bischöfe hin erfolgt ist, doch läßt der ursprüngliche Text erkennen, wie der kirchlich autorisierte und legitimierte Frauenverband über die Frage der Gleichstellung, über die Diakonen- bzw. Priesterweihe von Frauen und über die derzeitigen hierarchischen kirchlichen Strukturen denkt. Verständlich, daß die Bischöfe sofort interveniert haben, denn das Dokument spricht eine deutliche Sprache.
Die *Leitlinien '99,* die Ziel und Selbstverständnis des Frauenverbandes beschreiben wollen, stehen unter dem Motto „Herausforderung Gerechtigkeit". Die Stellung der Frau in der Kirche zu korrigieren ist also eine Frage der Gerechtigkeit, der Gerechtigkeit gegenüber den Frauen. Die Leitlinien haben einen umfangreichen Forderungskatalog vorgelegt, wobei an erster Stelle die Gleichwertigkeit aller Lebensformen steht: „Alle Lebensformen von Frauen müssen als gleichwertig anerkannt werden. Dazu muß deutlich werden, daß Maßstab für den Wert einer Lebensform nur die in ihr gelebte Lebens- und Beziehungsqualität sein kann. Es ist erforderlich, daß die Vielfalt von Frauenleben in Gesellschaft und Kirche als Bereicherung wahrgenommen wird." Unter den Lebensformen, in denen Frauen heute leben und die als gleichwertig anerkannt werden sollen, werden genannt: die Ehe, ein Leben ohne Lebenspartner, Wiederheirat nach Scheidung, gleichgeschlechtliche Partnerschaft.
An zweiter Stelle im Forderungskatalog der Leitlinien steht der Zugang zu allen Ämtern: „Frauen soll der Zugang zu allen kirchlichen Ämtern offenstehen. Dazu müssen Voraussetzungen geschaffen werden, die Frauen und Männern die gleichberechtigte Beteiligung an kirchlichen Entscheidungen ermöglichen." In den dazugehörigen „Handlungsschritten" wird erklärt, daß die kfd Netzwerke initiieren und unterstützen wird, „die sich für die Weihe von Frauen einsetzen". Auf die anderslautenden Entscheidungen Roms geht das Papier gar nicht ein, ruft vielmehr indirekt zum Kampf dagegen auf. Man stellt fest, daß Frauen in der Kirche weithin benachtei-

ligt sind, und empfindet es als diskriminierend, daß sie allein aufgrund ihres Geschlechts von den Weiheämtern und den damit verbundenen Leitungspositionen ausgeschlossen werden. Für viele Frauen, so das Papier, ist die Frauenordination ein Prüfstein, an dem die Glaubwürdigkeit der Kirche gemessen wird.

Was in den Leitlinien zum Ausdruck gebracht wird, ist nicht nur die Meinung und das Empfinden eines bestimmten Frauenverbandes, das Dokument gibt vielmehr ein weitverbreitetes Stimmungsbild wieder. Wie sich gezeigt hat, kann die Diskussion nicht durch ein päpstliches Verdikt abgebrochen und beendet werden, zumal in der Frage der Frauenordination auch ernsthafte Theologen unterschiedlicher Meinung sind. Es ist schwer, eine Prognose für die nächsten 50 Jahre abzugeben. Daß sich die Stellung der Frau in der Kirche erheblich verändern wird, dürfte außer Zweifel stehen, wenn man die rasante gesellschaftliche Entwicklung in Betracht zieht. Nachdem eine Frau, nämlich Angela Merkel, Vorsitzende der CDU geworden ist, dürfte es nur noch eine Frage der Zeit sein, wann Frauen auch die höchsten Staatsämter des Bundespräsidenten und des Bundeskanzlers einnehmen werden, was in einigen Ländern bekanntlich bereits der Fall ist. Wohin wird der Zug abfahren? Zur Zeit läßt sich höchstens die eine oder andere Weichenstellung ausmachen.

Nachdem eine Frau, nämlich Rita Waschbüsch, bereits an der Spitze des höchsten Laiengremiums, des Zentralkomitees der deutschen Katholiken, gestanden hat, werden Frauen über kurz oder lang auch in den kirchlichen Verwaltungen, den Ordinariaten und Generalvikariaten, gleichberechtigt neben Männern leitende Stellungen bekleiden und so an den kirchlichen Entscheidungsprozessen beteiligt sein. Da gibt es im Prinzip keine Schwierigkeiten. Der Prozeß ist bereits eingeleitet worden.

Anders jedoch verhält es sich mit der Frauenordination. Die theologische Diskussion dieser Frage, die nicht Gegenstand dieser Untersuchung ist, ist noch nicht endgültig abgeschlossen. Hingewiesen sei an dieser Stelle nur kurz auf die ökumenische Problematik. Frauen im Priester- oder gar im Bischofsamt, das ist für die heutige orthodoxe Kirche unvorstellbar. Die Ordination von Frauen würde zum gegenwärtigen Zeitpunkt eine Wiedervereinigung mit den orthodoxen Kirchen fast unmöglich machen. Das gilt es bei der Diskussion dieser Thematik mitzubedenken.

Anders wiederum verhält es sich mit dem Diakonat der Frau. Es ist historisch belegt und im allgemeinen unbestritten, daß es das Amt der Diakonin oder Diakonisse in den ersten Jahrhunderten gegeben hat. Allerdings sind nicht mehr restlos der Funktionsbereich und die Art der Sendung (Weihe) zu klären. Das dürfte aber kein Hindernis für die Wiedereinführung des Frauendiakonats sein. Manche sehen zwar ein Hindernis in der Verbindung der Diakonats- mit der Priesterweihe. Das muß aber nicht sein. Die Kirche als Verwalterin des göttlichen Gnadenschatzes hat das Recht und die Legitimation, den Aufgabenbereich und die Weiheform eines Frauendiakonats frei zu bestimmen. Schließlich gibt es auch heute noch die Weihe von Äbtissinnen. Und aus der Geschichte der Kirche ist bekannt, daß Äbtissinnen nicht selten sogar Jurisdiktionsgewalt gehabt haben.

IV.
Priesterlose Gemeinden – Verwaltung des Mangels?

1. Priesterlose Gemeinden

Das Bild der zukünftigen Kirche wird ganz entscheidend davon abhängen, wie die Kirche auf den eklatanten Rückgang der Priesterberufe reagieren und auf diesem Hintergrund die Pastoral in den Gemeinden neu organisieren wird. Das Faktum als solches ist nicht neu. Seit den sechziger Jahren weiß man, daß die Zahl der Priester- und Ordensberufe zurückgeht. Zunächst hat man darauf kaum reagiert, weil man allgemein der Meinung war, daß es sich um ein vorübergehendes Phänomen handeln würde. Nachdenklichkeit setzte erst ein,

als klar wurde, daß der Ordensnachwuchs praktisch auf Null zusammengeschrumpft war und Orden wie Genossenschaften darangingen, die ersten Einrichtungen, Schulen, Krankenhäuser etc. aufzugeben. Doch waren das vergleichsweise erst die Vorbeben, die den Ausbruch eines Vulkans beziehungsweise eines schweren Erdbebens ankündigen. Die kirchlichen Grundfesten wurden erschüttert, als sozusagen über Nacht zahlreiche Priester, jüngere und ältere, ihr Amt aufgaben, die Priesterseminare mancher Ordensgemeinschaften von einem auf den anderen Tag leer standen, diözesane Priesterseminare und Theologenkonvikte verkleinert oder umfunktioniert und gegen kleinere Häuser ausgetauscht werden mußten. „Im Priesterseminar, im Theologenkonvikt sind Zimmer frei! Eine gute Adresse für Priester, die sich auf Reisen befinden", so schrieb damals eine Zeitung. Der Schock saß tief! War es auch ein heilsamer Schock? Daran darf mit Recht gezweifelt werden, denn zu einer offenen Diskussion über die tieferen Ursachen ist es nicht gekommen. Diese hätte die inzwischen veränderten gesellschaftlichen Bedingungen für den Zölibat einschließen und Antworten auf die Frage geben müssen, wie der Zölibat heute in einer Gesellschaft, welche die sexuellen Schranken kontinuierlich abbaut, gelebt werden kann.
Die Reaktion war und ist bis auf den heutigen Tag unterschiedlich. Die einen, und dazu zählt im allgemeinen die höhere Hierarchie, üben sich in der Tugend der Gelassenheit und des Gottvertrauens nach dem Motto: Die Kirche hat schon schlimmere Zeiten überstanden, Gott wird wissen, wohin er seine Kirche führen will. Die Kirchenleitungen verbreiten Optimismus, machen Front gegen „Defätismus" und lassen nichts unversucht, um die Meinung zu verbreiten, es sei alles gar nicht so schlimm. Von dieser Seite konnte man sogar bisweilen die erstaunliche Botschaft vernehmen, es gäbe gar keinen Priestermangel. Zum Beweis dieser überraschenden These hat man etwa auf Lateinamerika verwiesen und die Gemüter damit beruhigt, daß es im Vergleich mit diesen Ländern bei uns sogar sehr viele, um nicht zu sagen, zu viele Priester gebe. Ganz erstaunliche Rechenkunststücke waren da zu vernehmen. Insgesamt, so

wurde gesagt, sei die Zahl der aktiven Priester in der Seelsorge gar nicht zurückgegangen, wobei das „insgesamt“ nie genauer definiert wurde und man geflissentlich vergaß, das Rechensystem anzugeben, das zu diesen erfreulichen Resultaten führt. Offensichtlich ist inzwischen das mathematische System gewechselt worden, denn seit geraumer Zeit spricht man vom Priestermangel, der zur Zusammenlegung von Gemeinden zwinge. Da muß doch etwas nicht stimmen! Oder ist der Computer abgestürzt?
Von anderer Seite wird dagegengehalten, daß es neben der Tugend des Gottvertrauens auch eine Tugend der Klugheit gibt und daß diese Tugend eigentlich geboten hätte, rechtzeitig die nötigen Vorkehrungen zu treffen. Warum, so wird gefragt, hat man nicht frühzeitig und rechtzeitig die Gemeinden, die Seelsorger und die Priesteramtskandidaten auf eine Entwicklung vorbereitet, die sich seit langem abgezeichnet hat? Warum werden erst jetzt neue Gemeindestrukturen und Pastoralpläne entworfen, nachdem die Pfarrhäuser reihenweise leer stehen und viele, zum Teil sogar sehr alte Pfarreien verwaist sind? Oder glaubt man, daß man das Problem mit einigen strukturellen Korrekturen, sprich Zusammenlegungen von Gemeinden, in den Griff bekommen kann?

2. Kirchen ohne Gemeinden in Frankreich

Wer heutzutage als Tourist, Reisender oder Kunstfreund in ländlichen Gegenden Frankreichs unterwegs ist, steht immer häufiger vor verschlossenen Kirchentüren. Der Schlüssel ist in einem Haus nebenan zu holen, das Pfarrhaus steht seit Jahren leer. Erkundigt man sich nach dem Sonntagsgottesdienst, wird einem beschieden, daß irgendwo in einem der näheren oder entfernteren Nachbarorte regelmäßig an den Sonntagen ein Priester sei und die Messe lese. Dort kann man dann zur angegebenen Zeit eine kleine Gottesdienstgemeinde von 70 bis 80 Gläubigen, überwiegend Senioren, antreffen, die sich hier aus der ganzen Region zusammenfinden. Der Gottesdienst wird nicht am Hauptaltar, sondern in einer Seitenkapelle gefeiert. In der großen altehrwürdigen Kirche würde sich sonst das kleine Häuflein der Aufrechten ganz verloren vorkommen.

Man sagt, daß in Frankreich im Durchschnitt etwa drei Prozent der Gläubigen regelmäßig am Gottesdienst teilnehmen. Viele kleine oder auch große Dorfkirchen – der Staat hat meistens die Baupflicht – befinden sich in einem desolaten Zustand. Viele Pfarrhäuser stehen seit Jahrzehnten leer. Viele Kirchen sind praktisch ohne Gemeinden. Die junge Generation wächst weitgehend ohne Kontakt zur Kirche, ohne religiöse Unterweisung in einer religiös indifferenten, liberalen, teilweise glaubensfeindlichen Umwelt auf. Das Christentum ist in ganzen Landstrichen praktisch tot, überlebt nur noch in kleinen religiösen Gruppen und in wenigen noch christlich geprägten Regionen.

Der überwiegende Teil der Priester ist überaltert, hätte längst den Ruhestand verdient, hält aber weiter aus, weil nach seinem Ausscheiden kein Nachfolger mehr kommen wird. Nach dem Krieg gab es immerhin noch etwa 25 000 aktive Priester, heute sind es noch ungefähr 7 000. Vielfach haben längst Laien die Verantwortung übernommen, arbeiten in der Regel ehrenamtlich, denn der Kirche fehlt es an den nötigen finanziellen Mitteln. Sie mühen sich um die Glaubensunterweisung, bereiten auf den Empfang der Sakramente vor, beerdigen die Verstorbenen, holen die wenigen Gläubigen zum Gottesdienst zusammen, halten selbst Wortgottesdienste ab, wenn kein Priester zur Verfügung steht. Wie wird es weitergehen?

Hat die Kirche in Frankreich, die sich einst stolz als „älteste Tochter der Kirche“ bezeichnete, noch eine Zukunft? So fragen sich die Menschen, soweit sie noch religiös und kirchlich interessiert sind. Die einen sind skeptisch, andere hoffen auf die große Wende. Eines wissen sie alle: Wenn die Kirche überleben soll, müssen sich die Strukturen von Grund auf ändern. Es wird Zeit, lange darf man in Rom nicht mehr warten. In vielen ländlichen Gemeinden ist das christliche Leben bereits abgestorben. Wenn nichts geschieht, kann es morgen in den städtischen Gemeinden ebenso aussehen.

Man kann sicherlich nicht einfach die französische Entwicklung auf die deutschen Verhältnisse übertragen und von da auf die Zukunftsperspektiven in Deutschland schließen. Frankreich hat in mancherlei Beziehung eine spezielle Entwicklung durchgemacht, und das nicht erst seit der Französischen Revolution. Doch sollte sich die deutsche Kirche nicht durch gewisse Entwicklungen in den Gemeinden, die zur Hoffnung Anlaß geben, täuschen lassen. Es gibt keine Garantie dafür, daß es nicht in 50 Jahren oder auch schon eher in Deutschland genauso aussehen wird wie zur Zeit in Frankreich. Da genügt ein Blick auf die neuen Bundesländer, um nachdenklich zu werden. Und es hat nicht den Anschein, daß die Wiedervereinigung dort zu einer grundsätzlichen Wende führen könnte. Eher ist zu befürchten, daß sich religiös und kirchlich die Verhältnisse im Westen nach und nach an jene im Osten angleichen werden. Insofern könnte man sogar von einem Ost-West-Gefälle sprechen. Jedenfalls ist aus den Erfahrungen in Frankreich unter anderem zu lernen, welche Auswirkungen eine totale Trennung zwischen Kirche und Staat und der Auszug der Kirche aus den Schulen, den Bildungseinrichtungen und den öffentlichen Institutionen haben könnten.

3. Verwaltung des Mangels oder Aufbruch zu neuen Ufern?

Es tut sich etwas in den deutschen Diözesen. Nicht, daß etwa der langerwartete neue Frühling in der Kirche Gottes angebrochen sei. Von Aufbruchstimmung ist nicht allzuviel zu spüren, es sieht eher nach Abbruch oder Umbau aus. Nachdem lange Zeit der Rückgang der Priester- und Ordensberufe weitgehend verharmlost worden ist, muß die Kirche nun zur Kenntnis nehmen, daß sie – trotz Abbau von kleinen Seelsorgsstellen und trotz Rückzug von Priestern aus allen Tätigkeitsbereichen, die auch von Laien übernommen werden können – nicht mehr alle vorhandenen Pfarreien besetzen kann. Eine Zeitlang konnte man sich damit helfen, daß man in dem einen oder anderen Fall kleinere Pfarreien zusammengelegt hat. Inzwischen ist jedoch der Priestermangel so eklatant geworden, daß nur noch durch eine flächendeckende Umstrukturierung die Situation in den Griff zu bekommen ist. Nun werden in den Diözesen entsprechend der Zahl der in Zukunft zu erwartenden Priester systematisch Pfarreien zusammengelegt und die vorhandenen Priester dann auf diese neuen Pfarrverbände aufgeteilt.

So hat zum Beispiel die Diözese Aachen laut Pressebericht[44] einen neuen Strukturplan ausgearbeitet, demzufolge aus 548 Pfarreien 104 „Gemeinschaften von Gemeinden“ gebildet werden. Bei der Vorstellung des Plans wurde mitgeteilt, daß die neuen Gemeinschaften von Gemeinden von Pastoralteams, denen in der Regel wenigstens zwei Priester angehören werden, geleitet werden sollen. Der Neustrukturierung liegt die Annahme zugrunde, daß die Zahl der im aktiven Dienst stehenden Priester von 563 im Jahr 1997 auf 372 im Jahr 2007 zurückgehen wird. Die fehlenden Priester sollen zum Teil durch Gemeinde- und Pastoralreferenten ersetzt werden. Leitidee des neuen diözesanen Strukturplans, so wurde gesagt, ist das Prinzip „Lebensraumorientierung“.

Es kann nicht im Interesse einer aufbauenden Pastoral liegen, wenn die Situation unnötig dramatisiert wird. Angesichts der schmerzhaften Umbrüche und einschneidenden Veränderungen, mit denen in den nächsten Jahren und darüber hinaus in den vor uns liegenden Jahrzehnten zu rechnen ist, muß man sowohl den Gemeinden als auch den Priestern und ihren Mitarbeitern Mut machen und Perspektiven aufzeigen, wie es weitergehen kann. Ebenso unangebracht wäre es jedoch, wenn man die gegenwärtige Lage verharmlosen oder gar schönreden würde. Die Frage ist, ob die Kirche beziehungsweise die verantwortlichen Entscheidungsträger inzwischen zu der Einsicht gekommen sind, daß man auf die gegenwärtige Krise nicht nur mit einigen strukturellen Anpassungen und entsprechend modifizierten Pastoralplänen angemessen antworten kann. Man hat nicht den Eindruck.

Da liest man zum Beispiel in einem Informationsblatt zur Neuordnung der Seelsorge und Zusammenlegung von Pfar-

---

[44] Vgl. Die Tagespost vom 13. April 2000.

reien, daß die Neuordnung nötig geworden sei, weil die bestehende Pfarreienstruktur sich seit dem Jahr 1600 nicht mehr geändert habe und nun an die zwischenzeitlich in Kirche und Gesellschaft erfolgten Umbrüche angepaßt werden müsse. Warum die bisherige Struktur nicht mehr angemessen sein soll, wird mit keinem Wort erklärt. Als weiterer Grund wird die Bevölkerungsentwicklung genannt. Weil die Gesamtzahl der Christen in ganz Deutschland zurückgegangen sei, sei auch die Zahl der Priester- und Ordensberufe sowie der Bewerber für Gemeindereferenten/-innen und andere seelsorgliche Dienste einschließlich der Ehrenamtlichen geringer geworden. Es ist gewiß einsichtig, daß ein zahlenmäßiger Rückgang der Katholiken zu einer Reduktion der Priester- und Ordensberufe führen kann, allerdings nicht muß. Es ist jedoch höchst sonderbar, wenn von den weitaus gravierenderen Gründen für dieses Phänomen mit keinem einzigen Wort die Rede ist, so als handelte es sich um die natürlichste Angelegenheit der Welt. Da muß der Eindruck entstehen – vielleicht ist das auch beabsichtigt –, daß der gegenwärtige Priestermangel eigentlich gar kein besonderes Problem darstellt.
Der Eindruck wird noch verstärkt, wenn im weiteren Text suggeriert wird, daß die Zusammenlegung von Gemeinden deshalb erfolgt, weil man so den Bedürfnissen der Menschen besser gerecht werden kann. Eine Gemeinde, die allen Aufgaben und Diensten, die man von ihr erwarte, gerecht werden könne, müsse mindestens 4500 bis 5000 Mitglieder haben. Kleinere Gemeinden könnten das Erforderliche auf Dauer nicht leisten. Das ist ein wahres Schelmenstück. Hier wird der Eindruck erweckt, es könne den Gemeinden, die wegen des immer noch ansteigenden Priestermangels in Zukunft keinen eigenen Priester mehr haben werden, im Grunde nichts Besseres passieren. Etwas „boshaft“ könnte man das Gesagte dahingehend interpretieren: Die priesterlos gewordenen Gemeinden können sich eigentlich glücklich schätzen, denn in den zusammengelegten großen Gemeinden wird im Grunde alles für sie besser werden. Ist das alles, was man zum Beispiel den ländlichen Gemeinden zu sagen hat, die ihre Schule, die Poststelle, den Lebensmittelladen verlo-

ren haben und nun erleben müssen, daß auch die Kirche sich zurückzieht, sie – wie nicht wenige enttäuscht und verbittert sagen – im Stich läßt?

Was haben sich die Autoren dieses Papiers eigentlich gedacht? Hatten sie Angst, die Dinge beim Namen zu nennen? Fürchteten sie, die Menschen könnten die Wahrheit nicht ertragen? Warum legt man die Karten nicht offen auf den Tisch? Jedermann weiß doch längst, daß der eklatante Priestermangel zu Einschnitten zwingt, die für alle sehr schmerzlich sein werden. Man kann nicht so tun, als stünden hinter der vorgesehenen Neustrukturierung nicht ganz massive Probleme, die zum Handeln zwingen: dramatischer Rückgang der Priester- und Ordensberufe, nachlassendes Interesse für den Beruf des Gemeindereferenten, in wenigen Jahren nahezu vollständiger Rückzug der Orden und Kongregationen aus den karitativen Einrichtungen. Es ist nicht hilfreich, wenn man den Kritikern vorhält, sie würden die Situation unangemessen dramatisieren, es fehle an Gottvertrauen, die Kirche sei in ihrer langen Geschichte schon mit anderen Prüfungen fertig geworden.

Wer mit dem Konzil darangeht, die Zeichen der Zeit zu erkennen, wird bei einer ernsthaften religionssoziologischen Analyse nicht an der Feststellung vorbeikommen, daß die Kirche vor schwerwiegenden Entscheidungen steht. Mit einigen strukturellen Korrekturen ist es nicht getan, wenn sich nicht eines Tages die ländlichen Räume genauso der Kirche entfremden sollen wie bereits das städtische Milieu. Ein Blick zu unserer französischen Nachbarkirche dürfte lehrreich und zugleich heilsam sein.

Die Kirche in Deutschland steht unausweichlich vor der Frage, wie sie längerfristig auf den dramatischen Rückgang der Priester- und Ordensberufe reagieren soll. Ein weiteres Zuwarten und Hoffen auf die Wende – das dürfte inzwischen allen klar geworden sein – ist nicht länger zu verantworten. Wenn die Kirche und die Bischöfe ernst genommen werden wollen, dürfen sie nicht länger die Situation verharmlosen und die grundsätzlichen Entscheidungen hinausschieben. Natürlich kann man die durch den Rückgang der Priester-

berufe entstandene Situation dadurch bereinigen, daß man mehrere Pfarreien unter der Verwaltung eines Seelsorgers zusammenlegt. Und daran führt zunächst kein Weg vorbei. Doch kann die mechanische Zusammenlegung von Pfarreien nicht das letzte Wort sein. Mathematisch und strukturell gesehen, ist das die einfachste Lösung, die obendrein kirchenrechtlich völlig problemlos ist. Sie hat zudem den Vorteil, daß sie längerfristig, heute sagt man nachhaltig, angelegt ist. Sollte in Zukunft die Zahl der Priester noch weiter schrumpfen, braucht man nur weitere Gemeinden zusammenzulegen, und das Problem ist gelöst. Theoretisch perfekt, denn eine Handvoll Priester wird es immer geben.
Ganz anders sieht die Sache jedoch aus, wenn man sie aus der Sicht der seelsorglichen Erfordernisse betrachtet, wenn man also nicht unter administrativem Aspekt quasi von oben an sie herangeht, sondern von unten und aus der Sicht der Gläubigen und ihrer seelsorglichen Bedürfnisse. Was ist zu tun, damit auch in Zukunft trotz der geringeren Zahl von Priestern aktives Gemeindeleben erhalten bleibt? Wie kann verhindert werden, daß in den Gemeinden, die keinen eigenen Seelsorger mehr haben, das christliche Leben nicht nach und nach verkümmert und eines Tages ganz abstirbt? Es ist richtig, daß es bei der heutigen Motorisierung kein allzu großes Problem darstellt, einige Kilometer zu fahren, um am Gottesdienst oder an kirchlichen Veranstaltungen teilzunehmen. Aber tun das auch die Menschen? Die Erfahrung sagt nein! Viele bleiben einfach zu Hause. Wenn der gegenwärtige Priestermangel nicht längerfristig zu einem weiteren Rückgang des christlichen Lebens führen soll, muß mehr geschehen als eine strukturelle Zusammenlegung von Gemeinden, muß mehr geschehen als eine administrative Verwaltung des Mangels.

4. Perspektiven

Dramatischer Rückgang der Priesterberufe, leerstehende Pfarrhäuser, Gemeinden ohne Priester, ein Priester für mehrere Pfarreien! Was ist zu tun? Welche Perspektiven gibt es für die Zukunft? Die einzige Antwort auf den eklatanten Priestermangel kann nicht darin bestehen, daß nun systematisch mehrere Pfarreien zusammengelegt und von einem Priester verwaltet werden. Auf Dauer ist der Priester überfordert, wenn er seine Kraft und seine Zeit auf mehrere Gemeinden aufteilen muß. Er wird zwangsläufig seine seelsorglichen Aktivitäten in den einzelnen Gemeinden reduzieren müssen, was sich langfristig entsprechend auf das kirchliche Leben auswirken wird. Wenn das Gemeindeleben in den priesterlosen Gemeinden nicht verkümmern soll, muß über Möglichkeiten nachgedacht werden, wie die Tätigkeit des Priesters, soweit es eben geht, ersetzt und ein lebendiges Gemeindeleben aufrechterhalten werden kann. Die administrative Verwaltung des Mangels ist keine Lösung. Welche anderen Problemlösungen bieten sich an?

a) Pflichtzölibat der Priester?

Die Verpflichtung zur Ehelosigkeit ist sicher ein schwerwiegender Grund für manchen jungen Menschen, der sich mit dem Gedanken trägt, Priester zu werden, schlußendlich doch von seinem Vorhaben Abstand zu nehmen. Der Zölibat ist in unserer heutigen Zeit zweifelsohne eine sehr hohe Hürde auf dem Weg zum Priestertum. Ob aber der heutige Priestermangel mit einem Schlag beseitigt werden könnte, wenn die Kirche die Verpflichtung zur Ehelosigkeit der Priester aufheben würde, wie nicht selten zu hören ist, kann nicht mit einem einfachen Ja oder Nein beantwortet werden. Es gibt nämlich noch andere Gründe für die derzeitige Misere, wie ein Vergleich mit der evangelischen Kirche deutlich macht. Es besteht aber kaum ein Zweifel, daß in diesem Fall die Zahl der Priesteramtskandidaten erheblich größer wäre und die zur Zeit bestehenden Engpässe einigermaßen beseitigt werden könnten.

Wenn man bedenkt, welche herausragende Bedeutung der Zölibat für das katholische Priesterbild hat, kann man nicht erwarten, daß die Kirche von heute auf morgen den Zölibat aufgeben wird. Eine Institution, die in der Vergangenheit derartig reiche Früchte getragen hat, gibt man nicht vorschnell auf. Jeder, der heute die Abschaffung des Pflichtzölibats fordert, muß sich darüber im klaren sein, daß er sich damit nicht auf das Evangelium berufen kann. Die Berufung in die Jüngerschaft Jesu, das läßt sich nicht leugnen, steht in einem engen Zusammenhang mit dem Ruf zur Nachfolge und zur Ehelosigkeit.

Freilich darf bei dieser Frage der gesellschaftliche Kontext von heute nicht außer acht gelassen werden. Die freiwillige Ehelosigkeit um des Himmelreiches willen ist kein Thema in unserer säkularisierten Welt. Die gesellschaftliche Mehrheit reagiert mit Unverständnis gegenüber dem priesterlichen Zölibat, ja mit schroffer Ablehnung. In einer Welt, in der Lustbefriedigung zur ethischen Maxime erhoben wird, findet sich kein Platz für den biblischen Lebensweg der Ehelosigkeit. Nur so wird verständlich, daß man der Kirche in gewissen Kreisen vorwirft, sie verletze die Menschenrechte, wenn sie von den Priestern den Verzicht auf die Ehe verlange. Es gibt allerdings auch in unserer Zeit Menschen, die dem katholischen Priester, wenn der Zölibat überzeugend gelebt wird, mit Respekt und Anerkennung, oft mit heimlicher Bewunderung begegnen.

Bei der Beurteilung der Gesamtsituation muß man nüchtern feststellen, daß das frühere gesellschaftliche Klima, das den Verzicht auf die Ehe als etwas durchaus Normales erscheinen ließ, sich praktisch ins Gegenteil verkehrt hat. Man vergegenwärtige sich, daß man in früheren Zeiten überall im täglichen Leben Menschen begegnete, die aus unterschiedlichen Gründen ehelos lebten. Auf jedem zweiten Bauernhof gab es einen unverheirateten Onkel oder eine ledige Tante. In der Schule gab es unverheiratete Lehrerinnen, die ihren Dienst quittieren mußten, wenn sie eines Tages heirateten, also auch ein Pflichtzölibat. Und ansonsten war es eine gesellschaftlich ausgemachte Sache, daß man auf die Ehe verzichtete, solange die wirtschaftlichen Voraussetzungen fehlten. In diesem gesellschaftlichen Umfeld fehlte der priesterlichen Ehelosigkeit das heutige Stigma des Außergewöhnlichen, ja des Absonderlichen. Die gesellschaftlichen Bedingungen haben sich inner-

halb von etwa 30 Jahren so grundlegend geändert, daß man ohne Ressentiment feststellen muß, daß auch die meisten Katholiken es als normal empfinden würden, wenn die Zölibatspflicht für katholische Priester aufgehoben würde; viele würden es begrüßen. Das jedenfalls sind die Erfahrungen, welche man heute in katholischen Kreisen, Gruppen und Pfarreien machen kann.
Einen Pflichtzölibat kennt man bekanntlich nur in der katholischen Kirche. Während er in den protestantischen Kirchen und kirchlichen Gemeinschaften gänzlich unbekannt ist, erlaubt die Orthodoxie durchweg die Heirat der Priesteramtskandidaten vor der Weihe. Die verheirateten Priester sind jedoch in der orthodoxen Kirche praktisch von höheren kirchlichen Ämtern ausgeschlossen. Der höhere Klerus kommt überwiegend aus den Klöstern. Die Erfahrungen, die man jedoch gegenwärtig in der orthodoxen und protestantischen Kirche mit der Priesterehe macht, sind nicht so ermutigend, daß man von dort eine Lösung aller anstehenden Probleme erwarten könnte. Von gesellschaftlichen Phänomenen wie dem häufigen Scheitern und der Scheidung von Ehen oder dem Bruch zwischen den Generationen ist nämlich das Pfarrhaus nicht ausgenommen. Man wird aus diesen und anderen Gründen der Kirche nicht einen Vorwurf machen können, wenn sie sich gegenüber der Forderung nach der Aufhebung des Zölibats äußerst reserviert verhält.

b) Alternativen

Wenn aber mit einem Verzicht der Kirche auf die Ehelosigkeit der Priester in absehbarer Zeit nicht zu rechnen ist, welche anderen Perspektiven gäbe es dann für die Zukunft? Wie bereits gesagt, kann es ja nicht sein Bewenden damit haben, daß die inzwischen priesterlos gewordenen Pfarreien einfach auf die vorhandenen Priester aufgeteilt werden. Es muß überlegt werden, wie in den Gemeinden, die keinen Priester haben, trotzdem ein vielfältiges und lebendiges Gemeindeleben sichergestellt werden kann.
1. Da wäre zunächst auf Überlegungen zurückzukommen,

die bereits während des Konzils und speziell auch anläßlich der gemeinsamen Synode der Deutschen Bistümer in Würzburg[45] angestellt worden sind, *in Beruf und Ehe bewährten Männern (viri probati)* ab einem bestimmten Alter die Priesterweihe zu erteilen. Es wurde damals übereinstimmend festgestellt, daß die Ehelosigkeit nicht notwendig mit dem priesterlichen Dienst verbunden ist und „daß außerordentliche pastorale Notsituationen die Weihe von in Ehe und Beruf bewährten Männern erfordern können".[46] Auf der Synode bestand auch Übereinstimmung darin, daß die Weihe sogenannter „viri probati" grundsätzlich möglich ist. Keine Einigkeit konnte jedoch darüber erzielt werden, ob zum damaligen Zeitpunkt eine „außerordentliche pastorale Notsituation" bestehen würde. Inzwischen ist jedoch die Zahl der Priesterberufe so dramatisch zurückgegangen, daß es schwerfallen würde, nicht von einer pastoralen Notsituation zu sprechen.

2. Das Zweite Vatikanische Konzil hat den *Dienst des ständigen Diakons,* den es so bislang nur noch in der Ostkirche gab, auch für die lateinische Kirche wieder eingeführt.[47] Der Aufgabenbereich wird vom Konzil folgendermaßen beschrieben: „Mit sakramentaler Gnade gestärkt, dienen sie dem Volk Gottes in der Diakonie der Liturgie, des Wortes und der Liebestätigkeit." Im einzelnen werden genannt: Spendung der feierlichen Taufe, Aufbewahrung und Austeilung der Eucharistie, Assistenz und Segnung von Eheschließungen, Krankenkommunion, Predigt und Katechese (das Volk belehren und ermahnen), Wort- und Gebetsgottesdienste, Spendung der Sakramentalien und Segnungen, Beerdigungen, Liebestätigkeit (Karitas) und Verwaltung. Durch die Synode der Deutschen Bistümer[48] sind für den deutschen Bereich Dienst und Beauftragung des ständigen Diakons weiter umschrieben

---

45 Vgl. Gemeinsame Synode der Bistümer in der Bundesrepublik Deutschland, Offizielle Gesamtausgabe I, Freiburg 1976, 582, 590, 628f., 910.

46 Beschluß der Synode der Deutschen Bistümer, Die pastoralen Dienste in der Gemeinde, 5.4.6, a. a. O., 628f.

47 Vgl. Dogmatische Konstitution *Lumen gentium*, 29.

48 Beschluß der Synode der Deutschen Bistümer, Die pastoralen Dienste in der Gemeinde, 4.1-4, a. a. O., 614-619.

worden. Es heißt dort: „Der ständige Diakon übt seinen Dienst haupt- oder nebenberuflich, verheiratet oder ehelos, im Dienst einer Diözese oder als Mitglied einer geistlichen Gemeinschaft aus“ (4.3.3). Darüber hinaus erklärt die Synode, daß der ständige Diakon in Notsituationen und in Übergangslösungen im Namen des Pfarrers und des Bischofs bestimmte Aufgaben der Gemeindeleitung übernehmen kann (4.1.3). Damit ist durch Konzil und Synode ein weiterer Weg aufgezeigt worden, um dem derzeitigen Priestermangel zu begegnen und die entstandenen Notsituationen weitgehend zu beheben. Es ist nur schwer verständlich, warum die deutschen Bischöfe nicht entschlossen den aufgezeigten Weg beschreiten und für die priesterlos gewordenen Gemeinden ständige Diakone bestellen. Bösartige Zungen behaupten, das läge daran, daß bei der Deutschen Bischofskonferenz schon lange nicht mehr der Heilige Geist gewesen wäre.

3. Nicht unerwähnt bleiben sollte in diesem Zusammenhang der *Diakonat der Frau,* auf den wir bereits im vorausgehenden Kapitel zu sprechen gekommen sind. Die Synode der Deutschen Bistümer ist auch auf dieses Thema eingegangen[49] und hat sich positiv dazu ausgesprochen. Die Synode weist darauf hin, daß in den ersten Jahrhunderten sowohl in der Ost- als auch in der Westkirche Frauen zu Diakoninnen geweiht worden sind.

Folgende Gründe sprechen nach Auffassung der Synode dafür, auf diese alte Praxis der Kirche zurückzugreifen. Viele Frauen üben bereits jetzt in den Missionsgebieten und in verschiedenen Diözesen zahlreiche Tätigkeiten aus, die an und für sich zum Amt des Diakons gehören. Sodann wäre es hinsichtlich der gesellschaftlichen Stellung der Frau „unverantwortlich“, wenn man heute Frauen von amtlichen Funktionen in der Kirche ausschließen würde, die aus theologischer Sicht möglich und aus pastoraler Sicht wünschenswert wären. Außerdem wäre „die Hineinnahme der Frau in den sakramentalen Diakonat in vielfacher Hinsicht eine Bereicherung“, und zwar für dieses Amt insgesamt. Die Synode weist aus-

---

[49] Vgl. ebd., 4.2.1-2, a. a. O., 616f.

drücklich darauf hin, daß aufgrund des geschichtlichen Befundes die Zulassung der Frau zum sakramentalen Diakonat zu unterscheiden ist von der Zulassung zur Priesterweihe. Dem ist eigentlich nichts hinzuzufügen. Sollte die Kirche endgültig entscheiden, aus welchen Gründen auch immer, daß Frauen nicht zur Priesterweihe zugelassen werden können, dann wäre es nach unserer Meinung ein Akt der Gerechtigkeit, wenn die Kirche den Diakonat der Frau wieder einführen würde, um so im Bereich des Möglichen den Frauen die Gleichstellung in der Kirche zu gewährleisten.

4. Immer schon haben haupt- und nebenamtliche Laien wertvolle Hilfe in den Gemeinden geleistet. Hinzugekommen ist in jüngster Zeit die Mitarbeit von Laien im pastoralen Dienst der Gemeinde, die sogenannten *Gemeinde- und Pastoralreferenten und -referentinnen.* Die Institution hat sich nach dem Urteil der Synode in der relativ kurzen Zeit ihres Bestehens bewährt und hat „bereits eine unersetzliche Bedeutung erlangt" (3.3.1), obwohl es noch Unklarheiten hinsichtlich Stellung und Aufgabe dieser Dienste gibt. Angesichts des eklatanten Priestermangels, der in den nächsten Jahren noch zunimmt, wird man auf die Mitarbeit dieser Dienste nicht verzichten können, um die auf die Gemeinden zukommenden Probleme einigermaßen in den Griff zu bekommen. Es stellt sich allerdings die Frage, ob das derzeitige Berufsbild und Selbstverständnis der Gemeindereferenten/-innen den Anforderungen der zukünftigen „Gemeindeseelsorger" gerecht wird.

Hier könnte man auch auf die Erfahrungen der Missionsorden und Missionare zurückgreifen, die schon immer in den vielen Ortschaften und Siedlungen, in die sie nur von Zeit zu Zeit kommen konnten, Laienkatecheten eingesetzt haben. Diese haben neben der Katechese und Unterweisung das kirchliche und liturgische Leben organisiert, soweit sie als Laien dazu in der Lage waren. Was in den Missionsgebieten durch viele Jahre hindurch mit gutem Erfolg erprobt ist, wird sich auch in unseren priesterlosen Gemeinden bewähren.

Einen anderen Weg hat Bischof Friedrich Kaiser MSC von

Caravelí[50] beschritten. Zur Linderung des Priestermangels hat er im Jahr 1961 eine Gemeinschaft von Seelsorgeschwestern gegründet, die Misioneras de Jesús Verbo y Víctima (Missionsschwestern vom lehrenden und sühnenden Heiland). Die Schwestern errichten ihre Niederlassungen in erster Linie in entlegenen und schwer zugänglichen Bergregionen, wohin nur ganz selten einmal ein Priester kommt. Sie leben hier mit den Indigenas zusammen und sind als Seelsorgeschwestern tätig.

5. Abschließend sei kurz auf die Möglichkeit hingewiesen, durch die Schaffung von *Basisgemeinden* eigenverantwortliches und aktives Leben in den Gemeinden, vor allem auch in den priesterlosen Gemeinden, aufzubauen.[51] Wenn von Basisgemeinden die Rede ist, denkt man gewöhnlich zunächst an Lateinamerika, speziell an Brasilien, und an die Theologie der Befreiung. Damit verbindet sich dann die Vorstellung von revolutionärem Kampf um Befreiung, von sozialem Engagement und häufig auch von einer bewußten Distanz zur offiziellen Kirche. Daneben gibt es aber noch eine andere Form von Basisgemeinden, und das ist die weitaus größere Zahl, die nicht im Rampenlicht des öffentlichen Interesses stehen, die in vielen priesterlosen Gemeinden rund um den Globus im Auftrag des Bischofs oder des zuständigen Pfarrers das Gemeindeleben organisieren und, soweit das in der Kompetenz der Laien möglich ist, die pastoralen Dienste versehen.

So haben auf den Philippinen viele Bischöfe systematisch in den Gemeinden, in die kein Priester regelmäßig kommen kann, „Christliche Basisgemeinschaften" (Basic Christian Communities = BCCs)[52] gebildet, die in Zusammenarbeit mit dem zuständigen Pfarrer diese Gemeinden seelsorglich und liturgisch betreuen. Sie wählen jeweils für eine begrenzte Zeit aus ihren Reihen drei Vertreter (auch Frauen), die vom Pfar-

---

50 Friedrich Kaiser, Der Ruf aus den Anden. Aus dem Leben und Wirken einer jungen peruanischen Schwesterngemeinschaft, Paderborn 1988.

51 Vgl. Theodor Herr, Kirche im Aufbruch. Basisgemeinden auf den Philippinen, in: Theologie und Glaube, 75. Jg. (1985), 147ff.

52 Sie werden auch „kleine christliche Gemeinschaften" (small Christian communities) genannt.

rer bestätigt werden: einen Verantwortlichen (Leader) für Predigt und Katechese, einen für den Gottesdienst und einen für die sozialen Angelegenheiten. An der erfolgreichen Arbeit dieser „Basisgemeinden" kann man studieren, wie der Übergang von einer priesterbetreuten zu einer selbstverantwortlichen Gemeinde möglich ist. Wenn man es auf die hiesigen Verhältnisse modifiziert, könnte dieses Pastoralmodell auch eine große Chance für die zahlreichen Gemeinden sein, die in Zukunft keinen eigenen Pfarrer mehr haben werden. Wir werden uns im folgenden Kapitel mit diesem Thema eingehend beschäftigen.

5. Resümee

Zum Schluß sei noch einmal unterstrichen, was bereits mehrfach zum Ausdruck gekommen ist: Die Zusammenlegung mehrerer Pfarreien unter der Verwaltung eines einzigen Pfarrers kann angesichts des jetzigen Priestermangels nicht das letzte Wort sein. Dadurch wird zwar administrativ das Problem der priesterlosen Gemeinden gelöst, nicht aber pastoral. Wenn in diesen Gemeinden das kirchliche Leben nicht längerfristig zurückgehen und allmählich verkümmern soll, muß mehr geschehen. Jeder, der lange genug in der Seelsorge tätig war, weiß darum, daß das aktive Gemeindeleben zurückgeht und abstirbt, wenn kein „Seelsorger" am Ort ist, was nicht immer geweihte Priester sein müssen. Das könnten unter den gegebenen Umständen hauptamtliche oder nebenamtliche ständige Diakone sein. Das könnten aber auch wie in den Missionsgebieten Laien sein, die in Abstimmung und unter der Leitung des zuständigen Pfarrers die Gemeinden betreuen und das Gemeindeleben organisieren. Die Basisgemeinden in Lateinamerika, Afrika und auf den Philippinen bieten hierzu ein vorzügliches Anschauungsmaterial.
Der Priestermangel nimmt weiter zu, ebenso die Zahl der priesterlosen Gemeinden. Niemand kann zum gegenwärtigen Zeitpunkt sagen, wie die noch vorhandenen Priester die dadurch entstehende Mehrbelastung verkraften werden. Wird unter diesen Voraussetzungen der Priesterberuf noch attrak-

tiv für junge Menschen sein? Ungeklärt ist auch, wie in den priesterlosen Gemeinden ein empfindlicher Rückgang des Gemeindelebens auf Dauer verhindert werden kann. Auf diesem Hintergrund ist die römische Instruktion[53] zu einigen Fragen über die Mitarbeit der Laien am Dienst der Priester vom 15. August 1997 nicht gerade hilfreich gewesen. Verständlicherweise hat die Instruktion in weiten Kreisen Mißfallen, bei vielen Unverständnis, oft Empörung und nicht selten schroffe Ablehnung hervorgerufen. Mußte das sein? So fragt sich kopfschüttelnd derjenige, der versucht, ohne antirömische Emotionen das Dokument und die Absicht der Autoren zu verstehen.

Die dem Text zugrundeliegende Absicht ist klar. Es soll verhindert werden, daß die Grenzen zwischen Priestern und Laien, zwischen dem Weiheamt der Priester und der Tätigkeit von Laien im pastoralen Dienst überschritten und verwischt werden. Es geht eigentlich nicht in erster Linie um die Tätigkeit der Laien, sondern um die Priester und darum, daß das Priesteramt nicht in unerlaubter Weise von Laien „usurpiert“ wird, indem diese klammheimlich priesterliche Funktionen okkupieren. Zu diesem Zweck wird anhand der bestehenden Rechtslage das Priesteramt strikt gegenüber dem Weltamt der Laien abgegrenzt. Insofern steht in der Instruktion nichts Neues; es wird lediglich die bestehende Ordnung neu eingeschärft, um mißbräuchlichen Praktiken, die sich hier und da eingeschlichen haben, entgegenzutreten. Das Fazit lautet: Die Mitarbeit der Laien am Dienst der Priester ist nicht als eine eigenverantwortliche Tätigkeit zu sehen, sondern nur in Unterordnung und Abhängigkeit vom Priesteramt. Laien dürfen nur in Notsituationen und ausnahmsweise im Bereich des priesterlichen Verkündigungs- und Heiligungsdienstes tätig sein. Das Priesteramt ist schlechterdings unersetzlich, der Laiendienst hat eindeutig Ersatzcharakter.

---

53 Instruktion zu einigen Fragen über die Mitarbeit der Laien am Dienst der Priester vom 15. August 1997 (= Verlautbarungen des Apostolischen Stuhls, 129).

Verständlich, daß die Instruktion viele engagierte Laien und auch Priester enttäuscht hat, denn der Tenor des Schreibens ist nicht geeignet, die Laien zur Mitarbeit zu ermutigen. Angesichts des drängenden Priestermangels hätte man sich mehr Fingerspitzengefühl bei der Behandlung dieser Materie gewünscht. Die Instruktion macht weder den Laien noch den involvierten Priestern Mut, die schwierigen Probleme mit Hoffnung und Vertrauen anzugehen. Andererseits ist die häufig zur Schau getragene Entrüstung nicht ganz verständlich. Durch die Instruktion ist die bisherige Rechtslage nicht verändert worden, und im Rahmen der bestehenden Ordnung kann die Mitarbeit der Laien nicht nur fortgeführt, sondern auch ausgebaut werden. An Einsatzbereichen und Aufgabenfeldern für die Mitarbeit der Laien fehlt es ja nicht. Verständlich sind gewisse Überreaktionen hierzulande allerdings da, wo gewisse Kreise in der Tat versucht haben, begünstigt durch die augenblickliche Situation, schrittweise priesterliche Funktionen an Laien zu delegieren. Interessant ist in diesem Zusammenhang die Tatsache, daß in vielen Ländern, zumal in der Dritten Welt, die Instruktion beiläufig zur Kenntnis genommen wurde, obwohl in vielen Basisgemeinden praktisch Laien die Gemeindeleitung ausüben. Allerdings schielt dort niemand auf die Priesterweihe!

6. Prognosen und Perspektiven

Angesichts des bestehenden Priestermangels ist die Zusammenlegung von priesterlosen Gemeinden unumgänglich. An einer entsprechenden Strukturreform (Gemeindeverbände oder -verbünde) kommt niemand vorbei, was aber allein zur dauerhaften Lösung der anstehenden Probleme nicht ausreicht. Seelsorge kann heutzutage zwar nicht auf eine effektive Verwaltung verzichten, doch lebt sie nicht davon. Seelsorge läßt sich nicht vom Schreibtisch und auch nicht durch den Computer besorgen, denn sie lebt vom persönlichen Einsatz des Seelsorgers vor Ort.

Seelsorge besteht von ihrem inneren Kern her vor allem in der individuellen und personalen Zuwendung, was nur in überschaubaren Gemeinschaften und Gemeinden möglich ist. Wenn der Seelsorger (Priester) nicht mehr persönlich zu den Menschen kommt, dann kommen auch die Menschen mit der Zeit nicht mehr zum Seelsorger. Deshalb müssen die Bischöfe, wenn die Zahl der vorhandenen Priester nicht mehr ausreicht, damit jede Gemeinde einen eigenen Seelsorger bekommen kann, für die priesterlosen Gemeinden andere „Seelsorger" bestellen: „viri probati", Diakone, Laienseelsorger. Nachdem Laien bereits als Krankenhaus- und Gefängnisseelsorger tätig sind, demnächst wahrscheinlich als Militär- und Schulseelsorger eingesetzt werden, dürfte es keine grundsätzlichen Bedenken geben, sie eines Tages auch unter der Verantwortung des zuständigen Pfarrers als „Gemeindeseelsorger" einzusetzen.

Ohne tiefgreifende Reformen ist der gegenwärtige Trend nicht zu stoppen, und der langsame, aber kontinuierliche Abbau kirchlichen Lebens und der Verlust an öffentlicher Repräsentanz werden sich fortsetzen. Wenn nichts getan wird, ist zu befürchten, daß es zu einem allmählichen Ausbluten und Verdorren des kirchlichen Lebens wie in Frankreich kommt. Am Ende bleibt dann eine Diasporakirche, ein heiliger Rest, um biblisch zu sprechen.

Die gegenwärtige Krise kann man nicht einfach „aussitzen". Wenn Rom und die Bischöfe sich nicht entschließen können, neue Wege zu gehen, wird möglicherweise der Druck von unten zu neuen Lösungen führen. Das kann einerseits durch die Überlastung der Priester in die Wege geleitet werden. Diese werden nämlich vor Ort nach Wegen aus der Misere suchen, indem sie weitgehend Aufgaben in Pastoral, Liturgie und Gemeindeverwaltung an Laien etc. delegieren werden. Der Druck kann natürlich auch von den Laien an der Basis ausgehen. Wenn demnächst in vielen Gemeinden kein Priester oder vom Bischof beauftragter Seelsorger mehr sein wird, ist damit zu rechnen, daß sich hier ein ganz neues Feld für geistliche Bewegungen, elitäre Gruppen, fromme Laienvereinigungen und parakirchliche Organisationen eröffnet, ganz zu schweigen von der Aktivität bestimmter Sekten. Man sollte von den Erfahrungen in Lateinamerika lernen. Wo die Kirche nicht durch Priester oder Laienseelsorger aktiv ist, machen sich die nordamerikanischen Sekten breit. Sobald dagegen irgendwo Basisgemeinden gebildet werden, haben sie praktisch keine Chancen mehr.

V.
Basisgemeinden auf den Philippinen

Es ist noch nicht lange her, da haben sich deutsche Kirchenleitungen, Bischöfe und ihre engeren Mitarbeiter, gebrüstet: Bei uns gibt es keinen Priestermangel. Inzwischen ist aber der bei solcher und anderer Gelegenheit gezeigte Zweckoptimismus einer deutlichen Ernüchterung gewichen. Landauf, landab trifft man auch in Deutschland auf Gemeinden, die nach dem Tod oder Weggang ihres Pfarrers nicht wieder besetzt werden können. Sie wird dann in der Regel mit einer Nachbargemeinde zusammengelegt. Die Bilder gleichen sich. Erst geht die Schule aus dem Dorf, dann die Post und der Tante-Emma-Laden, dann die Kirche; zurück bleibt die Kneipe. Wie sich trotzdem ein aktives Leben in den priesterlosen Gemeinden aufrechterhalten läßt, kann man auf den Philippinen studieren.[54]

1. Die koloniale Geschichte der Philippinen

Die Philippinen, ein Inselreich im Pazifischen Ozean zwischen Indonesien im Süden und China sowie Japan im Norden, ein Land mit tropischem Klima und üppiger Vegetation, bieten alle Voraussetzungen für streßgeplagte oder zivilisationsmüde Europäer, unter Palmen, die sich im Monsunwind wiegen, von einer besseren Welt zu träumen. Doch wird dieser Traum vom Paradies immer wieder durch die harte wirtschaftliche, soziale und politische Wirklichkeit gestört. Ein Heer von Arbeitslosen, hohe Inflationsraten, ein

[54] Vgl. Theodor Herr, Kirche im Aufbruch. Basisgemeinden auf den Philippinen, 147ff.

großer Teil der Bevölkerung an der untersten Existenzgrenze, von Zeit zu Zeit bürgerkriegsähnliche Zustände in Teilen des Landes.
1521 ist das Schicksalsjahr der philippinischen Geschichte. Der Portugiese Ferdinand Magellan, der große Weltumsegler in spanischen Diensten, geht im Golf von Leyte an Land und richtet das Kreuz des christlichen Glaubens auf, das bis heute in der Stadt Cebu zu sehen ist. Damit beginnt die über dreihundertjährige Geschichte der spanischen Kolonisierung und Christianisierung des Landes, die einen nachhaltigen Einfluß auf die philippinische Kultur und das Volksleben gehabt haben. Die Philippinen sind das einzige katholische Land im ostasiatischen Raum mit mehr als 80 Prozent Katholiken, zehn Prozent christlichen Sekten, drei Prozent Protestanten und vier Prozent Muslime. Als sich im 19. Jahrhundert das spanische Kolonialreich nach und nach auflöste, wurde die Herrschaft der Spanier durch die USA abgelöst, die nun ihrerseits dem Land ihren Stempel aufgedrückt haben. Die spanisch-philippinische Kultur wurde in diesen Jahren durch die englische Sprache und nordamerikanische Kultur überlagert. Viele spanische Priester mußten das Land verlassen, und die amerikanischen Sekten hielten ihren Einzug. Die amerikanische Administration führte die völlige Trennung von Kirche und Staat ein, wodurch die Kirche ihre Präsenz in den staatlichen Schulen verlor und gezwungen wurde, ein kircheneigenes System für die Glaubensunterweisung der Jugend aufzubauen.

2. Die Kirche erwacht in ihren Gliedern

Die spanischen Eroberer haben wenig getan, um dem philippinischen Volk eine eigenständige Entwicklung zu ermöglichen; sie haben vielmehr versucht, wie auch in Lateinamerika, das Land in einer permanenten Abhängigkeit vom spanischen Mutterland zu halten. Aus diesem Grund haben sie bewußt die Heranbildung eines einheimischen Klerus jahrhundertelang vernachlässigt, was einer der Gründe für den heutigen Priestermangel ist. Auf einen Priester kommen mehr als

10 000 Gläubige bei einem hohen Anteil ausländischer Priester, für die es bei ihrem Ausscheiden keinen Ersatz aus dem Ausland gibt. Eine nahezu verzweifelte Situation. Wie hat die Kirche auf diesen Notstand reagiert?
Anlaß zu berechtigter Hoffnung für die Zukunft ist die kirchliche Erneuerungsbewegung, die nach dem Zweiten Vatikanischen Konzil eingesetzt und inzwischen alle Teile des Landes erfaßt hat. Der sichtbarste Ausdruck dieses ungemein imponierenden Prozesses ist die Entstehung der Basic Christian Communities (BCCs), der Basisgemeinden und Basisgemeinschaften. Imponierend ist dieser Aufbruch von der Basis her vor allem deshalb, weil es der Kirche innerhalb kürzester Zeit gelungen ist, den Übergang von traditionsorientierten, durch Priester versorgten Gemeinden zu selbstverantwortlichen, aktiven Gemeinden und Basisgemeinschaften zu vollziehen. Der Aufbruch an der Basis, die Grass-roots-Bewegung (Graswurzel-Bewegung), ist die große Hoffnung der philippinischen Kirche.
Der Aufbruch der Kirche hat seinen Ausgang vom Süden aus genommen, insbesondere von der Insel Mindanao, wo die Kirche sich aufgrund der besonderen Situation mit politischen und sozialen Problemen auseinandersetzen mußte. Hier hatten sich bereits in den sechziger Jahren Selbsthilfeorganisationen zur Verteidigung der Rechte der Kleinbauern gegen die Pressionen der Großgrundbesitzer und die Ausbeutung durch multinationale Firmen gebildet. Aus ihren konkreten Erfahrungen heraus haben sich dann später die ersten Basisgemeinden und -gemeinschaften gebildet, die verständlicherweise im Süden immer auch stärker sozial und politisch orientiert sind.
Abgesehen von den speziellen Besonderheiten im Süden, haben die Basisgemeinschaften auf den Philippinen eine klare religiöse und kirchliche Zielsetzung. Sie sind eine Antwort auf den eklatanten Priestermangel, der noch dadurch verstärkt wird, daß die europäischen Orden nicht mehr in der Lage sind, in größerer Zahl Ordenspriester in die jungen Kirchen der Dritten Welt zu schicken. In dieser Situation hat die philippinische Kirche begonnen, sich auf ihre eigenen Fähig-

keiten zu besinnen und mit der Sendung und Verantwortung des ganzen Gottesvolkes Ernst zu machen. Man hat systematisch und flächendeckend Laienkräfte eingesetzt, wo die vorhandenen Priester die dringlichsten seelsorglichen Aufgaben nicht mehr ausreichend wahrnehmen können. Dabei gibt es für die Tätigkeit der Laien keine grundsätzliche Beschränkung, soweit nicht der eigentliche priesterliche Dienst betroffen ist.
Die wichtigsten Einsatzfelder können in zwei Bereiche eingeteilt werden: die katechetische Unterweisung in den Schulen und den Bildungseinrichtungen einerseits und den Aufbau christlicher Gemeinden und Gemeinschaften andererseits. Für beide Bereiche müssen geeignete Laienkräfte durch intensive Schulung qualifiziert werden. Die religiöse Unterweisung in den Schulen durch Katechetinnen und Katecheten ist nichts Neues. Der Einsatz der Laien im eigentlichen pastoralen Dienst stellt für die Philippinen etwas Revolutionäres dar, und zwar nicht im Sinne einer möglichen Infragestellung der kirchlichen und hierarchischen Strukturen, sondern im Sinne einer Verlebendigung des Gemeindelebens von der Basis her. Die Kirche ist in ihren Gliedern erwacht. Überall im Land entstehen lebendige Basisgemeinschaften, die in apostolischer Verantwortung auch in den entlegensten Winkeln der Pfarreien christliches und kirchliches Leben aufbauen und verantwortlich tragen.

3. Die Struktur der kirchlichen Basisgemeinschaften

Die Basisgemeinschaften (Basic Christian Communities = BCCs) auf den Philippinen haben nicht alle dieselbe Struktur; es gibt in den verschiedenen Diözesen unterschiedliche Konzeptionen. Im großen und ganzen unterscheiden sich die ländlichen von den städtischen Gemeinschaften. In den Stadtpfarreien haben sich vielfach Basisgemeinschaften auch ohne eigene Kapelle oder eigenen Gottesdienstraum gebildet. Sie nehmen entweder Dienste an der Pfarrkirche wahr, oder sie bilden, was häufiger der Fall ist, christliche Gemeinschaften von mehreren Familien, oft auch Straßengemeinschaften, die

gemeinsam christliches Leben gestalten, regelmäßig zu Gebet und Bibellesung zusammenkommen, sich gemeinsam um christliche Erziehung und Unterweisung der Kinder kümmern und soziale Hilfen organisieren. Manche Pfarreien haben ihr ganzes Territorium aufgeteilt und in den einzelnen Bezirken überschaubare Basisgemeinschaften gegründet, in denen von Zeit zu Zeit auch Haus- oder Straßenmessen gehalten werden.
Die normale Form der Basisgemeinden findet man in den vielen kleinen Dörfern und Siedlungen, die üblicherweise zu einer Pfarrei gehören. So gehören zum Beispiel zur Pfarrei San Pedro Cathedral, der Bischofskirche von Davao auf der Insel Mindanao, 56 kleine Kapellen, die über das weitläufige Gebiet der Pfarrei bis in die nahen Berge hinauf verstreut sind. Die Gemeinde, die von einem Pfarrer und zwei weiteren Priestern betreut wird, zählt ungefähr 80 000 Seelen. Die vielen Menschen in den Dörfern und Bergregionen können nur selten in die Pfarrkirche kommen und dort an der Eucharistiefeier teilnehmen. Nur einige Male im Jahr kommt ein Priester in diese Kapellengemeinden und feiert mit den dort lebenden Gläubigen die Eucharistie, vornehmlich am Patronatsfest, wenn unter großer Beteiligung die Fiesta, das Dorffest, stattfindet. Inzwischen haben sich in vielen Barrios (Dörfern und Außenbezirken) christliche Basisgemeinschaften gebildet, die das Gemeindeleben organisieren, für die christliche Unterweisung Sorge tragen, gemeinsam die Schrift lesen und Wortgottesdienste halten.
Im allgemeinen gilt, es gibt natürlich landesweit auch Unterschiede, daß diese Basisgemeinden nicht von einer Einzelperson geleitet werden, also keinen Gemeindeleiter im eigentlichen Sinn haben. Die verschiedenen Funktionen sind vielmehr gewöhnlich auf mehrere Personen verteilt. Entsprechend den kirchlichen Grundfunktionen Verkündigung, Gottesdienst und Diakonie haben die meisten Diözesen drei Laienämter geschaffen: 1. das Teaching Ministry (Verkündigungsdienst), 2. das Worship Ministry (Liturgiedienst) und 3. das Service Ministry (Servicedienst). Jedes Amt oder jeder Dienst wird nach Möglichkeit von einer Ba-

sisgruppe wahrgenommen, die von einem Laien (Layleader) geleitet wird.

Das Teaching Ministry ist verantwortlich für die Verkündigung und die Unterweisung der Basisgemeinde in den Grundwahrheiten des Glaubens. In vielen Gemeinschaften erfolgt am Sonntag vor dem Wortgottesdienst, den die Basisgemeinde gemeinsam feiert, eine Glaubensunterweisung, eine Art Christenlehre, durch den Leiter des Verkündigungsdienstes. Zu diesem Dienst gehört der ganze Bereich der Katechese.

Von besonderer Bedeutung für die Kapellengemeinde ist natürlich das Worship Ministry, das für die gemeinsamen Gottesdienste zuständig ist. Regelmäßig am Sonntag kommt die Gemeinde zusammen und feiert einen Wortgottesdienst (liturgy of the word), dem der Leiter dieses Dienstes vorsteht. Der Gottesdienst schließt die „Predigt" durch einen Laien und die Austeilung der Kommunion ein, falls die Voraussetzungen dafür gegeben sind.

Zum Aufgabenbereich des Service Ministry gehören zunächst der Unterhalt des Gotteshauses bzw. des Gottesdienstraumes sowie die Besorgung der Gottesdienste und sämtlicher kirchlicher Feiern und gemeindlicher Veranstaltungen. Darüber hinaus ist der Servicedienst zuständig für die sozial-karitativen Aktivitäten der Gemeinde, die brüderliche Hilfe für notleidende und hilfsbedürftige Mitglieder. Die Service Community fungiert außerdem als Kirchenvorstand, Pfarrgemeinderat und Karitasgruppe.

Die Leiter dieser drei Dienste können Männer oder Frauen sein; nur der Gottesdienstleiter (Worship Ministry Leader) ist immer ein Mann. Allerdings können auch Frauen in der Kirche eine „Predigt" oder religiöse Unterweisung halten. Die Laienführer werden von der Gemeinde für zwei oder mehrere Jahre gewählt und vom Bischof oder Pfarrer in ihr Amt bestellt. Sie organisieren und leiten in enger Kooperation mit den zuständigen Priestern das christliche Leben in den Barrios und Kapellengemeinden. Die Gefahr, daß die Grenze zwischen dem Priesteramt und den Laiendiensten verwischt werden könnte, ist zur Zeit nicht erkennbar.

4. Das Modell der „Fußstapfen Gottes"

An der Pazifikküste der Insel Luzon liegt langgestreckt die Prälatur Infanta, ein ländlicher Distrikt von der Größe der Diözese Speyer oder Limburg. Insgesamt wirken in der Prälatur ein Bischof und etwa 15 Priester, 30 Ordensschwestern und einige Mitglieder von Säkularinstituten.[55] Es gibt in dieser Region kein ausgebautes Wegenetz, weshalb man auf Boote angewiesen ist. Die Dörfer (Barrios) in den Bergen kann man nur zu Pferd oder zu Fuß erreichen. Eine Fahrt zu den der Küste vorgelagerten Inseln dauert oft stundenlang. Der Distrikt ist nur dünn besiedelt, auf einen Priester kommen ungefähr 9 000 Gläubige, von denen die meisten in kleinen dörflichen Gemeinschaften weit über das Land verstreut wohnen. Der Besuch der Gottesdienste in der Hauptkirche ist nur selten möglich, und die wenigen Priester können bei den komplizierten Verkehrsverhältnissen nur dann und wann in die entlegenen Barrios kommen.

Als Bischof Julio Labayen im Jahr 1963 die Prälatur übernahm, sah er sich durch die prekäre seelsorgliche Lage gezwungen, ein pastorales Konzept zu entwickeln, das sich nicht allein auf die wenigen Priester und Ordensleute stützt. Damals begann man mit dem neuen Konzept „Yapak ng Panginoon", Fußstapfen Gottes. Dazu war es erforderlich, eine große Zahl von Laienführern für den Aufbau von Basisgemeinschaften in den priesterlosen Gemeinden heranzubilden. Sie mußten durch intensive Schulung befähigt werden, die Gläubigen in den vielen kleinen Dorfgemeinschaften regelmäßig zusammenzuholen, Wortgottesdienste zu halten, anhand der Bibel die Gemeinde zu unterweisen und christliches Leben zu wecken, zu organisieren und zu leiten.

Eine besondere Rolle spielt in diesem Programm die Radiostation der Diözese in Infanta, die selbständig von Laien betrieben und geleitet wird. Einmal in der Woche, am Freitagabend, wird ein Bibelgespräch – gewöhnlich zwischen einem Priester und ein oder zwei Laien – ausgestrahlt. Im allgemei-

---

55 Stand 1984.

nen werden dabei die Texte der sonntäglichen Lesungen zugrunde gelegt. Die Texte werden dargelegt und in einer Diskussion erklärt. Das Gespräch wird dann zum Schluß in einigen Thesen und weiterführenden Fragestellungen zusammengefaßt. Zur selben Stunde haben sich in den vielen Barrios die Basisgemeinschaften versammelt und lauschen dem Bibelgespräch am Radio. Danach wird anhand der Thesen oder Fragen das Gespräch von der versammelten Gemeinde weitergeführt. Der Bibelabend endet mit einem längeren Gebetsteil. Nach dem gleichen Konzept wird auch am Sonntag verfahren. Die Gemeinde versammelt sich unter der Leitung eines Laienführers um den Altar und feiert den Gottesdienst der Bischofskirche am Radio mit. Die Gemeinde singt und betet zusammen mit den Gläubigen in der Bischofskirche. Nach der Predigt wird gewöhnlich das Radio abgeschaltet und der Wortgottesdienst in eigener Regie mit Gebeten und Liedern fortgeführt. Sofern es möglich ist, wird von einem Laien die Kommunion ausgeteilt. Das Experiment der „Fußstapfen Gottes“ hat sich schon innerhalb kurzer Zeit bewährt, ist allerdings stark von der Persönlichkeit des Bischofs abhängig, der seine Priester, Mitarbeiter und die Gläubigen zu überzeugen und inspirieren versteht.

5. Gemeinsame Bibellektüre

Jeder Europäer, der einmal an einem Bibelabend in den kleinen Basisgemeinschaften teilgenommen hat, wird fasziniert sein von der unkomplizierten Art und Weise, wie diese einfachen Menschen es verstehen, mit dem Evangelium umzugehen und es in ihre eigene Welt zu übersetzen. Das sind keine gelehrten exegetischen Erörterungen, sondern ganz lebensnahe Interpretationen und konkrete Anwendungen. Was dabei immer wieder fasziniert, ist die Tatsache, daß sich an den Gesprächen alle Anwesenden beteiligen, Männer und Frauen, alte Leute, aber auch die Jugend. Menschen, die nie in ihrem Leben gelernt haben, frei zu sprechen und ihre Gedanken vor einem größeren Kreis öffentlich vorzutragen, lassen keinerlei Scheu oder Hemmungen erkennen.

Mitunter kann man sich des Eindrucks nicht erwehren, daß da schon eine ganze Menge Routine mit im Spiel ist. Das einfache Handwerkszeug der Kleingruppenarbeit wird beherrscht. Man bildet Untergruppen, trägt die einzelnen Ergebnisse und Erfahrungen durch Sprecher der Versammlung vor, faßt zusammen, analysiert. Das alles ist gekonnt, und dennoch verflacht es nicht in Routine, denn es geht nicht um irgendwelche theoretischen Fragestellungen, sondern um die ganz konkreten Probleme der Dorfgemeinschaft und um die persönlichen Konflikte oder Schwierigkeiten. Da ist es durchaus nichts Ungewöhnliches, daß zum Beispiel jemand Schwierigkeiten mit seinem Ehepartner oder Konflikte in seiner Familie zur Sprache bringt. Und jedermann nimmt Anteil und ist sichtlich bemüht zu helfen.
Im abschließenden Gebet, mit dem der Bibelabend ausklingt, sind ähnliche Erfahrungen zu machen. Was bei uns in Europa in den seltensten Fällen gelingt, ist hier eine Selbstverständlichkeit. In frei formulierten Gebeten sprechen die Anwesenden ihre Gedanken, Erfahrungen, Sorgen und Bitten aus. Da kommt es zu öffentlichen Schuldbekenntnissen und Vergebungsbitten. Und grundsätzlich schließt sich niemand aus, ohne daß dabei irgendwie durch die Gemeinschaft oder die Atmosphäre ein Druck auf den einzelnen ausgeübt würde.

6. Wie geht es weiter?

Ein hoffnungsvoller Anfang ist gemacht worden. In nur wenigen Jahren – die Anfänge liegen in den siebziger Jahren – ist es gelungen, eine große Zahl von Basisgemeinschaften aufzubauen und die nötigen Laienführer heranzubilden. Eine erstaunliche Leistung. Der Übergang von einer priesterbetreuten zu einer selbstverantwortlichen Gemeinde scheint sich ohne großen Bruch vollzogen zu haben. Die Gemeinden haben schnell begriffen, was in ihrer konkreten Situation die Verantwortung des gesamten Gottesvolkes für die Sendung der Kirche bedeutet. In kürzester Zeit haben sie es verstanden, lebendige Gemeinschaften zu bilden und christliches Le-

ben in Gottesdienst und Diakonie unter enger Bindung an die Schrift aufzubauen.
Durch die außerordentliche Verbreitung der Basisgemeinschaften ist die Kirche näher an das Volk herangerückt, Katechese und Liturgie sind volksnäher. Das Evangelium nimmt auf neue Weise Gestalt an inmitten des philippinischen Volkes. Dinge, die bei uns in Europa noch kontrovers diskutiert werden, sind in vielen Teilen des Landes schon zur Selbstverständlichkeit geworden: sonntäglicher Wortgottesdienst mit Predigt unter Leitung eines Laien, gleichberechtigte Teilnahme der Frauen an den Laienämtern, Laien als Gemeindeleiter. In und durch die Basisgemeinschaften vollzieht sich eine tiefgehende Bewußtseinsänderung, die nicht ohne Konsequenzen für die weitere Entwicklung des gesamten gesellschaftlichen und politischen Lebens bleiben kann.
In den Basisgemeinschaften machen die Menschen ganz neue, wertvolle Erfahrungen. Sie lernen, daß es durchaus möglich ist, auch ohne Einsatz großer Mittel ihre Lebenslage zu verändern. Es existiert eine tief in der philippinischen Seele verankerte Bereitschaft, das menschliche Schicksal passiv hinzunehmen und alle Widerfahrnisse als gottgefügtes Schicksal zu erleiden. Die Basisgemeinschaft stellt den Filipino vor eine ganz neue Situation. Er übernimmt selbst die Verantwortung für die Gestaltung seiner christlichen Lebenswelt. Er ist nicht länger ausschließlich das Objekt pastoraler Bemühungen der Amtskirche. Indem er für seinen Teil Mitverantwortung für das Evangelium und die Sendung der Kirche übernimmt, wird er Subjekt der Pastoral. Dieser Erfahrungsschatz ist ein ungeheures Kapital der Philippinen für eine bessere Zukunft. Was hier im kirchlichen Bereich geschieht, muß über kurz oder lang auch auf das ganze gesellschaftliche und politische Leben ausstrahlen. Kein Wunder, daß die Mächtigen im Lande aufmerksam die Entwicklung verfolgen. Menschen, die es einmal gelernt haben, die Verantwortung selbst in die Hand zu nehmen, werden sich nicht für immer mit sozialer Ungerechtigkeit und politischer Entmündigung abfinden.
Der Anfang ist gemacht. Für die Zukunft wird es darauf ankommen, die Basisgemeinschaften in der rechten und ange-

messenen Weise in die Gesamtstruktur der Diözesen und Gemeinden einzubinden, damit sich nicht eines Tages aus ihnen „Sonderkirchen“ entwickeln. Im Augenblick besteht diese Gefahr, soweit man sehen kann, nicht. Das Verhältnis und die Funktionsteilung zwischen Priester und Laien sind klar. Das priesterliche Amt wird nicht in Frage gestellt. Vieles wird jedoch davon abhängen, ob es gelingt, partnerschaftliche Strukturen aufzubauen und den autoritären und paternalistischen Stil in der Kirche abzubauen. Wenn die Laien wirklich die Verantwortung für das Reich Gottes und den Aufbau der Gemeinde mittragen sollen, müssen sie auch bei Fragen und Entscheidungen, welche sie unmittelbar betreffen, eine echte Mitsprache eingeräumt bekommen. Das wird jedoch nicht möglich sein, ohne ein gewisses hierarchisches Denken aufzugeben und die Vielfalt der Charismen ernst zu nehmen.

Da die durch den Priestermangel entstandene seelsorgliche Lage auf den Philippinen sich nicht prinzipiell von der Entwicklung in den deutschen Diözesen unterscheidet, stellt sich die Frage, was man in Deutschland eventuell von der Kirche im fernen Asien lernen kann. Was können, was müssen wir tun, wenn in Zukunft immer mehr Gemeinden keinen eigenen Seelsorger haben werden? Durch das Zusammenlegen von mehreren Gemeinden sind zwar fürs erste die organisatorischen und verwaltungstechnischen Fragen gelöst. Wenn wir aber in Zukunft die priesterlosen Gemeinden nicht nur verwalten, sondern auch als lebendige Glaubensgemeinschaften erhalten wollen, dann müssen wir uns etwas einfallen lassen. Wenn die Kirche nicht mehr bei den Menschen ist, werden auch immer weniger Menschen in die Kirche kommen. Mit dem Hinweis auf die weitgehende Motorisierung der heutigen Menschen sind die vielfältigen seelsorglichen Fragen nicht zufriedenstellend beantwortet. Kirche muß vor Ort sein. Ein Pfarrbüro im näher oder weiter entfernten Nachbarort, wo ein Priester regelmäßig Sprechstunden abhält, ist kein seelsorglicher Ersatz für priesterlos gewordene Gemeinden.

Die Kirche steht am Scheideweg. Sie muß sich fragen, ob sie

so weitermachen will wie bisher, das heißt, ob sie mit den altbewährten seelsorglichen und administrativen Methoden der gegenwärtigen Krise begegnen will oder ob sie sich zutraut, alte, eingefahrene Bahnen zu verlassen, liebgewordene Gewohnheiten aufzugeben und neue Wege zu gehen. Die Kirche muß sich fragen, ob sie den Mangel, der immer offensichtlicher wird, nur effektiv verwalten will oder ob sie bereit ist, Neues zu wagen.

Es versteht sich von selbst, daß man nicht Modelle wie die Basisgemeinden von anderen Kontinenten, auch wenn sie sich dort bewährt haben, einfach übernehmen kann. Andere Länder, andere Kulturen, andere gesellschaftliche Bedingungen, andere pastorale Strukturen und Vorgehensweisen. Doch kann man sicherlich einiges lernen, und das wäre vor allem das Ernstnehmen der Laien, ihrer grundsätzlichen Treue zur Kirche, ihrer Bereitschaft, vor Ort Verantwortung zu übernehmen. Das kann aber auf Dauer nur von Erfolg sein, wenn die Laien sich nicht ständig gegängelt fühlen, sondern frei, kreativ und selbstverantwortlich handeln können.

V. Teil

Konturen einer Kirche von morgen

Wenn wir auf die vorangegangenen Kapitel und die dort erörterten Fragen zurückblicken, ergibt sich ein buntes Bild vom derzeitigen Zustand der Kirche, die sich offensichtlich in einer Phase schmerzhafter Umbrüche und tiefer Einschnitte befindet. Der Kirche bläst in der Welt von heute der Wind kräftig ins Gesicht. In unserer säkularisierten Gesellschaft gerät der Same des Evangeliums immer häufiger zwischen die Mühlsteine von Politik und Wirtschaft oder wird auf den Straßen des Wohlstands von den Aasgeiern des Profits verschlungen. Das soll nicht heißen, daß das Evangelium gar nicht mehr zu den Menschen käme. Dank der modernen Kommunikationsmittel kommt das Evangelium bis in das letzte Haus und erreicht praktisch jeden einzelnen Menschen, auch die der Kirche Fernstehenden und Nichtchristen. Doch es kann in unserer schnellebigen Erlebnis- und Spaßgesellschaft keine tiefen Wurzeln schlagen und Frucht bringen. Nach kurzer Zeit verkümmert die „Frohe Botschaft" wieder, und die Menschen eilen zu anderen „Events", berauschen sich an einem anderen Spektakel. Oder es ist so, daß die christliche Botschaft ganz einfach im dornigen Gestrüpp des pluralistischen Indifferentismus erstickt und verdorrt (vgl. Mt 13,1-23).

Wohin wird der Weg der Kirche gehen? Wir leben heute – wenn wir nüchtern und realistisch in die Welt schauen – nur noch in einer rudimentär christlichen Gesellschaft. Gesellschaftliches Ethos und christliche Moral klaffen weit auseinander; die Brücken zwischen der säkularen und der christlichen Kultur werden brüchiger. Und obendrein ist die Kirche selbst in eine tiefe Krise geraten. Die gesellschaftlichen Veränderungen der letzten Jahrzehnte und die Kulturrevolution der sechziger und siebziger Jahre haben tiefe Spuren im kirchlichen und christlichen Leben eingegraben. Das Salz ist schal geworden. Die Kirche – die christlichen Kirchen insgesamt haben zumindest in Europa nicht mehr die Kraft, das gesellschaftliche Leben entscheidend mitzugestalten. Die gesellschaftlichen und kulturellen Themen werden nicht mehr von der Kirche beziehungsweise von christlichen Kräften vorgegeben. Meinungsführer sind längst gesellschaftliche Institutionen wie das Fernsehen, das Radio, die Presse (vor allem die Boulevardpresse), die Parteien, die Interessenverbände.

Die Kirchen laufen nicht erst seit heute den gesellschaftlichen Trends nach und versuchen, sich – so gut es geht – anzupassen, um mit im Spiel zu bleiben. Dabei sind viele amtliche und auch nichtamtliche Vertreter der Kirche so weit der gesellschaftlichen Realität enthoben, daß sie nicht realisieren können, daß sie im gesellschaftlichen Kräftespiel nur noch Randfiguren sind beziehungsweise dekorativen Zwecken dienen. Die Uhren der Zeit werden jedenfalls nicht nach dem Maßstab des kirchlichen Lehramtes oder des christlichen Lebens gestellt, sondern nach den Gesetzen des wirtschaftlich-technischen Fortschritts und den jeweiligen Befindlichkeiten der heutigen säkularen Wohlstands- und Erlebnisgesellschaft.

Wohin wird die Reise gehen? Die katholische Kirche hat auf dem Zweiten Vatikanischen Konzil mit überraschender Beherztheit das Steuer in die Hand genommen und die Weichen neu gestellt. Sie hat mit erstaunlicher Konsequenz den Standort der Kirche in der Welt von heute neu bestimmt und an die heutigen Gegebenheiten angepaßt. Damals wurden die Grundlagen für eine konstruktive Zusammenarbeit mit der pluralistischen Gesellschaft von heute gelegt. Die Konzilsväter konnten allerdings nicht wissen, daß die Welt, zu der sie die Tore geöffnet hatten, schon nach gut einem Jahrzehnt eine völlig andere sein würde. Wie sollten sie ahnen, daß schon nach wenigen Jahren durch das geöffnete Tor weniger die Botschaft des Glaubens in die heutige Gesellschaft, sondern auf massive Weise und scheinbar unwiderstehlich der Geist der Welt in die Kirche einziehen würde! Nachdem sich die gesellschaftlichen Verhältnisse in wichtigen Positionen grundlegend geändert haben und angesichts der rasanten Entwicklung unserer Tage bräuchte die Kirche dringend eine neue Ortsbestimmung, um auf die Fragen, die uns zum Beginn des 21. Jahrhunderts gestellt werden, adäquate Antworten geben zu können.

Die Kirche als das Volk Gottes geht zusammen mit der jewei-

ligen Gesellschaft den Weg durch die Zeit. Deshalb kann es eigentlich nicht verwundern, daß auch die Kirche und die Gläubigen vom Bazillus der Zeit infiziert sind. Es ist nicht vorstellbar, daß die revolutionären gesellschaftlichen Veränderungen spurlos an der Kirche vorübergehen könnten. Doch ist die Kirche in einer schwierigeren Position als andere gesellschaftliche Institutionen. Die Kirche denkt in Jahrhunderten. Religion ist von Natur aus nicht auf raschen Wandel, schon gar nicht auf abrupte Veränderungen angelegt. Es war wahrscheinlich ein Fehler des letzten Konzils, daß man bei der damaligen euphorischen Aufbruchsstimmung geglaubt hat, von heute auf morgen alles Mögliche ändern zu können. Das hat sich nicht immer vorteilhaft ausgewirkt. Religion und Kirche leben von Traditionen, sie verkünden zeitübergreifende Wahrheiten. Als Boten des Ewigen stehen sie quasi über der Zeit, in gewisser Weise abgehoben vom Wechsel der Zeiten und vom Wandel der gesellschaftlichen Verhältnisse. In Zeiten rascher Veränderungen kann deshalb die Tradition zu einer Last und Bürde werden, an der die Kirche schwer zu tragen hat, die mitunter eine nahezu diktatorische Macht ausüben und einem notwendigen Umdenken, einem unvermeidlichen Neubeginn im Wege stehen kann.
In welchem Dilemma sich die Kirche da befindet, zeigt sich in fast tragischer Weise im Bereich der kirchlichen Morallehre. Die Kirche hat sich unendlich schwergetan, die nachtridentinische Verrechtlichung der Morallehre zu überwinden. Bis in die Zeit nach dem Zweiten Weltkrieg zieht sich durch die Handbücher der Moral und durch die entsprechenden Beichtbücher das Bemühen, mit juristischer Akribie moralisches Fehlverhalten zu definieren und den Grad der Sündhaftigkeit, ob läßliche oder Todsünde, bis ins Detail festzulegen, so in der den älteren Priestern einschlägig bekannten Katholischen Moraltheologie von Heribert Jone O.M.Cap.[56] Dabei geraten der Mensch, seine Nöte und Ängste praktisch aus dem Blick. Der Mensch wird zum Erfüllungssubjekt eines

[56] Heribert Jone, Katholische Moraltheologie, Paderborn 1941, 13. Aufl. 1949.

starren moralischen Gesetzeskodex. Bis auf den heutigen Tag krankt die lehramtliche Moralverkündigung an dieser kasuistisch-gesetzlichen Verengung der Moral.
Im folgenden soll der Frage nachgegangen werden: Wohin geht der Weg der Kirche? Lassen sich Konturen einer Kirche von morgen erkennen und beschreiben? Das Ziel ist also nicht, darüber nachzudenken, was die Kirche tun muß oder tun sollte, um für das 21. Jahrhundert und die immensen Herausforderungen unserer Zeit gerüstet zu sein. Es geht auch nicht um die heute so beliebte Kirchenkritik oder Bischofsschelte. Wir fragen uns vielmehr, wie – beim derzeitigen Stand unseres Wissens – der weitere Weg der Kirche aussehen könnte. Wir wollen versuchen, soweit das möglich ist, einige Konturen einer Kirche von morgen zu prognostizieren.

I.
Von einer geschlossenen zu einer offenen Gemeinde

1. Öffnung durch das Zweite Vatikanische Konzil

Die Öffnung der Kirche zur Welt von heute durch das Zweite Vatikanische Konzil ist ein Schritt von zukunftsweisender Bedeutung gewesen. Es war die erklärte Absicht der Konzilsväter, die Position der Kirche neu zu bestimmen, und zwar als Standort nicht außerhalb oder in Konfrontation, sondern an der Seite beziehungsweise inmitten der heutigen Gesellschaft. Wenn bis dahin sich die Kirche als eine eigenständige, „geschlossene" Gesellschaft (societas perfecta) neben der profanen Gesellschaft verstanden hat, definiert das Konzil die gegenseitige Beziehung von Kirche und Welt als ein Miteinander und ein Ineinander. Die Kirche geht „den Weg mit der ganzen Menschheit gemeinsam und erfährt das gleiche irdische Geschick mit der Welt und ist gewissermaßen der Sauerteig und die Seele der in Christus zu erneuernden und in die Familie Gottes umzugestaltenden menschlichen Gesellschaft".[57] Diese Weggemeinschaft beziehungsweise Gefährtenschaft beinhaltet ein Ja zur heutigen pluralistischen Gesellschaft. Die Kirche bietet allen gesellschaftlichen Kräften ihre Zusammenarbeit an – zum Wohl der gesamten Menschheit. Auf diesem Horizont hat das Konzil sowohl das Verhältnis zu den anderen christlichen Kirchen und Gemeinschaften neu bestimmt als auch zu den Juden, den nichtchristlichen Religionsgemeinschaften und darüber hinaus zu allen Menschen, auch den nicht religiös oder weltanschaulich gebundenen.

Mit der „Öffnung zur Welt von heute" ist eine kirchenhistorische Epoche zu Ende gegangen, die von einer klaren Trennung zwischen Kirche und säkularer Gesellschaft gekennzeichnet war. Säkularisation und Aufklärung hatten Religion und Kirche in die Defensive gedrängt. Von seiten des modernen Liberalismus attackiert, vom säkularen Geist der Aufklärung in vielfältiger Weise in Frage gestellt, von der modernen Religionspolitik ins Aus gedrängt, hatten sich die Reihen dichter geschlossen und die Gläubigen eng mit dem Oberhaupt in Rom verbunden. Die innere Geschlossenheit gab der Kirche des 19. Jahrhunderts die Kraft, sich nicht nur gegenüber ihren Gegnern zu behaupten, sondern auch ihre eigene Glaubensüberzeugung in der Öffentlichkeit entschlossen zu vertreten und nach und nach gesellschaftliches Terrain zurückzugewinnen.

In der Folge der ideologischen und gesellschaftlichen Auseinandersetzungen jener Zeit bildete sich eine Form der Kirchlichkeit heraus, die man als „geschlossene Gemeinde" bezeichnen könnte. Damit ist folgendes gemeint. Das in vielfacher Weise Angefochtensein führte dazu, daß sich die Kirche klar und unmißverständlich gegen andere Glaubensgemeinschaften, weltanschauliche Überzeugungen und gesellschaftliche Kräfte überzeugend abgrenzen mußte. In Zeiten der Konfrontation ist nicht erstrangig gefragt, was mit den anderen eventuell verbindet, sondern was von diesen unterscheidet. Das schließt automatisch stärker ab, als daß es

---

[57] Pastoralkonstitution *Gaudium et spes*, 40.

Raum zum Sich-Öffnen gäbe. Präferenz hat die klare Abgrenzung, hervorgehoben wird das Unterscheidend-Christliche beziehungsweise -Katholische: Kontroverstheologie statt „ökumenischer“ Theologie, Abgrenzung statt Annäherung.
Für die geschlossene Gemeinde ist die möglichst exakte dogmatische Definition der Glaubenswahrheiten von besonderem Interesse, denn mit ihrer Hilfe muß die Frontlinie klar gezogen werden. Die Dogmatik erhält dadurch ein besonderes Gewicht, sie definiert den rechten Glauben, der gegen Anfeindungen zu verteidigen ist. Sie deklariert an der Seite des Lehramtes die verbindlichen Inhalte des Glaubens und festigt so das Band, das die Glaubensgemeinschaft nach innen und gegenüber der Außenwelt zusammenhält. Unterstützt wird die Dogmatik durch das Kirchenrecht, das über die Einhaltung der Glaubensdisziplin wacht und eventuelle Abweichungen unter Strafe stellt.
Die Toleranzbreite gegenüber Randgruppen, Kritikern und Abweichlern ist in geschlossenen Gemeinden – zumal in Zeiten des Kampfes – nicht sehr groß. Die Gemeinschaft ist wegen der inneren Geschlossenheit und ihrer Bedeutung für die Abwehr von Angriffen auf Einhaltung der Glaubensregeln, der Gebote und Verbote bedacht. Deshalb ist sie zur Disziplinierung bei Verletzung der Glaubensdisziplin eher bereit als zu anderen Zeiten und reagiert mit Strenge auf die Verletzung von Glaubensinhalten.
Generell kann man sagen, daß geschlossene Gemeinden einen anderen Führungsstil favorisieren als offene. Sie neigen zu hierarchischen Strukturen und legen Wert auf straffe Organisation. Damit korrespondiert die grundsätzliche Bereitschaft, sich den Leitungsorganen und den Trägern der Autorität unterzuordnen. Dies ist eine Stärke von geschlossenen Gemeinden und gibt ihnen den erforderlichen Rückhalt für ein entschlossenes und selbstbewußtes Auftreten in der Öffentlichkeit.

2. Bruch der Dämme?

Die Konzilsväter sind seinerzeit allseits für ihren mutigen Schritt, mit dem sie das Tor zur Welt geöffnet haben, gelobt worden. Sie haben es in der festen Hoffnung und gläubigen Überzeugung getan, daß die sich solchermaßen öffnende Kirche als Sauerteig in der Gesellschaft wirken und diese in die Familie Gottes umgestalten würde. Von diesem Ziel ist die Kirche heute allerdings weiter entfernt denn je. Das Gegenteil ist eingetreten. Kirche und säkulare Welt driften mehr und mehr auseinander.

Die Bischöfe hatten aus einer Position der inneren Geschlossenheit und Stärke das Gespräch mit der Welt und mit der Gesellschaft von heute gesucht. Inzwischen sind aber die damals so sicher geglaubten Dämme, welche die Kirche nach außen abgeschirmt haben, an vielen Stellen gebrochen, und die Ideologie der pluralistischen Gesellschaft ist wie eine Wasserflut über die Kirche hereingebrochen und bis in die letzten Winkel der Kirche eingedrungen. Die Kulturrevolution der sechziger Jahre hat nicht vor den Mauern der Kirche haltgemacht und die innere Geschlossenheit aufgebrochen. Damit ist das Ende der sogenannten geschlossenen Gemeinde eingeläutet worden. Das Neue an der Situation ist, daß die Tore der Kirche nicht nur nach außen offen sind, sondern bis auf weiteres auch nach innen. Das wird weitreichende Folgen für das gesamte Leben der Kirche haben.

Selbst wenn die Kirche es wollte, wäre sie zum gegenwärtigen Zeitpunkt nicht in der Lage, die Reihen wieder zu schließen. Die Pluralisierung des Glaubensverständnisses und die Erosion der kirchlichen Moral sind ein Faktum, das nicht aus der Welt wegzudiskutieren ist. Die Einhaltung der kirchlichen Moral kann mit den Mitteln des Kirchenrechts nicht mehr erzwungen werden. Nur noch bei älteren Gläubigen kann man heute ein gediegenes Glaubenswissen voraussetzen. Die demoskopischen Erhebungen haben es längst ans Licht gebracht: Das Kredo steht als Glaubensregel für viele nur noch auf dem Papier. Zentrale Inhalte des christlichen Glaubens sind unbekannt, werden in Frage gestellt oder ignoriert. Viele

Christen nehmen für sich das Recht in Anspruch, sich ihr Glaubensbekenntnis selbst zurechtzumachen, anstatt den „Katechismus der katholischen Kirche“ zu befragen. Neben dem offiziellen Glaubensbekenntnis der Kirche steht das individuelle, private Glaubensbekenntnis des einzelnen. Und über ihr moralisches Verhalten entscheiden die Menschen heute nach ihrem eigenen Gewissen. So gesehen ist die Gemeinde offen, das heißt, sie kann nicht auf ein bestimmtes Glaubensbekenntnis und auf ein einheitliches moralisches Verhalten festgelegt werden. Das wird zwar unablässig von Rom versucht, erweist sich aber als wenig erfolgreich an der Basis.

In diesem Zusammenhang spricht man gern vom Auswahlchristentum. Man sucht sich das heraus, was einem an Religion und Kirche paßt, und alles andere wird ignoriert. Es ist schon beinahe zur Normalität geworden, daß Gläubige sich nur teilweise mit der Kirche und ihrer Lehre identifizieren und ihre Teilnahme am Gemeindeleben nach ganz individuellen Kriterien bestimmen. Die christliche Gemeinde läßt sich zwar territorial fest umschreiben, aber kaum noch als Glaubensgemeinschaft. Die Grenzen sind offen für die verschiedenen Identifikationen mit dem Evangelium und der Kirche.

Unter dem Druck der gesellschaftlichen Veränderungen ist das hierarchische Prinzip der Kirche in eine Schieflage geraten. Juristisch können Papst und Bischöfe nach wie vor allein über Fragen des Glaubens und der Moral entscheiden, sie sind aber nicht mehr in der Lage, ihre Entscheidungen auch im gewünschten Umfang im Kirchenvolk durchzusetzen. Man kann zwar die öffentliche Diskussion im Einzelfall (z. B. Frauenordination) als beendet erklären, unterbinden kann man aber mit administrativen Mitteln nicht, daß diese Frage auch weiterhin an der Basis diskutiert wird. Es ist bis heute nicht gelungen, das „magische Dreieck“ von öffentlicher Meinung in der Kirche, kirchlichem Pluralismus und hierarchischem Prinzip in ein nach allen Seiten befriedigendes Gleichgewicht zu bringen. Die Kirche wird sich darauf einrichten müssen, daß es in Zukunft eine große Zahl von unterschiedlichen Gemeindeprofilen, Gruppen, Organisationen, Verbänden und Bewegungen unter dem einen Dach der Kirche geben wird, die stärker als bisher ein Eigenleben entwickeln werden. Hinzu kommen die unterschiedlichen Identifikationen mit Lehre und Disziplin der Kirche, angefangen von den aktiven Gemeindemitgliedern bis zu den Fernstehenden, den Taufscheinchristen und den nur noch Kirchensteuer zahlenden Katholiken. Eine bunte Vielfalt, die man nicht mehr mit dem gewohnten Instrument der hierarchischen Entscheidungsgewalt zusammenhalten kann. Die Grenzen sind fließend und nicht mehr rein administrativ abzustecken. Mit dem Ausschluß aus der Kirche kann man heute nicht mehr weiterkommen. Das Instrument des Anathemas ist offensichtlich stumpf geworden.

3. Das Dilemma der Sexualmoral

Die Kirche hat lange Zeit mit bewundernswerter Energie und Konsequenz gegen die allmähliche Aufweichung und Aushöhlung der Sexualmoral Widerstand geleistet. Doch schlußendlich hatte sie der teils offenen, teils verdeckten Propaganda der Medien für die freie Liebe und eine libertinistische Lustmoral nichts mehr entgegenzusetzen. Als dann Oswald Kolle, Beate Uhse und anderen selbsternannten „Sexualaufklärern“ der Weg freigegeben wurde, um ihre „Heilslehren“ mit Hilfe der Medien zu verbreiten, brachen die Dämme endgültig ein. „Alles ist erlaubt, was der Lustmaximierung dient“, das ist die neue ethische Maxime.

Was kann die Kirche dieser Verheißung paradiesischer Freuden entgegensetzen? Im Grunde nichts, wenigstens zum gegenwärtigen Zeitpunkt nicht. Selbst wenn sie mit der gebührenden Zurückhaltung auf die eventuellen Folgen hinweist, wird ihr das in der Öffentlichkeit und teilweise auch vom eigenen Kirchenvolk böse angekreidet. Niemand traut sich zur Zeit, auch die Bischöfe nicht, auf einen möglichen Zusammenhang zwischen der gegenwärtig propagierten sexuellen Libertinage und dem sexuellen Mißbrauch von Kindern oder der Immunschwächekrankheit Aids oder dem Sextourismus hinzuweisen. Geradezu erheiternd ist es, wenn man sieht, mit welchem Aufwand von Energie und auch von finanziellen Mitteln man versucht, die epidemische Ausbreitung der Aidskrankheit durch die Werbung für und Verbreitung von Kondomen einzuschränken, ohne mit einem einzigen Wort zu erwähnen, daß sexuelle Disziplin und eheliche Treue die wirksamsten und billigsten Gegenmittel sind.

Gegenwärtig scheint die kirchliche Sexualmoral auf verlorenem Posten zu stehen. Das kann sich ändern, sobald die gesellschaftlichen Trends anders verlaufen. Es sieht zwar zur Zeit nicht danach aus, doch ist nicht zu übersehen, daß sich nach den euphorischen Zeiten der sogenannten Sexualbefreiung eine gewisse Ernüchterung breitmacht. Die sexuelle Revolution hat nicht das gehalten, was man sich von ihr versprochen hat: totale sexuelle Befreiung und eine permanente Lustoptimierung. Zwar kann man noch unentwegt in den Medien erleben, daß Kirche und Religion für „sexuelle Verkrampfungen" und neurotische Entwicklungen an den Pranger gestellt werden, doch hat sich längst im Land herumgesprochen, daß die propagierte sexuelle Freizügigkeit nun ihrerseits zu Sexualneurosen und psychopathischen Fehlentwicklungen führen kann. Der Unterschied zwischen früher und heute besteht unter anderem darin, daß die Menschen früher im Beichtstuhl Heilung suchten und nicht immer fanden, während sie heute zum Psychiater oder Psychotherapeuten gehen und dort auch nicht immer von ihren Leiden geheilt werden.

Die jüngsten Erfahrungen aus der Diskussion um die Schwangerenkonfliktberatung könnten vielleicht den einen oder anderen zu falschen Schlüssen verleiten. Die überraschend breite Zustimmung zum Ausstieg der Kirche aus der Konfliktberatung mit Schein läßt sich nicht auf die Sexualmoral generell übertragen. Faktum ist, daß die amtlich verkündete Sexualmoral der Kirche von den Gläubigen in weiten Teilen nicht praktiziert wird. Das gilt auch für sogenannte praktizierende Katholiken, und zwar ohne Konsequenzen für den Empfang der heiligen Kommunion. Es ist längst kein Geheimnis mehr, daß der voreheliche Geschlechtsverkehr auch in katholischen

Kreisen als eine Selbstverständlichkeit betrachtet und nicht selten auch bei Jugendlichen im Schulalter toleriert wird. Nichteheliche Partnerschaften sind längst auch unter Katholiken gesellschaftsfähig geworden. Und es wird wohl nicht mehr lange dauern, bis auch homosexuelle Paare großzügig toleriert werden. Man muß ja tolerant sein gegen Andersdenkende und darf niemanden aus der Kirche ausschließen! Die restriktive Haltung in Fragen der Familienplanung hat Papst und Bischöfe in Vergangenheit und Gegenwart viel Kredit gekostet. In den Gemeinden ist das Thema praktisch abgehakt. Man ist längst zur Tagesordnung übergegangen. Die Trennungslinie verläuft nicht entlang der Diskussion um antikonzeptionelle Mittel, sondern um die verschiedenen Formen von Abtreibung. Die kirchliche Hierarchie hat es bislang nicht verhindern können, daß die von der kirchlichen Norm abweichende Sexualmoral öffentlich diskutiert und von Theologen und Priestern gerechtfertigt wird.

Auf das Thema Ehescheidung und Wiederheirat Geschiedener soll in diesem Zusammenhang nicht eingegangen werden. Es sei aber der Hinweis gestattet, daß auch unter Katholiken die Rate der Ehescheidungen ständig ansteigt und daß die Scheidung auch unter Katholiken zwar als ein bedauerliches Faktum registriert, dann aber gesellschaftlich toleriert wird.

Wie wird, wie soll sich die Kirche gegenüber dem veränderten Sexualverhalten in der Gesellschaft und im Kirchenvolk verhalten? Soll sie die Entscheidung den einzelnen und ihrem persönlichen Gewissen überlassen, wie es von vielen Seiten mehr oder weniger vehement gefordert wird? Damit wäre sie aus dem Schneider und könnte sich breiter Zustimmung in unserer Gesellschaft gewiß sein. Das käme aber einer ethischen Kapitulation gleich. Soll sie die veränderten Verhältnisse als gegeben zur Kenntnis nehmen und stillschweigend tolerieren, bis sich das gesellschaftliche Klima wieder geändert hat? Nicht wenige fordern von der Kirche, daß sie ihren moralischen Prinzipien treu bleibt und das abweichende Verhalten der einzelnen und die gesellschaftliche Liberalität offen verurteilt, ob gelegen oder ungelegen.

Eines ist gewiß! Es ist kaum vorstellbar, daß sich die Kirche in absehbarer Zeit mit ihrer strengen Auffassung auf der ganzen Linie bei den Gläubigen durchsetzen kann. Es fehlen ihr dazu die früheren Sanktionsmittel wie etwa die Verweigerung der Absolution, da die Ohrenbeichte praktisch tot ist. Und der Ausschluß vom Empfang der Kommunion ist bei der heutigen Mobilität und der damit verbundenen Anonymität kaum zu kontrollieren. Außerdem wären die Kirchen bald leer, wenn die Bischöfe auf der strengen Einhaltung der kirchlichen Sexualmoral insistieren würden. Eine generelle Akkommodation an die gesellschaftliche Moral ist allerdings auch nicht möglich, da dies gegen Geist und Buchstaben der Heiligen Schrift verstoßen würde. Zwar scheint es Menschen zu geben, denen es keine allzu großen Schwierigkeiten bereitet, selbst Homosexualität und dergleichen mehr mit Wort und Inhalt des Neuen Testamentes zu vereinbaren, doch würde die Kirche sich selbst aufgeben, wenn sie diesen „exegetischen Zauberkünstlern“ folgen würde.
Wie wird es weitergehen? Gibt es Signale, wohin der Zug fahren wird? Die Kirche befindet sich heute in einem echten Dilemma. Auf der einen Seite muß sie alles unterlassen, was noch mehr Gläubige aus der Kirche treibt, auf der anderen darf sie keine unerlaubten Abstriche von der Botschaft Jesu zulassen. Auf der einen Seite muß sie sich bemühen, daß die Türen zur Gesellschaft von heute offenbleiben, auf der anderen muß sie dafür Sorge tragen, daß das Salz des Evangeliums nicht schal wird. Patentrezepte gibt es nicht. Es ist kaum denkbar, daß die Kirche ihre bisherige Haltung gegenüber der Empfängnisverhütung durchhalten kann. Es gibt auch bereits erste Anzeichen dafür, daß sich die starren Fronten aufzulösen beginnen. So ist in der Presse von Bischöfen aus unterschiedlichen Ländern berichtet worden, daß sie sich zum Schutz gegen Übertragung der Aidskrankheit für den Gebrauch von Kondomen ausgesprochen haben.
Ähnliches gilt für andere akute Problemstellungen. Es ist kein Geheimnis mehr, daß intern auch von Bischöfen über Lösungen nachgedacht wird, wie der Reformstau in der Kirche behoben werden kann, natürlich ohne daß die Kirche ihren bi-

blischen und ethischen Prinzipien untreu wird. In diesem Zusammenhang darf man hoffen, daß eines Tages, in nicht zu ferner Zukunft, auch ein akzeptabler Weg für die wieder verheirateten geschiedenen Gläubigen gefunden wird. Hier könnte die Praxis der Ostkirchen den Weg weisen.
Auch hier ist die Meinung der Bischöfe nicht mehr so einheitlich, wie es nach außen erscheinen mag. Von verschiedenen Bischöfen ist zu hören, daß sie sich durchaus eine Zulassung von wieder verheirateten Geschiedenen zum Empfang der Kommunion vorstellen können. Einen Vorstoß in dieser Angelegenheit haben vor einigen Jahren die drei Bischöfe der oberrheinischen Kirchenprovinz (O. Saier, K. Lehmann und W. Kasper) gewagt. Der Versuch, hier zu einer Lösung zu kommen, ist zwar von Rom abgelehnt worden, aber immerhin ist W. Kasper inzwischen Kurienbischof und Kardinal in Rom.

II.
Ende der Kirchensteuer – Konzentration auf das Wesentliche

Einige Länder genießen eine privilegierte Position, insofern sie vom Staat subventioniert werden, sei es, daß der Staat die Gehälter bezahlt, sei es, daß er den Kirchen umfangreiche finanzielle Mittel zukommen läßt. Deutschland nimmt durch sein System der Kirchensteuer, die an die staatliche Steuerbemessung angekoppelt ist und im Auftrag der Kirche durch die Finanzämter eingezogen wird, eine Sonderstellung ein. Diese Form der Kirchensteuer ist bekanntermaßen nicht unumstritten in unserer heutigen Gesellschaft, wie an anderer Stelle bereits erörtert wurde.[58] Wenn in der Bundesrepublik der gegenwärtige Trend der Liberalisierung des staatlichen und öffentlichen Lebens mit seiner zunehmenden Distanzierung von Religion und Kirche anhält, kann man sich ausrechnen, wie lange noch das gegenwärtige System der Kirchensteuer

[58] Vgl. IV. Teil, I. Kapitel., S. 12f.

gesellschaftlich akzeptiert wird. Und dann sind die Tage der staatlich administrierten Kirchensteuer gezählt.
Das würde zwangsläufig zur Folge haben, daß die den Kirchen zur Verfügung stehenden Finanzmittel auf einen Bruchteil zusammenschrumpfen würden. Ein erheblicher Teil der vorhandenen sozialen und karitativen Einrichtungen, der Pflegeeinrichtungen, Krankenhäuser und Bildungsinstitute müßten daraufhin geschlossen werden. Die Kirche wäre, gewollt oder ungewollt, gezwungen, sich auf das Wesentliche zu konzentrieren. Doch auch für den Fall, daß sich am derzeitigen System der Kirchensteuer nichts Wesentliches ändert, ist die Kirche aufgrund des Priestermangels und der zurückgehenden Zahl der Kirchenbesucher gezwungen, sich stärker auf ihre eigentlichen pastoralen Aufgaben zu konzentrieren. Aufgrund dieser Perspektiven lassen sich weitere Konturen einer Kirche von morgen skizzieren.

1. Verkündigung der Botschaft Jesu

Es erübrigen sich ausführliche Erörterungen über die Bedeutung der Verkündigung für das Selbstverständnis von Kirche. Die Kirche weiß sich von Jesus in alle Welt gesandt, das Evangelium zu verkünden (Mk 16,15). Das ist ihre Sendung; gegenüber dieser zentralen Aufgabe muß alles andere zurücktreten. Daran hat sich durch die Jahrhunderte hindurch nichts geändert, und daran kann auch in Zukunft nicht gerüttelt werden.
Im Gegenteil! Es muß wohl davon ausgegangen werden, daß die Verkündigung zukünftig eine noch zentralere und entscheidendere Bedeutung bekommen wird, da die Glaubensübermittlung an die jüngere Generation aus vielerlei Gründen nicht mehr in der altgewohnten Weise funktioniert. Einerseits fallen die bislang bewährten Erziehungsinstanzen, Elternhaus und Schule, immer mehr aus, andererseits nimmt der Einfluß der miterziehenden Instanzen wie Radio, Fernsehen und gesellschaftliches Umfeld ständig zu. Da heute eine mehr oder weniger automatische Sozialisation in eine christlich und katholisch geprägte Gesellschaft nicht mehr stattfindet, muß

nach neuen Wegen der Glaubensvermittlung gesucht werden. Diesbezügliche Bemühungen sind erfreulicherweise schon vor geraumer Zeit in Gang gekommen.

Damit hängt das Sprachproblem eng zusammen. Um an die heutigen Menschen heranzukommen, muß das Evangelium in der Sprache und mit den Methoden unserer Zeit verkündet werden. Das ist eine Binsenwahrheit, stellt jedoch die Verkündigung vor immense Probleme. Was ist die Sprache unserer Zeit? Gibt es so etwas wie einen einheitlichen Sprachstil? Müssen wir nicht eher von verschiedenen, durch die jeweilige Subkultur geprägten Sprachmustern ausgehen? Eines ist sicher: Die in der Kirche verwandte Sprache, die kirchlichen Symbole, die tradierten Methoden und Verfahrensweisen erreichen den Menschen von heute nur zum Teil.

In verschiedenen Kreisen sind Bemühungen wahrzunehmen, die auf Interesse an der Dogmatisierung weiterer Glaubenswahrheiten hindeuten. Man kann es niemandem verübeln, wenn er sich für eine Vertiefung und Erweiterung der Glaubenskenntnis einsetzt. Doch muß sich das Bemühen nicht unbedingt auf die Verkündigung neuer Dogmen richten. Wenn die Kirche es mit ihrem Bekenntnis zur Einheit der christlichen Kirchen und Gemeinschaften ernst meint, dann wird es auf absehbare Zeit keine neuen Dogmen mehr geben. Es muß alles unterlassen werden, was den Prozeß der Wiedervereinigung im Glauben stören oder gar verhindern kann. Ganz abgesehen davon, daß die große Mehrheit der Gläubigen sich nicht dafür interessiert. Die Menschen warten heute nicht auf neue Dogmen und neue Katechismen, sondern auf eine neue Sprache, die sie die zentralen Inhalte des Glaubens besser verstehen und in das eigene Leben integrieren hilft.

Dabei kann es nicht darum gehen, das Glaubensbekenntnis neu zu schreiben, zu ergänzen oder an die heutigen Verhältnisse anzupassen, wie von gewissen Kreisen gefordert wird. Die Menschen wollen kein neues Evangelium, sie wollen vielmehr hören, was ihnen die alten und immer wieder neuen Wahrheiten des Glaubens in ihrer heutigen Lebenssituation zu sagen haben. Bei der Flut der Informationen und bei der Vielfalt der Lebensphilosophien, weltanschaulichen Lehren und Glaubensangebote fühlen sich viele überfordert, suchen nach Orientierung und Halt. Sie fragen: Welche Orientierung gibt mir der Glaube ganz konkret in meiner heutigen Lebenswelt?

2. Eucharistie und Sakramente

Die Feier der Mysterien ist seit ewigen Zeiten das Zentrum jeder Religion. In den Mysterien, das ist ihr innerer Sinngehalt, wird die Nähe der Gottheit erfahrbar. Auf dieses Ziel muß jeder Kult ausgerichtet sein, wenn er seinem eigentlichen Zweck gerecht werden will. An dieser Zielsetzung hat sich durch die Zeitläufte hindurch nichts geändert, bis im Zeitalter der Aufklärung die menschliche Vernunft zum Maß aller Dinge erklärt wurde. Damit ist aber gleichzeitig das Ende jeder mystischen Erfahrung eingeläutet worden, denn das Divinum, nämlich göttliche Gegenwart und erlösendes, salvatorisches Handeln, ist nicht rational erfaßbar. Es blieb den modernen esoterischen Strömungen vorbehalten, das Suchen vieler Menschen nach einem Ausgleich für die Kommerzialisierung, Technisierung und Verwissenschaftlichung des heutigen Lebens und die damit verbundene emotionale Kälte sowie die Verkümmerung der zwischenmenschlichen Beziehungen richtig erfaßt zu haben. Sie sind in diese „Marktlücke“ mit ihren vielfältigen ökonomischen, parapsychologischen und pseudoreligiösen Angeboten erfolgreich vorgestoßen. Wenn nicht alle Anzeichen trügen, dann sind die esoterischen Veranstaltungen in absehbarer Zeit in der Lage, den Kirchen ernsthaft Konkurrenz auf ihrem ureigenen Territorium zu machen, da diese das Phänomen des Mystischen und das oft verborgene, aber trotzdem latent immer vorhandene Bedürfnis der Menschen nach dem Faszinosum und der seelischen Erhebung durch außerdingliche Erfahrung sträflich vernachlässigt haben.
Für die Menschen des Alten Testamentes waren der Tempel in Jerusalem, seine Gebets- und Opfergottesdienste von einzigartiger Bedeutung. Der Mittelpunkt ihrer Religion war der Tempel auf dem Berg Sion (Moriah), wo nach der Überliefe-

rung der Altar gestanden hatte, den Abraham errichtete, um seinen Sohn Isaak zu opfern. An dieser Stelle hatte König Salomon den Tempel als Haus Gottes erbauen lassen, damit Jahwe, der Gott Israels, inmitten seines Volkes Wohnung nehmen könne. Im Tempel fanden die Sühne- und Opfergottesdienste statt, in denen Israel sich der Nähe und des Segens Jahwes versicherte. Dort stand die Bundeslade mit den Gesetzestafeln als Garant und Symbol für den ewigen Bund, den Jahwe mit seinem Volk Israel für ewige Zeiten geschlossen hatte. Im mystischen Rauch der Weihrauchopfer stiegen von hier die Gebete des Volkes zu Gott empor.
Das Neue Testament kennt keine vergleichbare Konzentration auf einen einzigen Kultort, dafür aber auf das einzige und einmalige Opfer Christi am Kreuz. In der Feier der Eucharistie begeht die Gemeinde des Neuen Bundes die Vollendung der Opfer des Alten Bundes durch das einmalige und unüberbietbare Opfer Christi am Kreuz. Das Mysterium von Kreuz, Tod und Auferstehung Christi ist Herz und Mitte des christlichen Kultes, der Feier der Eucharistie, der Sakramente und jedweden Gottesdienstes. Der christliche Kult kulminiert in der Feier der Eucharistie, in welcher das Mysterium von Kreuz und Auferstehung gegenwärtig ist und Christus sich im Mysterium des Mahles mit den Gläubigen verbindet. Jeder christliche Kult ist darum Mysterium, denn sein Inhalt ist nicht die Inszenierung eines frommen Schauspiels, eines Festivals, einer religiösen Selbsterfahrung oder eines festlichen Mahles, sondern die Gegenwart des Mysteriums Christi, das nicht von Menschenhand inszeniert werden kann.
Wir verdanken dem Zweiten Vatikanischen Konzil unter anderem die liturgische Erneuerung, die von maßgeblicher Bedeutung für die nachkonziliare Entwicklung und die Verlebendigung des Gemeindelebens geworden ist. Allerdings hat sich gezeigt, daß bei dem Bemühen um Muttersprache, um Verständlichkeit der sakramentalen Handlungen und um aktive Teilhabe leicht der Mysteriencharakter des christlichen Kultes in den Hintergrund gedrängt werden kann. Sowenig der Mensch durch seine eigenen Veranstaltungen die Rechtfertigung vor Gott bewirken kann, sowenig kann er durch

seine Aktivität die Gegenwart des erlösenden Handelns Christi in der Eucharistie bewerkstelligen. Beides bleibt letztendlich ein Heilsmysterium, das der Mensch nur in gläubiger Hingabe erfassen und an sich geschehen lassen kann. Nur schwerlich wird diese Grundhaltung durch sogenannte Werkstatt-Gottesdienste gefördert. Jede Mahlfeier wird erst dann zum christlichen Heilsmysterium, wenn in ihr das Geheimnis von Kreuz und Auferstehung gegenwärtig wird.

Es ist natürlich nicht leicht vorauszusagen, wie die weitere Entwicklung verlaufen wird. Doch gibt es gute Gründe dafür, daß man davon ausgehen kann, daß in nicht allzu ferner Zukunft auch die Bedeutung des Mysteriums für das christliche Selbstverständnis und das sakramentale Leben wieder neu entdeckt werden wird. In diesem Zusammenhang kann auch die bunte Vielfalt der Volksfrömmigkeit eine Wiederbelebung erfahren, wie zur Zeit die Pilgerfahrt zum Grab des hl. Jakobus d. Ä. in Compostela im Nordwesten von Spanien. Wer hätte in den sechziger Jahren gedacht, daß sich in absehbarer Zeit Tausende von jungen und älteren Menschen aus ganz Europa zu Fuß, mit dem Fahrrad oder mit dem Auto auf den Weg machen würden, um zu pilgern und als Pilger in ganz neuer Weise Gotteserfahrungen zu machen?

Vor Jahren hat der Soziologe Jakobus Wössner in einer öffentlichen Veranstaltung berichtet, wie er in den siebziger Jahren bei einem der Gespräche zwischen Marxisten und Christen (Paulusgesellschaft) bei Tisch einer jungen französischen Marxistin aus dem Elsaß begegnet sei. Auf seine Mitteilung, daß er anderntags eine katholische Meßfeier besuchen würde, habe seine marxistische Tischnachbarin erstaunt gefragt, wieso er als aufgeklärter Wissenschaftler (noch immer) an einem Gottesdienst teilnehmen könne. Daraufhin habe er erwidert, daß für ihn die hl. Messe von zentraler Bedeutung sei, denn durch den Empfang der hl. Kommunion sei er mit allen Menschen verbunden, den großen und kleinen, den reichen und armen. Da habe die überzeugte Marxistin gesagt: Wenn das so ist, dann kann ich auch wieder am Gottesdienst teilnehmen und die hl. Kommunion empfangen. Und dann habe sie erzählt, daß sie aus einem kleinen katholischen Ort

im Elsaß stamme. Obwohl ihr Vater, ein überzeugter Kommunist, von der Kirche nichts habe wissen wollen, habe sie regelmäßig am Gottesdienst teilgenommen. Eines Tages habe sie erlebt, wie ihr Arbeitgeber (Patron) sich in seinem Betrieb in eklatanter Weise unsozial gegenüber seinen Arbeitern verhalten habe, aber trotzdem am Sonntag darauf, als wäre nichts gewesen, die Kommunion empfangen habe. Nach diesem schockierenden Erlebnis habe sie nie mehr an einem Gottesdienst teilgenommen.
Diesem Bericht ist eigentlich nichts hinzuzufügen. Er spricht für sich selbst. Das christliche Zeugnis, darin sind sich alle einig, wird vielleicht in der Welt von morgen noch mehr als in früheren Zeiten von der Übereinstimmung von christlichem Glauben und christlichem Leben abhängen.

3. Diakonie

Wenn von der Konzentration auf das Wesentliche die Rede ist, kann die christliche Diakonie nicht unerwähnt bleiben. Wir haben zu dieser Frage bereits an anderer Stelle ausführlich Stellung bezogen.[59] Nicht selten wird beklagt, daß die Kirche sich in den letzten Jahrzehnten in dem Maße, wie sie sich den sozialen, gesellschaftlichen und politischen Fragen zuwandte, von ihrer eigentlichen Aufgabe entfernt habe. Die Rede ist von einer Horizontalisierung beziehungsweise einem Abgleiten in sozialpolitische Aktivitäten. Als Exempel verweist man in diesem Zusammenhang gern auf die Theologie der Befreiung und ähnliche Entwicklungen.
Nun bedarf es keiner langen Beweisführung für die Tatsache, daß die christliche Diakonie ein integrierender Bestandteil der Botschaft Jesu und des christlichen Lebensvollzugs ist. Jedes soziale Engagement des Christen erhält seine Legitimation aus der Schrift und aus der Sendung der Jünger in die Welt, den „Armen eine gute Nachricht“ zu bringen, nämlich das Evangelium von der Befreiung der Gefangenen und Unterdrückten, von der Heilung der Kranken und Elenden

---

[59] Vgl. hierzu IV. Teil, I. Kapitel, S. 126ff.

(Lk 4,18-19). Der heilende und helfende Dienst ist Teil der universalen Sendung des Christen und kann nicht vom Verkündigungsauftrag getrennt werden. Die Apostel und die Jünger werden von Jesus ausgesandt, das Reich Gottes zu verkünden und Kranke zu heilen (Mk 6,13; Mt 10,7f.; Lk 9,6; 10,9). Der gleichen Sendung ist die Kirche aller Zeiten verpflichtet. Durch ihren diakonischen und karitativen Dienst an und in der Welt gibt sie Zeugnis von der Ankunft des Reiches Gottes.

Konzentration auf das Wesentliche heißt darum auch, wieder sichtbar zu machen, daß die karitative Diakonie nicht nur eine Aufgabe der dafür geschaffenen Institutionen wie der organisierten Karitas, der Krankenhäuser und sonstigen Pflegeeinrichtungen ist, sondern eine Grundfunktion jeder Gemeinde darstellt, die unverzichtbar und insofern auch nicht delegierbar ist. Die Gemeinden werden in Zukunft in neuer Weise sichtbar machen müssen, daß sich christliches Leben nicht nur in der Verkündigung des Evangeliums und in der Feier der Eucharistie realisiert, sondern auch in der Diakonie und in der Karitas. Wo gläubige Menschen als brüderliche Gemeinschaft miteinander leben, miteinander teilen und ihrer Mitwelt den brüderlichen Dienst der Liebe leisten, ist Christus mitten unter ihnen (Mt 25,40).

Man darf jedoch nicht die institutionalisierte Karitas gegen die unmittelbare Hilfe von Mensch zu Mensch und die direkte Sorge der Gemeinde für die Hilfsbedürftigen vor Ort ausspielen. Wir brauchen beides. Angesichts unserer hochtechnisierten Medizin und im Hinblick auf unsere moderne anonyme städtische Gesellschaft wäre eine effektive und dauerhafte Hilfe ohne den Einsatz der technischen Mittel und der karitativen Institutionen gar nicht möglich. Ein Zwang zur Konzentration kann allerdings schon bald von anderer Seite kommen.

Da ist zum einen die Frage nach dem Fortbestand der Kirchensteuer. Wir haben darüber bereits eingehend gesprochen und können uns deshalb hier kurz fassen. Sollte eines Tages die Kirchensteuer nicht mehr wie bisher durch die Finanzämter eingezogen werden, würden der Kirche die benötigten

Mittel fehlen, und sie wäre gezwungen, einen großen Teil ihrer sozialen und karitativen Einrichtungen zu schließen. Das würde dann automatisch zu einer Konzentration auf das Wesentliche auch im karitativen Bereich führen.
Gleiches wäre der Fall, wenn aufgrund der nachlassenden kirchlichen Orientierung eines Tages die qualifizierten Mitarbeiter fehlen sollten. Die kirchlichen Einrichtungen haben nur so lange einen Sinn, als sie auch mit christlichem Geist erfüllt werden können. Ein katholisches Krankenhaus zum Beispiel muß natürlich die bestmögliche medizinische Versorgung garantieren können. Es muß aber darüber hinaus auch etwas vom Geist christlicher Bruderliebe und von der Sendung der Kirche, in den notleidenden Menschen Christus zu begegnen, ausstrahlen. Wenn das nicht mehr möglich ist, weil das entsprechende Personal fehlt, wäre es besser, die Anzahl der Einrichtungen entsprechend zu reduzieren, um die vorhandenen Kräfte zu konzentrieren. In diesem Fall wäre es sicher nicht falsch, von einem Gesundschrumpfen zu sprechen.
Gilt das Gesagte auch in gleichem Maß für das sozialpolitische Engagement der Kirche? Sollte die Kirche nicht überlegen, ob es vielleicht vorteilhafter wäre, wenn sie sich aus diesem Bereich weitgehend zurückziehen würde? Vieles würde dafür sprechen. Wir haben über diese Problematik schon einmal im Zusammenhang mit dem gemeinsamen Sozialwort der Kirchen gesprochen[60] und waren zu dem Ergebnis gekommen, daß es wenig Nutzen bringt, wenn die Kirche zu jedem und allem, was sich im sozialpolitischen Bereich tut, Stellung bezieht und dabei Gefahr läuft, ihre Zuständigkeit zu überschreiten, denn sie hat in Politik und Wirtschaft bekanntermaßen nur eine eingeschränkte Kompetenz. Es stünde den Bischöfen gut an, wenn sie sich auf diesem Gebiet eine kluge Zurückhaltung auferlegen würden. Weniger kann unter Umständen mehr sein. Die Kirche täte gut daran, wenn sie sich auf das Wesentliche konzentrieren würde, nämlich den Finger auf gesellschaftliche Fehlentwicklungen zu legen, Verletzungen der Menschenwürde anzuklagen, bei der Politik Ver-

---

[60] Vgl. hierzu II. Teil, I. Kapitel, Abschn. 5, S. 59ff.

säumtes anzumahnen, Anwalt der Menschen und der Benachteiligten zu sein.
Obwohl unsere säkularisierte Gesellschaft zunehmend auf Distanz zur Kirche geht, billigt sie dieser jedoch im allgemeinen ein sozialpolitisches Mandat als Anwalt der Menschen und der Menschlichkeit zu. Diese Funktion, die man bisweilen auch als „politisches Wächteramt" bezeichnet, wird in Zukunft noch an Bedeutung gewinnen. In einer Zeit, in der der gesellschaftliche Einfluß der Kirche hartnäckig bekämpft wird, wo man systematisch versucht, die Kirche aus dem gesellschaftlichen Leben zu verdrängen, muß der soziale Kredit der Kirche klug genutzt werden. Viele Menschen finden heute allein über diese Brücke einen positiven Zugang zur Kirche. Als moralische Instanz für die Orientierung des Individualverhaltens besitzt die Kirche heute wenig Autorität, als moralische Instanz für das gesellschaftliche und politische Leben wird sie weitgehend respektiert.

III.
Frage nach der Einheit der Kirche

Wenn heutzutage die Frage nach der Einheit der Kirche gestellt wird, blickt alle Welt automatisch auf die Christenheit, die in eine Vielzahl von Kirchen und kirchlichen Gemeinschaften aufgespalten ist. Die ökumenische Bewegung und speziell die Erfolge, die in den letzten Jahren erzielt worden sind, geben Hoffnung, daß in nicht allzu ferner Zukunft der Weg frei werden wird für eine umfassende Wiedervereinigung im Glauben. Zweifellos ist die feierliche Unterzeichnung der „Gemeinsamen Erklärung zur Rechtfertigungslehre des Lutherischen Weltbundes und der katholischen Kirche" am 31. Oktober 1999 in Augsburg ein Meilenstein auf dem Weg zu einer endgültigen Einheit im Glauben gewesen. Das darf jedoch nicht darüber hinwegtäuschen, daß das Ziel noch nicht erreicht ist und daß noch viele Steine aus dem Weg geräumt werden müssen.

Während alle Welt ihr Augenmerk erwartungsvoll auf die Wiedervereinigung der getrennten Christen richtet, sind – mehr oder weniger unbemerkt vom öffentlichen Interesse – Entwicklungen in Gang gekommen, welche die innerkirchliche Einheit gefährden und eines Tages den ökumenischen Prozeß auf ihre Weise in Frage stellen und eventuell blockieren können. Gemeint ist folgendes: Seit geraumer Zeit sind im Binnenraum der katholischen Kirche Entwicklungen zu beobachten, durch welche die innere Bindung geschwächt und die zentrifugalen Kräfte gestärkt werden können, wie zum Beispiel die Pluralisierung des Glaubensverständnisses und die Forderung nach mehr demokratischer Mitbestimmung in der Kirche.

1. Pluralisierung des Glaubens

Die frühere Einheitlichkeit in der Interpretation der zentralen Glaubenswahrheiten existiert schon seit geraumer Zeit nicht mehr. Es handelt sich hier um ein Phänomen, das seit längerem zu beobachten ist. Nicht nur, daß die heutige Theologie in vielen Fragen des Glaubens nicht mehr einer Meinung ist, es ist nichts Außergewöhnliches mehr, daß einzelne Theologen zentrale Glaubensdogmen in Frage stellen, praktisch leugnen. Kein Wunder, wenn viele Gläubige irritiert sind und ihre Konsequenzen daraus ziehen. Die einen praktizieren den Schulterschluß mit Rom und fordern von den Bischöfen, daß sie ihres Amtes walten und für Klarheit sorgen, die anderen haben sich längst die Freiheit genommen, das Evangelium so auszulegen, wie sie es für richtig und unserer Zeit angemessen halten. Das ist in etwa der Stand der Dinge.
Die Kirche wird zur Kenntnis nehmen müssen, daß sie nicht mehr wie in früheren Zeiten die Inhalte des Glaubens im internen Kreis der Bischöfe und theologischen Experten definieren und dann den Gläubigen einfach kraft des kirchlichen Lehramtes zur Annahme vorlegen kann. Dies Verfahren mag theologisch und kirchenrechtlich in Ordnung gehen, funktioniert aber, wie man allenthalben sehen kann, in der Praxis nicht mehr. Man wird sich darauf einstellen müssen, daß in

Zukunft das ganze Gottesvolk, nicht nur einige Experten, in den Glaubensdialog einbezogen werden muß, wenn man mit Akzeptanz bei den Gläubigen rechnen will.
Wir leben heute in offenen Gesellschaften, denen jede Art von Zwang oder obrigkeitlicher Festlegung in Fragen der religiösen oder philosophischen Weltanschauung fremd sind. Man mag das begrüßen oder bedauern, wir leben nun einmal in einer liberalistischen und pluralistischen Gesellschaft. Die daraus resultierenden positiven wie negativen Konsequenzen müssen zwangsläufig Ausgangsbasis für kirchliches Planen und Handeln sein. Das gilt auch für das demokratische Selbstverständnis unserer Zeit. Wer vom Kindergarten an gelernt hat, abzustimmen, mitzuentscheiden, selbstverantwortlich zu handeln, der tut sich schwer, wenn das in Fragen seiner religiösen Überzeugung auf einmal ganz anders sein soll.
Hinzu kommt, daß wir nun einmal in einer sogenannten Informationsgesellschaft leben, in welcher der einzelne laufend über alles, was im eigenen Land und in der ganzen Welt passiert, bestens unterrichtet wird. Durch die Medien werden täglich die unterschiedlichsten Meinungen, Auffassungen und Überzeugungen in politischen, ökonomischen und weltanschaulichen Fragen verbreitet. Der heutige Mensch ist es gewohnt, aus der Vielfalt der Optionen auszuwählen und nach eigener Überzeugung zu entscheiden. Manche sind natürlich auch überfordert und werden eine leichte Beute für die Manipulation durch die Medien. Das ist eine Realität, der sich die Kirche, wenn sie nahe bei den Menschen bleiben will, in Zukunft nicht verschließen kann.
Die Meinungsbildung in offenen Gesellschaften erfolgt durch öffentliche Diskussion, Austausch der Meinungen, durch Rede und Gegenrede, nicht auf dem Weg administrativer Anordnung oder gar gesetzlicher Vorschrift. Im demokratischen Zeitalter sind absolutistische Regierungssysteme, Diktaturen, Militärregierungen etc. obsolet geworden. Auch die Kirche kann nicht mehr ihre Glaubens- und Sittenlehre „hinter verschlossenen Türen" definieren und dem Gottesvolk per Dekret vorschreiben. An was der heutige Mensch persönlich

glaubt, läßt er sich nicht einfach vorschreiben – und sein individuelles sittliches Verhalten schon gar nicht. Die Diskrepanz zwischen der offiziell von Rom verkündeten Sexualmoral und dem tatsächlichen sexuellen Verhalten vieler praktizierender Katholiken müßte ein Alarmzeichen sein, wenn die Kirche nicht noch mehr an Kredit verlieren will.

Für die Kirche ergibt sich aus diesem Sachverhalt ein ernsthaftes Problem. Wie kann sie in Zukunft die Einheit im Glauben sicherstellen? Die Grenzen zwischen dem definierten und dem praktizierten Glauben verwischen mehr und mehr. Es besteht die Gefahr, daß die auseinanderdriftenden unterschiedlichen Einstellungen in zentralen Glaubensfragen eines Tages das gemeinsame Band zerreißen könnten. Wenn hinter den unterschiedlichen Glaubenspositionen nicht nur einzelne Gläubige, sondern organisierte Gruppen stehen, können die divergierenden Überzeugungen unversehens das gemeinsame Zusammenleben einer Gemeinde sprengen. Der Prozeß der Differenzierung und Pluralisierung kann nicht durch amtliche Erlasse oder wie früher durch ein lehramtliches Anathema aufgehalten werden.

Deshalb macht es wenig Sinn, wenn die römischen Instanzen meinen, sie könnten künftig alle, die im Weihe- oder Lehramt sind, durch ein erweitertes Glaubensbekenntnis (Professio fidei) und den kirchlichen Treueid (Iusiurandum fidelitatis)[61] auf eine bestimmte vom Lehramt definierte Auslegung der Glaubensinhalte festlegen. Die Zeit, in der man mit Druck- und Zwangsmitteln den Glauben verordnen konnte, ist endgültig vorbei. Das gilt auch für Priester, die zwar bei ihrer Weihe ihrem Bischof Gehorsam und Treue versprechen. Man überlege aber, aus welchem gesellschaftlichen Milieu und welchen Schulen die heutigen Priesteramtskandidaten kommen. Sie können nicht im Glauben gefestigter sein als die Gesellschaft, die Gemeinde und die Familie, aus der sie kommen. Die heute allenthalben feststellbaren Defizite kann man

[61] Der deutsche Text der erweiterten Professio fidei und des Iusiurandum fidelitatis wurde von der Deutschen Bischofskonferenz am 14. März 2000 beschlossen und dann promulgiert. Vgl. Motuproprio *Ad tuendam fidem* vom 18. Mai 1998.

nicht dadurch beheben, daß man ein bestimmtes Glaubensbekenntnis oder einen entsprechenden Treueid ablegen läßt. Das kann unter Umständen sogar das Gegenteil bewirken, wenn sich nämlich jemand gezwungen sieht, einen Eid zu leisten, den er in dieser Form nicht innerlich bejahen kann.

2. Hierarchische kontra demokratische Struktur

Daß die katholische Kirche hierarchisch organisiert und strukturiert ist, ist eine allseits bekannte und historisch belegte Tatsache. Wie das Zweite Vatikanum in Übereinstimmung mit den vorausgegangenen Konzilien bekräftigt, geht die hierarchische Verfassung der Kirche auf den ausdrücklichen Willen ihres Gründers zurück. Jesus Christus hat die zwölf Apostel und an ihrer Spitze den Petrus als Hirten der Kirche bestellt und sie mit „heiliger Vollmacht" eingesetzt, die Kirche zu leiten. Ihr Amt und ihre Vollmacht sind auf Papst und Bischöfe als auf ihre Nachfolger übergegangen.[62] Im Kirchlichen Rechtsbuch ist zur hierarchischen Verfassung zu lesen, daß der Papst, Nachfolger des Petrus und Haupt des Bischofskollegiums, „Stellvertreter Christi und Hirte der Gesamtkirche hier auf Erden" ist und deshalb „in der Kirche über höchste, volle, unmittelbare und universale ordentliche Gewalt"[63] verfügt. Die Bischöfe sind als Nachfolger der Apostel in Gemeinschaft mit dem Papst ebenfalls „Träger höchster und voller Gewalt in Hinblick auf die Gesamtkirche" (can. 336). „Dem Diözesanbischof kommt in der ihm anvertrauten Diözese die ganze, ordentliche, eigenberechtigte und unmittelbare Gewalt zu, die zur Ausübung seines Hirtendienstes erforderlich ist" (can. 381).
Ein Gang durch die zweitausendjährige Geschichte der Kirche zeigt, wie die hierarchische Verfassung der Kirche zwar von Jesus grundgelegt wurde, in ihrer heutigen Gestalt und ihrer heutigen Zentrierung auf das kirchliche Oberhaupt in Rom aber erst im Lauf der Zeit gewachsen ist. Es kann nicht

---

62 Vgl. Dogmatische Konstitution *Lumen gentium*, 18ff.
63 Codex Iuris Canonici, can. 331.

bestritten werden, daß nach Auskunft der neutestamentlichen Schriften Jesus die zwölf Apostel aus der Zahl der Jünger ausgewählt (Mk 3,13-19 parr), sie mit speziellen Vollmachten ausgestattet (Joh 20,21-23) und ausgesandt hat, sein Werk fortzusetzen (Mt 28,16-20 parr). Ebenso unstrittig ist, daß Jesus den Petrus in besonderer Weise mit dem Leitungsamt ausgestattet (Joh 21,15-23 u. Lk 22,31-34) und ihm die „Schlüsselgewalt“ übertragen hat (Mt 16,13-20 parr). Die Apostel haben sicherlich den Auftrag Jesu richtig interpretiert, als sie ihr von Jesus verliehenes Amt auf ihre Nachfolger übertragen haben. Wer die Texte unvoreingenommen liest, kann kaum zu einem anderen Schluß kommen: Die Kirche hat von Anfang an eine hierarchische Verfassung.

Die gleichen Texte zeigen aber auch, daß die Leitungsgewalt keineswegs vom Ursprung her auf die heutige Form angelegt ist. Für die Zentralisierung auf den Papst und auf die Bischöfe sowie die nahezu absolutistische Ausübung der von Jesus übertragenen Vollmachten finden sich im Neuen Testament keine entsprechenden Anhaltspunkte. Die neutestamentlichen Quellen weisen eher in eine andere Richtung, wenn man ernst nimmt, was Jesus seinen Aposteln mit auf den Weg gegeben hat. Da lesen wir zum Beispiel als Anweisung für die Ausübung der Leitungsgewalt: „Wer der Erste sein will, soll der Letzte von allen und der Diener aller sein“ (Mk 9,35). Oder: „... wer bei euch groß sein will, der soll euer Diener sein, und wer bei euch der Erste sein will, soll der Sklave aller sein“ (Mk 10,43f.). Es sei auch daran erinnert, daß Jesus den Aposteln ein Beispiel gegeben hat, indem er ihnen in jener denkwürdigen Szene im Abendmahlssaal die Füße gewaschen hat.

Aus den neutestamentlichen und frühchristlichen Quellen ergibt sich eindeutig, daß die Leitungsgewalt, die Jesus den Aposteln übertragen hat, nicht notwendigerweise zur heutigen zentralistischen und absolutistischen Institution führen muß. Das von Jesus eingesetzte Leitungsamt kann auch anders ausgeübt und verfaßt werden. In den neutestamentlichen Schriften treffen wir auch Gemeinden an, die nicht von einem Bischof (episkopos), sondern von Presbytern oder Ältesten (presbyteroi) geleitet werden (Apg 14,23; 15,2 u. 22f.; 1 Tim 5,17; 1 Petr 5,1; Jak 5,14). Eine aufschlußreiche Stelle findet sich im ersten Petrusbrief: „Eure Ältesten ermahne ich, da ich ein Ältester bin wie sie und ein Zeuge der Leiden Christi und auch an der Herrlichkeit teilhaben soll, die sich offenbaren wird: Sorgt als Hirten für die euch anvertraute Herde Gottes, nicht aus Zwang, ... sondern aus Neigung; seid nicht Beherrscher eurer Gemeinden, sondern Vorbilder für die Herde!" (1 Petr 5,1-3). Zwar läßt sich heute nicht mehr mit Sicherheit eruieren, wie dieses Amt im einzelnen beschaffen war. Doch deutet alles darauf hin, daß dieses Leitungs- oder Vorsteheramt kollegial ausgeübt worden ist. Und das scheint charakteristisch für die frühchristliche Zeit zu sein, daß das Leitungsamt eher kollegial als zentristisch beziehungsweise hierarchisch ausgeübt worden ist. Das oberste Leitungsgremium waren die Bischofsversammlungen beziehungsweise die Konzilien. Die obersten territorialen Autoritäten waren die Patriarchen und Oberbischöfe (archiepiskopoi), unter denen dem Bischof von Rom als Patriarch des Abendlandes ein Ehrenvorrang zukam. Die stärker kollegiale beziehungsweise synodale Kirchenverfassung der Frühzeit hat sich in den Ostkirchen bis heute erhalten. Die Ausbildung einer streng hierarchischen, im Papstamt kulminierenden Kirchenverfassung ist, so können wir zusammenfassend konstatieren, nicht zwangsläufig gewesen und kann deshalb auch von der Kirche wieder modifiziert werden.

Die Kirche befindet sich nun in einer mißlichen Situation. Wie kann sie den Menschen von heute plausibel machen, daß alles, was im sonstigen Leben selbstverständlich ist, in der Kirche keine Bedeutung hat: Gewaltenteilung, Mitbestimmung, Delegation von Kompetenzen (Subsidiaritätsprinzip), Dezentralisation? Der römische Zentralismus gerät mehr und mehr unter Erklärungszwang. Es kommt immer häufiger vor, daß den Menschen Entscheidungen der römischen Kurie nicht mehr zu vermitteln sind. Man schüttelt den Kopf und fragt sich: Wieso soll Rom besser als die örtliche Bischofskonferenz wissen können, was vor Ort richtig und notwendig ist? Warum kann zum Beispiel nicht die zuständige Bi-

schofskonferenz das nihil obstat für Theologieprofessoren erteilen? Im eigenen Land kennt man die in Frage kommenden Personen doch am besten!
Wie wird es weitergehen? Wie läßt sich ein Ausgleich zwischen der hierarchischen Kirchenverfassung und dem demokratischen Selbstverständnis der heutigen Menschen finden? Man muß kein Prophet sein, um die Feststellung zu treffen, daß sich aus vielerlei Gründen das gegenwärtige kirchliche Leitungssystem nicht unverändert fortschreiben läßt. Die Probleme sind seit langem bekannt und vielfach diskutiert worden. Das Zweite Vatikanische Konzil hat bereits die ersten Schritte getan und damit die Richtung für künftige Entwicklungen angezeigt: Stärkung der regionalen Bischofskonferenzen, Ausbau synodaler Strukturen auf allen Ebenen von der römischen Zentralgewalt (Bischofssynoden) über die Diözesanebene (Priesterrat, Diözesanpastoralrat) bis zu den Pfarreien (Pfarrgemeinderat, Vermögensverwaltungsrat). Dazu kommt der neue theologische und pastorale Ansatz einer Communio-Ekklesiologie.
Vieles bleibt allerdings zur Zeit noch unklar. Offene Fragen hinsichtlich der weiteren Entwicklung gibt es mehr als genug. Da sind zum Beispiel die Mitbestimmungsrechte der Laien in Fragen des „weltlichen Bereichs", für die sie nach Auskunft aller einschlägigen Dokumente eigentlich zuständig sind. Hier müßte klarer als bisher festgelegt werden, was Sache der Bischöfe und was Sache der Laien ist. Man denke etwa an das, was wir zum gemeinsamen Sozialwort der Kirchen hierzu gesagt haben. Die Bischöfe haben in jedem Fall ein Vetorecht. Müssen die Bischöfe auch in rein sozialpolitischen Fragen immer das letzte Wort haben? Wie wird man in Zukunft mit den Rechten der Laien umgehen?
Ein weiteres Problem ist ebenfalls schon von uns angesprochen worden. Erfreulicherweise hat das Konzil das hierarchische System durch den Einbau von synodalen Strukturen aufzulockern versucht. Das ist gewiß ein Schritt nach vorne. Die neuen Institutionen der Mitwirkung bleiben jedoch unbefriedigend, solange sie ausschließlich beratende Funktion haben. Wer wird schon auf Dauer in Beratungs-

gremien mitwirken wollen, wenn er erleben muß, daß seine Bemühungen nicht mehr wert sind als das Papier, auf das sie niedergeschrieben wurden, weil die alleinigen Entscheidungsträger, nämlich Papst, Bischöfe und Pfarrer, am Ende doch tun, was sie wollen und für richtig halten. Es wäre um der Sache willen sehr bedauerlich, wenn die synodalen Strukturen eines Tages in den Geruch kämen, bloße „Spielwiesen" zu sein.

Zusammenfassend läßt sich zum gegenwärtigen Zeitpunkt etwa folgendes sagen. 1. In Zukunft wird man in der Kirche nicht mehr einfach über die Köpfe des Kirchenvolkes hinweg entscheiden können. Das ist zwar kirchenrechtlich möglich, in der Praxis aber nicht mehr durchzusetzen. Jeder Pfarrer muß die Erfahrung machen, daß seine Kirche eines Tages leer ist, wenn er sich mit seiner Amtsgewalt einfach durchsetzt, anstatt mit den Menschen zu reden und auf ihre Vorstellungen einzugehen. Und es ist kein Geheimnis, daß aus demselben Grund in vielen Pfarreien die Uhren anders laufen als in Rom. Vieles, was von dort kommt, ist dem Kirchenvolk so nicht mehr zu vermitteln. Wenn man in der Kirche die Abstimmung mit den Füßen stoppen will, muß man in Zukunft noch mehr auf die Menschen zugehen. Denn so manche päpstliche oder bischöfliche Entscheidung, die an der gesellschaftlichen Wirklichkeit vorbeiging, hat dazu beigetragen, daß viele Menschen der Kirche entfremdet sind.

2. Es wird vieles davon abhängen, ob es möglich sein wird, einen Ausgleich zwischen den hierarchischen Strukturen und dem Bedürfnis des heutigen Menschen nach Mitsprache, Mitbestimmung und Mitverantwortung zu finden. Um nicht mißverstanden zu werden: Es geht nicht darum, das hierarchische durch das demokratische Prinzip zu ersetzen. Aber der Bischof oder der Pfarrer muß nicht immer das letzte Wort haben. Dadurch wird seine Amtsautorität nicht in Frage gestellt. Die weltweite Entwicklung, die dazu führt, daß sich das demokratische Gesellschaftsprinzip bis in die letzten Winkel der Erde durchsetzt, wird auch in der Kirche zum stärkeren Ausbau von horizontalen Strukturen der Koopera-

tion und Mitverantwortung führen. Man kann auch in der Kirche unbeschadet der hierarchischen Verfassung weitgehend Verantwortung delegieren.
3. Die hierarchische Verfassung war in der Vergangenheit eine der Stärken der katholischen Kirche. Sie war das Band, das die Reihen geschlossen und die Einheit im Glauben und Leben garantiert hat. Die Öffnung der Kirche nach innen und nach außen darf nicht zu Lasten der Einheit gehen.
Doch wird die pluralistische und demokratische gesamtgesellschaftliche Entwicklung nicht spurlos an der Kirche vorübergehen, wie mehrfach in dieser Arbeit beschrieben worden ist. Angesichts dieser neuen Verhältnisse wird es nicht mehr so einfach wie früher sein, die Einheit der Kirche sicherzustellen und die Kirche nach außen als Einheit im Glauben und im Leben darzustellen. Einheit ist in einer offenen Gemeinde anders zu definieren als in einer geschlossenen. Aufgrund der heutigen Mobilität und infolge des empfindlichen Priestermangels (priesterlose Gemeinden) wird sich das starre Territorialprinzip stärker lockern; die Menschen werden in die Kirche ihrer Wahl fahren, die Kirche häufiger wechseln, da die Entfernung dann keine Rolle mehr spielt. Das muß zwangsläufig Folgen für das Einheitsbewußtsein in den Gemeinden haben.
Auch wird es schwieriger werden, zwischen praktizierenden und nichtpraktizierenden Christen zu unterscheiden. Welchen Maßstab will man da anlegen, wenn auch sogenannte praktizierende Katholiken nicht mehr regelmäßig am Sonntagsgottesdienst teilnehmen und die Identifikation mit der Glaubens- und Sittenlehre nur noch teilweise erfolgt? Früher hat die Kirche definiert, was der Gläubige zu tun und zu lassen hat, um zur Kirche zu gehören. Nachdem die altbewährten „Zwangsmittel“ nicht mehr greifen, bestimmen die einzelnen Gläubigen die Form ihrer Zugehörigkeit zur Kirche und die Art und Weise ihrer Identifikation mit den kirchlichen Lehren.
Insgesamt, so kann man sagen, wird das Kirchenbild bunter und vielfältiger werden, reicher an Gruppen und Bewegungen, an Meinungen, Interessen und Erwartungen an die Kir-

che von morgen. Daraufhin läßt sich Einheit nur noch in der Vielfalt definieren.

3. Petrusamt und Ökumene

Da die Wiedervereinigung im Glauben nicht explizit unser Thema ist, werden wir uns hier kurz fassen können. Wenn wir allerdings nach den Konturen einer Kirche von morgen fragen und in diesem Zusammenhang nach der Einheit der Kirche, können wir das Thema Ökumene nicht ganz ausklammern. Die Wiedervereinigung im Glauben gehört zu den großen Hoffnungen der Kirche. Sie bewegt zur Zeit die Menschen mehr als viele andere Themen. Gerade von der Wiedervereinigung der christlichen Kirchen erwartet man neuen Wind in den Segeln. Zweifellos würde es der Kirche neue Schubkraft verleihen, wenn das Ärgernis der Spaltung beendet wird und die Christenheit mit einer Stimme sprechen könnte.

Was läßt sich zur Zeit über die Perspektiven einer Wiedervereinigung sagen? Nach dem ökumenischen Großereignis vom 31. Oktober 1999 in Augsburg ist wieder Hoffnung aufgekeimt, daß der ökumenische Prozeß nun rasche Fortschritte machen wird. Ist diese Erwartung berechtigt? Hierauf eine klare Antwort zu geben, das fällt zum gegenwärtigen Zeitpunkt ungeheuer schwer. Man müßte Hellseher sein oder prophetische Gaben besitzen. Vergegenwärtigen wir uns zunächst den Stand der Dinge. Wie ist die gegenwärtige Ausgangslage?

1. Wir müssen zunächst nüchtern feststellen, daß Augsburg nur ein erster Schritt gewesen ist, ein sehr wichtiger zwar, aber der Weg bis zum Ziel ist noch weit. Es werden weitere Schritte folgen müssen, denn vor uns liegt noch eine Reihe von trennenden Hindernissen, zum Beispiel das unterschiedliche Verständnis des Petrusamtes, der Sakramente (außer Taufe), speziell der Eucharistie und der Priesterweihe, nicht zu vergessen das unterschiedliche Kirchen- und Amtsverständnis. Niemand wird sagen können, ob nicht vielleicht das eine oder andere Hindernis sich als schwerwiegender heraus-

stellen wird als die Rechtfertigungslehre. Da werden wir noch viel Geduld benötigen.

2. In Deutschland ist man aus guten Gründen auf die lutherische Kirche fixiert. Schließlich hat von hier die Reformation ihren Ausgang genommen, und Luther ist ihr prominentester Führer gewesen. Doch darf man nicht übersehen, daß die lutherische Kirche nur einen Bruchteil der reformatorischen Kirchen ausmacht. In England, den USA, in den Ländern Lateinamerikas und in verschiedenen anderen Regionen ist sie ohne große Bedeutung. Selbst wenn eines Tages in den laufenden Gesprächen mit der lutherischen Kirche in wesentlichen Punkten Übereinstimmung erzielt werden sollte, würde das bei Lage der Dinge nicht ohne weiteres auf alle anderen getrennten Gemeinschaften übertragbar sein. Eine Verständigung mit allen im Ökumenischen Rat der Kirchen in Genf vertretenen christlichen Gemeinschaften ist in absehbarer Zeit nicht vorstellbar. Am ehesten wäre eine Verständigung mit den orthodoxen Kirchen und mit den Anglikanern denkbar.

3. Eine Voraussage zu machen, wie es mit der ökumenischen Bewegung weitergehen wird, ist auch deshalb so schwer, weil zu den alten Hindernissen in unseren Tagen neue hinzukommen. Einerseits bewegen sich die getrennten Kirchen erfreulicherweise sichtbar aufeinander zu, andererseits werden Fakten geschaffen, die nahezu unüberwindliche Barrieren bilden. So ist es auf lange Zeit undenkbar, daß die orthodoxen Kirchen einer Vereinigung mit Kirchen zustimmen werden, welche die Ordination von Frauen und die Einsegnung (Trauung) von homosexuellen Paaren zulassen. Unter diesen Voraussetzungen ist auch eine Abendmahlsgemeinschaft ausgeschlossen. Sollte diese Entwicklung in den protestantischen Kirchen weitergehen, wird der Ökumenische Rat in Genf vor eine schwere Zerreißprobe gestellt werden.

4. Eines der Haupthindernisse für eine Unio ist das unterschiedliche Verständnis vom Petrusamt und von der Unfehlbarkeit der Kirche. Für die katholische Kirche besitzt der Papst die oberste Lehr- und Leitungsautorität, für die anderen Kirchen kommt dem Papst höchstens ein Ehrenprimat zu

als Primus inter pares. Wie hier eine Einigung aussehen könnte, ist zur Zeit noch völlig offen. Es gibt hierzu verschiedene Vorschläge, wir möchten uns aber im Zusammenhang dieser Arbeit nicht an solchen Spekulationen beteiligen. Im Rahmen unserer Überlegungen können wir festhalten: Eine Einigung in diesem Punkt ist nicht in Sicht. Es haben bislang nicht einmal Gespräche stattgefunden, die auf eine mögliche Antwort auf diese Frage hoffen lassen.

5. In Kenntnis dieser schwierigen und wenig hoffnungsvollen Lage drängen verschiedene Kreise in der katholischen wie in der evangelischen Kirche auf eine gegenseitige Zulassung zum Abendmahl (Kommunion). Hier und da werden sogar entsprechende Versuche unternommen, um eine Abendmahlsgemeinschaft durch den praktischen Vollzug zu erzwingen. Wer sich hierfür engagiert, muß wissen, daß er durch ein solches Vorpreschen möglicherweise die Spaltung in der eigenen Kirche provoziert und einen neuen Keil zwischen die getrennten Kirchen treibt. Eine unüberlegte und übereilte Abendmahlsgemeinschaft würde nicht wenige Katholiken in die Arme fundamentalistischer Gruppen treiben.

IV.
Eine missionarische Kirche

Was ist mit der Kirche los? So hatten wir zu Beginn unserer Untersuchung gefragt. Es besteht kein Zweifel, nachdem die Kirche in den ersten Nachkriegsjahren einen echten religiösen Aufbruch und über Jahre hinweg eine Blütezeit religiösen Lebens erlebt hatte, ist sie innerhalb weniger Jahrzehnte in eine tiefe Krise gestürzt: leere Kirchen, priesterlose Gemeinden, Spaltungen und Risse. Die Kirche, von Christus ausgesandt, um die Welt und die Menschen zu heilen, ist selbst zum Patienten geworden. Die „ärztliche" Diagnose lautet: Das Salz ist schal geworden.

Das Zweite Vatikanische Konzil hatte es unternommen, die Position der Kirche in der Welt von heute neu zu bestimmen, nachdem durch den technischen und wissenschaftlichen Fortschritt tiefgreifende Veränderungen im gesellschaftlichen, politischen und wirtschaftlichen Leben vonstatten gegangen waren. Das Aggiornamento, die Anpassung an die veränderten Verhältnisse, war gerade abgeschlossen, da gab es bereits die ersten Anzeichen dafür, daß die eigentliche technische und in ihrem Gefolge eine umfassende gesellschaftliche Revolution noch bevorstanden. Aus heutiger Sicht hat das Konzil zu früh stattgefunden. Nach den jüngsten revolutionären Veränderungen und angesichts der gegenwärtigen kirchlichen Misere erscheint ein neues, zweites Aggiornamento unerläßlich.

Die Krise, in welcher die Kirche heute steckt, läßt sich nicht mehr gesundbeten und durch Zweckoptimismus übertünchen. Nachdem die Kirchenleitungen immer häufiger den Gemeinden mitteilen müssen, daß sie in Zukunft keinen Priester mehr haben werden und mit Nachbargemeinden zusammengeschlossen werden müssen, pfeifen es die Spatzen von den Dächern, daß die Misere dramatische Ausmaße angenommen hat. Die Kirche steht vor der schwierigen Aufgabe, das gesamte kirchliche Leben – Verkündigung, Pastoral, Diakonie, gesellschaftliches Engagement, ihre administrativen Institutionen und ihr Verhältnis zu Gesellschaft und Staat – zu überdenken und an die von Grund auf veränderten Verhältnisse anzupassen.

Die tiefen Einschnitte in das kirchliche Leben, welche durch die noch in vollem Gang befindliche Revolution in Technik, Wissenschaft und gesellschaftlichem Leben hervorgerufen werden, lassen sich nicht durch einige kosmetische Eingriffe beheben. Wir brauchen neue Rezepte, neue Strategien, wir müssen auf der ganzen Linie umdenken, wenn wir den Herausforderungen, die auf uns zukommen, gewachsen sein wollen. Auch wenn der eine oder andere das nicht sehen will, wir werden durch den Lauf der Geschichte dazu gezwungen werden. Das wird nicht von heute auf morgen geschehen. Es wird ein langer Prozeß sein, dessen Endpunkt noch nicht ersichtlich ist, denn niemand kann zur Zeit exakt sagen, welchen Verlauf die revolutionäre Entwicklung nehmen wird. Eines dürfte jedoch gewiß sein: Die Kirche wird ein verändertes Gesicht haben, wenn sie denn in der Welt von morgen nicht nur als Sekte überleben will.

Das, was man einmal als christliche Gesellschaft bezeichnet hat, geht unwiderruflich zu Ende. Vom christlichen Abendland wird bald nicht mehr als die Fassade stehenbleiben, dahinter jedoch haben sich bereits jetzt eine säkulare Gesellschaft und ein liberalistischer Staat etabliert. Ruinen können auch schön und attraktiv sein, Ziel der Touristen und Kunstfreunde, aber sie sind nicht die Räume, in denen das wirkliche Leben spielt. Wenn die Kirche nicht in absehbarer Zeit ein museales Dasein führen will, muß sie ihr Haus umbauen, erneuern, auf den Stand der Zeit bringen. Die Mission der Kirche lautet, Salz der Erde, Licht der Welt zu sein. Davon ist sie zur Zeit weit entfernt. Sie hat die Kraft verloren, das gesellschaftliche Leben entscheidend mitzugestalten. Sie geht mit ihrem Licht nicht mehr der Entwicklung voran. Bisweilen hat man den Eindruck, daß sie gerade noch das Rücklicht bildet.

Der Ruf nach einem Neuanfang, nach einem neuen Aufbruch wird in jüngster Zeit vernehmlicher. Da wird appellativ zu einem neuen Selbstbewußtsein aufgerufen und an die historischen Verdienste der Kirche erinnert. Zu Recht wird darauf hingewiesen, daß kein Grund besteht, in Katastrophenstimmung zu verfallen, weil die engagierten Christen nicht mehr in der Mehrzahl sind und Deutschland langsam zu einem Missionsland zu werden droht. Depressionen und Selbstmitleid sind keine taugliche Medizin, um den zukünftigen Herausforderungen gerecht zu werden. Auch in der heutigen Gesellschaft hat die Kirche ihre Chance, wenn sie sich mit „erneuertem Selbstbewußtsein“ den Aufgaben der Zeit stellt. Wem nützt „der saure Regen der Kirchenkritik“, durch welche die Gläubigen verunsichert werden? So oder ähnlich lauten die Appelle, mit denen dazu aufgerufen wird, die Resignation zu überwinden und wieder „mit schöpferischer Zuversicht in die Zukunft zu blicken“.

In der Tat, es gibt ermutigende Zeichen, daß die Kirche keineswegs tot ist. Trotz zahlreicher Krisenerscheinungen gibt es viel aktives Leben und ein umfangreiches Arsenal engagier-

ter Mitarbeit in unseren Gemeinden. Eine rein statistische Beurteilung der Situation in den Gemeinden aufgrund des geschrumpften Kirchenbesuchs muß zwangsläufig zu einem sehr einseitigen, negativen Bild führen. Wir haben bereits an anderer Stelle gesagt, daß das Sonntagsgebot heute lockerer verstanden wird und viele Gläubige nur jeden zweiten oder dritten Sonntag am Gottesdienst teilnehmen, so daß man auf einen Durchschnitt von 30 bis 40 Prozent aktiver Katholiken kommt. Das ist für unsere heutige Zeit ein sehr beachtlicher Prozentsatz. Die Situation in den Parteien, Gewerkschaften und Vereinen ist keineswegs besser. Welche vergleichbare Institution kann auch nur annähernd so viele Menschen Sonntag für Sonntag für eine Veranstaltung aktivieren, wo es im herkömmlichen Sinn nichts zu kaufen, nichts zu holen und nichts zu erleben gibt? Den Sport kann man damit nicht vergleichen. Er bietet Amüsement und Unterhaltung an und reizt mit Spannung, Nervenkitzel und Emotionen.
Es stimmt, wir sollten nicht ständig jammern und uns selbst bemitleiden. Es hilft auch nicht, wenn wir unablässig auf die schauen, die nicht da sind, die Fernstehenden, die Kritiker, und dabei Reden zum Fenster hinaus halten. Wir dürfen mit Freude und Hoffnung auf die immer noch große Zahl engagierter Christen schauen, die aktiv in den Gemeinden mitmachen, die sich offen zu ihrem Glauben bekennen. Es ist keineswegs so, daß die Mehrzahl der Gläubigen ein minimalisiertes, angepaßtes Christentum suchen würde. Ganz im Gegenteil! Der Ruf nach dem unverkürzten Evangelium wird lauter, und die Bereitschaft, sich vom Evangelium fordern zu lassen, nimmt zu. Das ist ein Potential, mit dem ein Aufbruch jederzeit möglich ist, das ist eine Basis, auf der ein Neuanfang gelingen kann. Auf dieser Grundlage ist zum Beispiel der Übergang von der versorgten zur selbstversorgenden und mitverantwortlichen Gemeinde kein übermäßig großes Problem.
Ein weiterer Anlaß, nicht unbedingt düster in die Zukunft schauen zu müssen, sind die neuen geistlichen Bewegungen und Gemeinschaften, die in den letzten Jahren und Jahrzehn-

ten in größerer Zahl in der Kirche entstanden sind. Das ist eine überaus erfreuliche Erscheinung. Es beweist, daß die Kirche noch lebendig ist und daß sie sich auch in unserer Zeit immer wieder erneuert. Bekanntlich setzt man in Rom viel Hoffnung in diese neuen Vereinigungen.

Es fällt auf, daß viele von ihnen zu einer gewissen geistigen Verengung und Fundamentalisierung des Glaubens neigen. Nicht zu übersehen ist darüber hinaus die Tendenz, sich von den Gemeinden zu separieren und ein bewußtes Eigenleben zu pflegen, was dann sehr schnell den Zug des Elitären bekommen kann oder auch dazu verleitet, den Glauben zu privatisieren.

Gruppen, die spezielle Frömmigkeitsformen pflegen oder sich besonderen Aufgaben widmen, hat es immer in der Kirche gegeben. Das wäre nichts Neues. Bemerkenswert ist jedoch, daß das Phänomen, mit dem wir es zur Zeit zu tun haben, weithin als Antwort auf die gegenwärtige kirchliche Misere zu verstehen ist. Hier schließen sich Menschen zusammen, weil sie in irgendeiner Weise mit den derzeitigen Zuständen in den Gemeinden oder in der Kirche insgesamt unzufrieden sind. Viele lehnen zum Beispiel die weitverbreitete Kritik an den Bischöfen und an allem, was von Rom kommt, entschieden ab und stellen sich bewußt hinter den Papst und die Bischöfe. Die prinzipielle Treue zur Kirche kann allerdings bei manchen dazu führen, daß sie nun ihrerseits alles kritiklos verteidigen, was von seiten der Hierarchie geschieht. Die bisweilen demonstrativ zur Schau getragene Romtreue wirkt mitunter peinlich und ist angesichts der schwierigen Lage, in der die Kirche sich befindet, auch nicht besonders hilfreich. Wir stehen vor großen Problemen, für die es keine Patentrezepte gibt. Einen Weg aus der Misere können wir nur gemeinsam finden. Dazu bedarf es des intensiven und offenen Dialogs zwischen Bischöfen und Kirchenvolk, zwischen Amtsträgern und Laien sowie zwischen den verschiedenen Gruppen und Meinungen untereinander.

Gemeinsam ist mehr oder weniger allen neuen geistlichen Bewegungen und Gemeinschaften das Bemühen, das Evangelium unverkürzt und die Glaubensüberlieferung ohne Abstri-

che zum Maßstab des eigenen und kirchlichen Lebens zu machen. Also nein zu einem Auswahlchristentum und ebenso nein zu einem distanzierten Verhältnis zur Kirche.
Die neuen geistlichen Bewegungen signalisieren, daß sich neues Leben in der Kirche regt. Interessant ist, daß der Aufbruch nicht von oben kommt, von der Hierarchie nämlich, sondern von unten, von der kirchlichen Basis. Das könnte ein Hinweis dafür sein, daß die Stunde der Laien gekommen ist, vergleichbar dem religiösen und kirchlichen Aufbruch in der ersten Hälfte des 19. Jahrhunderts nach dem tiefen Einbruch durch Aufklärung und Säkularisation. Damals sind zahllose Laien aktiv geworden und haben sich an die Spitze einer Erneuerungsbewegung gestellt, die zusammen mit dem deutschen Episkopat das Ruder herumgeworfen und das Schiff Petri auf Kurs gebracht hat.
In diese Zeit des Aufbruchs fällt die Gründung der katholischen Vereine und des Kolpingwerks. 1848 fand der erste Katholikentag statt, und im selben Jahr hielt der spätere Bischof von Ketteler in Mainz seine berühmten Adventspredigten, welche die Entstehung der katholischen Sozialbewegung signalisieren. In diese Zeit fallen auch mehrere Initiativen von Laien auf dem karitativen Gebiet. Sie haben zur Gründung von Genossenschaften der Franziskanerinnen und Vinzentinerinnen und anderer mehr geführt, die bis heute segensreich im Pflegebereich tätig sind. Und ohne den Einsatz führender Laien in Politik, Wirtschaft und Kultur wäre der imposante Aufstieg der katholischen Kirche im 19. Jahrhundert nicht denkbar gewesen. Ohne ihre Rückendeckung hätten beispielsweise die Bischöfe dem Staat nicht Paroli bieten können und die Übergriffe des Staates (Kölner Ereignis 1837 und Kulturkampf nach 1870) erfolgreich abwehren können.
Freilich sollten sich alle Reformkräfte, Kirchenvolks- und Basisbewegungen ins Stammbuch schreiben lassen: Kirchliches Leben erneuert sich in unseren Tagen nicht gegen das Lehramt und in Konfrontation mit den Bischöfen. Andererseits steht auch nirgends geschrieben, daß Erneuerung, Umkehr und Neuanfang von der Spitze des Gottesvolkes ausge-

hen müssen. Die Geschichte der Kirche kennt viele Beispiele dafür, daß die Erneuerung an Haupt und Gliedern ihren Ursprung mitten in der Kirche und ganz unten gehabt hat, zum Beispiel Franz von Assisi. Warum sollte das nicht auch in unseren Tagen möglich sein? Große gesellschaftliche und kirchliche Aufbrüche können im stillen und fernab von den Zentren ihren Anfang nehmen. Häufig sind schwere Erschütterungen und Katastrophen zur Stunde ihrer Geburt geworden: ein verlorener Krieg wie 1945, die industrielle Revolution im 18./19. Jahrhundert. Für die Kirche von heute könnten der dramatische Priestermangel und die priesterlosen Gemeinden zu einer solchen tiefgreifenden Erschütterung führen, welche die selbstheilenden Kräfte an der Basis aktiviert und im Kirchenvolk eine Erneuerungsbewegung freisetzt, welche einen Aufbruch zu neuen Ufern einleiten könnte. Das wäre das Gegenteil von einem ängstlichen Rückzug aus der Gesellschaft und eine klare Absage an jede Ghettomentalität.

Wenn die Kirche heute ihren Auftrag, Salz der Erde zu sein, ernst nimmt, wird sie bald erfahren müssen, daß das Evangelium in der Gesellschaft von heute auf Widerstand und Ablehnung stößt. Sie wird die von Christus prognostizierte Erfahrung machen, daß die Jünger ausgestoßen und verfolgt werden. Um die sozioreligiöse Situation des Christen in einer entchristlichten und säkularisierten Welt zu charakterisieren, ist es üblich geworden, im Anschluß an die moderne Religionssoziologie von der Diaspora-Existenz der Kirche zu sprechen. Diaspora meint in diesem Fall nicht ein geographisch fest umschriebenes Gebiet, in dem Christen als Minderheit weit zerstreut in einer glaubensfremden oder -feindlichen Umwelt leben, sondern die natürliche Existenzweise des Christen in der Welt von heute, und zwar als den Normalfall und nicht als die Ausnahme. In diesem christlich-existentiellen Sinne ist die Diasporasituation ein konstitutives Merkmal des Christseins, ein heilsgeschichtliches Muß, wie K. Rahner gesagt hat.

Die Frage ist nun, wie die Kirche und die gläubigen Gemeinden auf dieses Faktum reagieren. Aus der Soziologie wissen wir, daß gesellschaftliche Minderheiten und Randgruppen die

Tendenz haben, sich nach außen abzuschließen. Sie versuchen, sich aus der Gesellschaft zurückzuziehen und „einzuigeln“. Für die Kirche könnte das bedeuten, daß sie den oft beschworenen „Gang ins Ghetto“ antreten und sektenhafte Verhaltensweisen kultivieren würde. Mit diesem gesellschaftlichen Exodus würde sie aber ihrer Sendung nicht gerecht.

Nun kann Diaspora aber auch eine andere Bedeutung haben. Der ursprüngliche Wortstamm des griechischen „diaspeiro“ kann sowohl zerstreuen und ausstreuen bedeuten als auch aussenden. Letzteres trifft auf die neutestamentlichen Gemeinden zu, die im Zeichen des Aufbruchs sich befanden und ihre Diasporasituation als notwendigen Bestandteil ihrer Sendung, als Schicksalsgemeinschaft mit dem vorausgegangenen Herrn, verstanden (Joh 15,18ff.). Das Ausgestoßensein (Joh 16,2) und die „irdische“ Heimatlosigkeit (Joh 17,6ff.) verlieren den Charakter der Bedrohlichkeit, wenn sie als Aufforderung an die Gemeinde zum Aufbruch in die Welt verstanden werden. Ziel der christlichen Gemeinde kann weder das ängstlich-sorgsame Bewahren des Glaubens hinter den verschlossenen Toren des Ghettos noch die trügerische Sicherheit einer gesellschaftlich abgestützten Volkskirche, noch die Zufriedenheit einer gesellschaftlich angepaßten „christlichen Bürgerlichkeit“ sein. Die Jüngerschaft des Herrn bedeutet immer eine prinzipielle Distanz zur Welt und eine Haltung der heilsgeschichtlichen Nonkonformität, die notwendigerweise zum Widerspruch herausfordert.

Das Angefochtensein ist für die Diasporagemeinden immer schon eine im Alltag erfahrene Tatsache gewesen. Insofern sind sie den Gemeinden im katholischen Land um einiges voraus, die nun diese essentielle Erfahrung nachholen müssen, da ihnen ein schärferer Wind aus einer entchristlichten Umwelt ins Gesicht bläst. In einer säkularisierten, pluralistischen Gesellschaft werden dem Christen die vielfältigen Hilfen eines glaubensfreundlichen Milieus entzogen. Das Ja des Glaubens ist nun nicht mehr eine gesellschaftliche Selbstverständlichkeit, sondern eine ständig neu zu vollziehende, weil stets gefährdete und angegriffene personale Entscheidung.

Die Diasporasituation des Christen kann von den Gemeinden

positiv angenommen werden und Anstoß zu ständiger Selbstkorrektur und Besinnung auf das Wesentliche sein. Diaspora als grundsätzliche Verstehensweise christlicher Existenz in dieser Welt könnte sogar missionarische Kraft auslösen. Öffnet sich die Gemeinde und geht auf das Konkurrenzangebot der pluralistischen Gesellschaft ein, wird sie schon aufgrund ihrer Nonkonformität mit den Lebens- und Verhaltensweisen ihrer Umwelt diese zur Stellungnahme herausfordern. Man kann nicht einfach ihre Existenz negieren und zur Tagesordnung übergehen, wie die Auseinandersetzung um die Schwangerenkonfliktberatung gezeigt hat. Diaspora im existentiell-christlichen Sinn ist aus dieser Sicht nicht ein gefährdeter Außenposten, der über kurz oder lang aufgegeben wird, sondern die Vorhut und das Zentrum der Glaubensentscheidung in der heutigen Welt.

Wird die Diasporasituation positiv angenommen, ist eine Konzentration auf das Wesentliche auch eine Chance, den missionarischen Auftrag der Kirche zu forcieren. Wie bereits besprochen,[64] werden der Priestermangel und die Abnahme der aktiven und engagierten Christen in den Gemeinden die Kirche dazu zwingen, sich aus verschiedenen Bereichen zurückzuziehen und die vorhandenen Kräfte auf die wesentlichen Aufgaben zu konzentrieren. Das gilt für den sozialpolitischen Bereich, aber auch für die Präsenz in vielen öffentlichen Gremien. Selbstverständlich werden die Feier der Eucharistie, die feierliche Spendung der Sakramente, werden Gottesdienst und Gebet immer Mittelpunkt der gemeindlichen Aktivitäten bilden. Darüber hinaus muß die Kirche ihre Kräfte in Zukunft noch stärker als bisher auf die Weitergabe des Glaubens im weitesten Sinn konzentrieren, da die Familie, die Schule und das gesellschaftliche Umfeld als religiöse Erziehungsinstanzen nicht mehr wie bisher funktionieren.

Der missionarische Auftrag der Kirche ist gegenüber den soeben beschriebenen Aufgabenfeldern weniger ein zusätzlicher Bereich mit eigenem Personal und entsprechenden Institutionen als vielmehr eine geistige Einstellung und eine kon-

[64] Vgl. IV. Teil, I. Kapitel u. V. Teil, II. Kapitel, S. 126ff. u. 206ff.

zeptionelle Orientierung der gesamten kirchlichen Aktivitäten und des konkreten christlichen Lebens. Die Jünger – und mit ihnen die Kirche – sind gesandt, Zeugnis zu geben „in Jerusalem und in ganz Judäa und Samarien und bis an die Grenzen der Erde“ (Apg 1,8; vgl. Lk 24,47f.). Die Kirche ist ihrem Wesen nach missionarisch.[65]

Der missionarische Auftrag ist klar umschrieben in dem Gleichniswort vom Salz der Erde und vom Licht der Welt. Der Ruf nach einem neuen Anfang kann nur heißen: Die Kirche insgesamt und die Gemeinden vor Ort müssen die Kraft zurückgewinnen, missionarisch auf die Welt zuzugehen und das Salz des Evangeliums in Gesellschaft, Politik und Wirtschaft einzubringen. Das setzt voraus, daß sie sich dieser Kraft auch bewußt sind, sich aus der lähmenden Depression befreien und zum früheren Selbstbewußtsein zurückfinden.

Missionarisch kann die Kirche nur sein, wenn sie sich an dem orientiert, von dem ihre Mission kommt, an Christus und an seinem Evangelium. Es ist eine Versuchung, einen Kreis von Gleichgesinnten zu sammeln und mit diesen in einer Art Privatgemeinde oder Kirche von unten ein avantgardistisches Reformchristentum zu praktizieren. Missionarisch ist die Kirche, wenn sie ihrem Meister folgt und nicht irgendwelchen selbsternannten Propheten oder Reformtheologen. Der Standort der missionarischen Kirche ist nicht außerhalb oder neben der Ortsgemeinde, Diözese und Gesamtkirche, sondern in ihrer Mitte. Deshalb kann sie auch nicht Kirche gegen die Hierarchie und gegen das Amt sein. Es gibt nur eine Kirche, und es gibt nur einen Herrn in der Kirche, nämlich Christus.

Wenn man sich die alten Krankenhospize aus dem Mittelalter anschaut, stellt man mit Erstaunen fest, daß sie häufig wie eine Kirche gebaut waren, in der Mitte der Altar und die Betten ringsherum. So konnte im Hospiz mit allen Kranken zusammen die Eucharistie gefeiert werden im Bewußtsein, daß

[65] Vgl. Zweites Vatikanisches Konzil, Dekret über die Missionstätigkeit der Kirche *Ad gentes*, 2 u. 6 u. ö.

die, die dort einen Dienst verrichten, ihn als Dienst für Christus und die Menschen verstanden eingedenk des Herrnwortes: „Was ihr dem Geringsten meiner Brüder getan habt, das habt ihr mir getan." Das muß uns zu denken geben. Eine missionarische Kirche ist eine dienende Kirche.
Die Weisung Jesu an seine Jünger ist eindeutig: „... wer bei euch groß sein will, der soll euer Diener sein, und wer bei euch der Erste sein will, soll euer Sklave sein" (Mt 20,26f. parr). Jedes Amt in der Kirche hat nach der Aussage des Konzils eine dienende Funktion. Niemand hat für sich ein Amt, sondern immer für die anderen. Christus ist nicht für sich, er ist „für euch" gestorben (Lk 22,19 u. 20; 1 Kor 11,24). Dieses „für euch" (bzw. „für uns") hat eine zentrale Bedeutung im Neuen Testament. Manche Amtsträger scheinen das Wort vom Dienen mißverstanden zu haben. Sie glauben, so scheint es, der Herde Christi den Dienst des Befehlens und Anordnens leisten zu sollen.
Eine missionarische Kirche, welche ihre Mission ernst nimmt, wird eine dienende sein. Dienst, verstanden als Art und Weise des Umgehens miteinander, Dienst aber auch als Art und Weise des Umgehens mit der Welt. Das Konzil hat der Menschheit, mit der die Kirche gemeinsam unterwegs ist auf dem Weg durch die Zeit, ihren Dienst angeboten beim Aufbau einer gerechten Gesellschaftsordnung.[66] Eine missionarische Kirche sucht nicht Macht in und über Staat und Gesellschaft. Ihre Sendung ist es, der Welt und den Menschen mit dem Salz und dem Licht des Evangeliums zu dienen.
Wenn das Wort vom Dienst ernst genommen wird, müßte es konkrete Auswirkungen darauf haben, wie man in der Kirche miteinander umgeht. Eine missionarische und dienende Kirche müßte sich eigentlich durch einen brüderlichen beziehungsweise geschwisterlichen Umgangsstil auszeichnen, und das heißt auch durch die Art und Weise, wie man mit Konflikten umgeht, wie man gemeinsam die Verantwortung für das Evangelium wahrnimmt, wie man gemeinsam nach Lösungen aus der gegenwärtigen Misere sucht. Es sei erinnert an

[66] Vgl. Pastoralkonstitution *Gaudium et spes,* 40ff.

das, was wir in diesem Zusammenhang zur öffentlichen Meinung in der Kirche, zur Verantwortung der Laien, zur Gleichstellung der Geschlechter gesagt haben. Es gibt eine Vielzahl von Problemen, die noch auf ihre endgültige Lösung warten. Das wird aber nur in einem offenen und ehrlichen Dialog möglich sein. Die Zeit ist vorbei, in der die Bischöfe und ihre Kirchenleitungen hinter verschlossenen Türen Beschlüsse fassen und diese einfach per Dekret der Kirche verordnen konnten. Wenn auch morgen und übermorgen noch Menschen in den Kirchen sein sollen, muß im Gespräch mit allen Beteiligten nach praktikablen Wegen gesucht werden.

Eine Kirche, die ihrem missionarischen Auftrag gerecht werden will, muß wieder lernen, mit einer Zunge zu reden. Ist das überhaupt noch möglich? Das gesamte gesellschaftliche Leben ist in hohem Maße ausdifferenziert. Das gilt auch für Kirche und Theologie. Über nahezu alles wird heute diskutiert, nichts ist mehr selbstverständlich. Schließlich leben wir in einer offenen und pluralistischen Gesellschaft. Für die Kirche ist es aber wichtig, daß sie in Grundaussagen und Grundwahrheiten mit einer Zunge redet, um das Evangelium glaubhaft und überzeugend verkünden zu können. Es geht nicht an, daß fundamentale Glaubenswahrheiten einmal so und einmal so interpretiert werden. Das verunsichert die Menschen und macht die Kirche insgesamt unglaubwürdig. Außerdem ist ein gewisses Maß an Loyalität untereinander unerläßlich. Wenn wir das Evangelium ernst nehmen, kann es nicht sein, daß offen oder latent unversöhnliche Gegensätze und Konflikte ausgetragen werden. Eine missionarische Kirche müßte das zuerst selbst praktizieren, was sie glaubt und verkündet.